15言語の裁判員裁判用語と解説

津田 守＝編

1 第1巻

日本語
英語
中国語［簡体字］
中国語［繁体字］
韓国・朝鮮語
モンゴル語

現代人文社

はしがき

　本書は，主として裁判員裁判法廷をはじめとする裁判所，捜査（警察および検察）段階，弁護士の接見時などのさまざまな刑事司法手続の過程で活躍する司法通訳翻訳人およびそれを目指す人々のための参考書である。

　日本に裁判員制度が導入されたのは2009（平成21）年5月であったが，同年9月には，最初の要通訳裁判員裁判が，さいたま地方裁判所で実施された。すでに3年が経過したため，制度そのものの見直しも法曹三者ほか各方面で進んでいる。

　この間，当初の予想を超える件数の通訳人の付された裁判員裁判が開かれた。すなわち，被告人（ないしは証人）が日本語を十分に解しないときに，裁判所により選任される法廷通訳人がいた。おおよそ，全体の10件に1件の割合である。そこでは法廷通訳人が，公判前整理手続から公判審理を経て，判決言渡しに至るまで，必要かつ不可欠な存在となっている。

　通訳される言語は，刑事裁判全般と同様に中国語が多い。しかしながら，予想外に英語の比率が高くなってきており，時を経るにつれ，さらに多様化する傾向にある。

　そもそも日本の司法制度改革は長年の準備を経て推進されてきた。丁度この二十数年間というのは，日本の法廷で「内なる国際化」，すなわち各地の地方裁判所，簡易裁判所，家庭裁判所などにおいて要通訳の公判が多く行われた時期とも重なっている。

　本改革自体に，他の諸外国の制度と実情に学びつつ，日本が国際的なスタンダードに適合していくという側面があったとすれば，要通訳刑事事件だけをとっても，その増加は偶然ではない。

　最高裁判所事務総局刑事局が監修した『法廷通訳ハンドブック』が出版されたのは，中国語が最初で1990年であった。また，同じ監修による『特殊事件の基礎知識　外国人事件編』の刊行は1996年であった。その後，ハンドブックは補訂版や，2010年以降は裁判員裁判制度や即決裁判などにも言及した「改訂版」も次々と刊行されている。選任された法廷通訳人にとっては貴重なよりどころとなってきた。

　法務省刑事局も『法律用語対訳集』（各国語版）を9言語編纂している。だた，すでに絶版となっており，新制度に現れた多くの用語を収録した「改訂版」の刊行が期待されているところである。それでも，主として刑事関係の用語が対訳の形で示されているので通訳人には必携の一つであった。

　本書は項目数こそ上記の二つの類書と比べて少ないが，特徴として，平易な日本語で解説が一つ一つに加えられている点が挙げられる。通訳人は法律家では必ずしもない，また，日本語を第一言語（たとえば母語）とはしない者が多数いるのが現状である。

裁判員制度の導入に伴い法曹三者（裁判官，検察官，弁護士）の使う日本語がわかりやすい言い回しになりつつあるのは確かである。しかし，実務の現場にいる者にとっては，やはり単なる用語の対訳ではなく，解説を，自分が通訳翻訳をする言語でも参照できるとすれば非常に有益となる。それが本書刊行の最大の狙いである。

　大阪大学グローバルコラボレーションセンターでは，2008年から2010年にかけて，小規模ながら共同研究プロジェクトとして「日本における司法通訳翻訳教育のための教材開発」に取り組んだ。2004年に創設された旧大阪外国語大学大学院「司法通訳翻訳コース」を引き継いだ，大阪大学大学院「司法通訳翻訳」プログラム履修学生のための教材とすることをも念頭に置いていた。

　当初は「主要10言語」を対象に考えたが，幸い多くの協力者を得て，14言語のチームを編成した。それだけではカバーしきれない「少数言語」や「希少言語」にもニーズはあることは認識していたが，今回は14の外国語に限定せざるをえなかった。「中国語」に関しては，文字の違う簡体字版と繁体字版の両方を用意することとした。

　その後，中央大学より奥田安弘，関聡介，ハラルド・バウム，ユリウス・ヴァイツダーファー，デニズ・ギュナル「わが国の刑事裁判用語の日独対訳集」（『比較法雑誌』43巻3号，2009年）の転載を許可いただくこととなった。

　その解説の日本語原文を基に，さまざまな人々に翻訳過程で関わっていただいた。言語ごとに事情があり，お一人でほとんどを引き受けていただいた場合も，チェックにチェックを重ね，多数の人々が参加した場合もある。

　通訳というものはそもそも「即時性」を特色とするが，一方，翻訳は時間をかけ推敲もするし，一度印刷されるとそれはいつでもどこでも読み続けられる。本書製作の醍醐味と苦労がそこにある。

　各言語の翻訳については，それぞれの言語の翻訳者（翻訳チーム）の責任である。編者は項目解説執筆者，翻訳者（翻訳チーム）そして出版社編集者の間に立って，調整，連絡，確認などをしてきたので，全体的な責任を負っている。

　読者の皆さんが，通訳現場ないしは翻訳作業において，お気づきになる点も出てくるだろう。それらについて忌憚のないご意見やご提案をいただければ幸いである。

　なお，本書の刊行については大阪大学グローバルコラボレーションセンターから出版編集に係る助成を受けた。ここに記して感謝したい。項目についての解説原文の転載許可を下さった方々，項目および解説の各言語への翻訳チームの皆さん，現代人文社編集部の西村吉世江さんには，数年間にわたって本当に忍耐強く理解と支援をいただいた。深く感謝したい。

2013年1月26日

津田　守

目　次

日本語／英語　　　　　5
中国語［簡体字］　　　77
中国語［繁体字］　　　113
韓国・朝鮮語　　　　　147
モンゴル語　　　　　　185

※　本書は，奥田安弘，関聡介，ハラルド・バウム，ユリウス・ヴァイツダーファー，デニズ・ギュナル「わが国の刑事裁判用語の日独対訳集」『比較法雑誌』43巻3号（2009年）のうち，日本語による項目およびその解説を各国語に翻訳したものである。翻訳の対象となった日本語の転載および翻訳物の出版については，日本語部分の著作者である奥田安弘教授（中央大学）および関聡介弁護士（東京弁護士会）の許諾を得た。ただし，解説に付された振り仮名（ルビ）は，本書が独自に付けたものであり，一切の責任は，本書の編者が負う。

日本語
英語

宣　誓

良心に従って
誠実に通訳をすることを誓います。

通訳人

Oath

I swear, according to my conscience,
to interpret faithfully and truly.

Interpreter

1 あへん法違反（あへんほういはん）

法律上定められた許可なしに，けしを栽培したり，あへんを作ったり，売ったり，買ったり，使ったり，持っていた罪です。→薬物4法

2 異議の申立て（いぎのもうしたて）

とくに証拠調べ（刑事訴訟法309条1項）や裁判長の処分（同条3項）について用いられる言葉です。たとえば，検察官の誘導尋問に対し弁護人が異議を申し立てる場合，不規則発言を制止した裁判長の処分に対し異議を申し立てる場合などです。→不規則発言，誘導尋問

3 遺失物等横領罪（いしつぶつとうおうりょうざい）

落し物またはこれと同様のものを警察に届けないで，自分のものにした罪です（刑法254条）。

4 一般情状（いっぱんじょうじょう）

情状のうち，犯情以外のものです。普段の生活状況，立ち直りに向けた本人の環境，さらに被害者との示談，損害の賠償，被害者の感情などが含まれます。→情状，犯情

5 違法（いほう）

広く刑事法令に違反することですが，誰が違法な行為をしたのかによって，その結果が異なります。個人の違法行為は，刑事責任を生じ，刑罰を科されることがあります。警察官や検察官が違法な捜査をした場合は，証拠が違法収集証拠となり，裁判で使えないことがあります（違法収集証拠排除法則）。裁判所が刑事訴訟法に違反したり，刑法の適用解釈を誤っている場合は，上訴の理由となりますが，この場合は，とくに法令違反という言葉を使います。→違法収集証拠，違法収集証拠排除法則，上訴，法令違反

6 違法収集証拠（いほうしゅうしゅうしょうこ）

警察官や検察官が違法な手段によって集めた証拠のことです。たとえば，令状がないのに差し押さえた証拠品のことです。→違法，違法収集証拠排除法則，令状

7 違法収集証拠排除法則（いほうしゅうしゅうしょうこはいじょほうそく）

違法な手段によって集められた証拠（違法収集証拠）が裁判で使えるかどうか，すな

1 violation of the Opium Control Act
Crime of farming/ cultivating opium poppies, producing, selling, buying, using, and/ or possessing opium without the legally required permission (permission set forth by the law). Please also see "Four Acts Related to Drugs."

2 (to file/ lodge an) objection
Expression used particularly pertaining to the examination of evidence (Code of Criminal Procedure, Article 309, Clause 1) or the action of the chief/ presiding judge (Clause 3 of the same article). For instance, the defense counsel may file/ lodge an objection regarding a leading question made by the prosecutor, or regarding the action of the chief/ presiding judge restraining an irregular/ improper statement. Please also see "erratic statement" and "leading question."

3 Crime of Conversion of Lost Articles and the Like, Embezzlement of Lost Articles and the Like, Embezzlement of Lost Property
Crime of keeping a lost article/ property or the like in one's possession without reporting it to the police (Penal Code, Article 254).

4 general circumstances
Circumstances (surrounding) the defendant, except those pertaining to the crime itself, including his/ her living conditions, the environmental factors favorable to his/ her rehabilitation, as well as any out-of-court settlement he/ she may have with the victim, compensation for damages, and concern for the victim's feelings, etc. Please also see "circumstances" and "circumstances surrounding the crime."

5 illegality, delict
Violation of criminal laws in general. The outcome varies depending on who committed the delict. An individual's illegal act leads to criminal responsibility/ liability, and may be subject to punishment. If a police officer or a prosecutor conducts an investigation in an illegal manner, the evidence collected through such an investigation is to be considered as "illegally obtained evidence" and will be inadmissible to the court (Exclusionary Rule for Illegally Obtained Evidence). The court's violation of the Code of Criminal Procedure or misinterpretation in the application of the Penal Code could be the bases for appeal. In this particular case, the term "violation of laws and ordinances" is employed. Please also see "illegally obtained evidence," "exclusionary rule for illegally obtained evidence," "appeal" and "violation of law and ordinance."

6 illegally obtained evidence, illegally collected evidence
Evidence obtained by police officers or prosecutors in an illegal manner; for example, an item of evidence confiscated without a warrant. Please also see "illegality," "exclusionary rule for illegally obtained evidence," and "warrant."

7 Exclusionary Rule for Illegally Obtained Evidence
Rule concerning admissibility of evidence, i.e., whether or not illegally obtained

わち証拠能力があるかどうかに関するルールです。法律には規定がありませんが、判例によれば、とくに違法の度合いが強く、今後の違法捜査抑制の必要がある場合は、証拠能力が否定されます。→違法，違法収集証拠，証拠能力

8 員面調書（いんめんちょうしょ）

警察官のうち，司法警察員（通常は巡査部長以上）の取調べで被疑者や関係者がした話を，司法警察員が記録した書面のことです。正式には，司法警察員面前供述調書と言います。→警察官調書

疑わしきは罰せず（うたがわしきはばっせず）→9 疑わしきは被告人の利益に

9 疑わしきは被告人の利益に（うたがわしきはひこくにんのりえきに）

無罪推定の原則を裁判所の側からみた表現です。すなわち，合理的な疑いを容れない程度まで有罪が証明されない限りは，被告人を罪に問うことはできない，というルールです。疑わしきは罰せずとも言います。→合理的な疑い，無罪推定の原則

10 覚せい剤取締法違反（かくせいざいとりしまりほういはん）

法律上定められた許可なしに，覚せい剤やその原料を作ったり，売ったり，買ったり，使ったり，持っていた罪です。→薬物4法

11 確定的故意（かくていてきこい）

積極的に罪を犯す意思があったことです。たとえば，殺そうと思って，殺したことです。→故意，未必の故意

12 過失犯（かしつはん）

罪を犯す意思（故意）がなく，不注意によってした行為が犯罪となることです。あるいは，そのような行為をした人のことです。原則は故意が必要であり，過失犯の処罰は例外です（刑法38条1項）。→故意，責任主義

13 過剰避難（かじょうひなん）

自分や他人の生命・財産などに対する危険を避けるため，やむを得ずした行為がその他人やさらに別の人に損害を与え，その行為が合理的な程度を超えていたことです。罪に問われますが，刑が軽くなったり，免除されることがあります（刑法37条1項ただ

evidence may be used in court. Although the law contains no provisions, court precedents show that admissibility of evidence is to be denied in cases where the restraint of illegal investigation is going to be required in the future due to a high degree of illegality. Please also see "illegality," "illegally obtained evidence" and "admissibility of evidence."

8 statement recorded by a judicial police officer, written statement taken before and by a judicial police officer

Record of the oral statement of the suspect or par ties concerned during interrogation. It is recorded by the judicial police officer (typically, a sergeant or one above that rank), who conducts the interrogation. Officially, it is called a record of the oral statement taken before and by a judicial police officer. Please also see "statement recorded by a police officer."

9 benefit of the doubt, *in dubio pro reo*

Principle of presumption of innocence from the viewpoint of the court. It means the defendant is to be presumed innocent until proven guilty beyond reasonable doubt. This principle is commonly known as the "benefit of the doubt." Please also see "reasonable doubt" and "principle of presumption of innocence."

10 violation of the Stimulants Control Act

Crime of producing, selling, buying, using and/ or possessing stimulants or their ingredients without legally required permission. Please also see "Four Acts Related to Drugs."

11 definite intent, decisive intent

Where there is willful intent to commit crimes; for example, attacking and killing someone with intent to kill. Please also see "intent" and "willful negligence."

12 criminal negligence, criminal negligence offender, negligent offense, negligent offender

Act conducted with negligence with no aforethought (without any intent to commit crimes) can be deemed a crime. It can also refer to the perpetrator of such an act. In principle, intent on the part of the offender is essential, but he/ she may still be punished as an exception (Penal Code, Article 38, Clause 1). Please also see "intent" and "principle of responsibility."

13 averting imminent danger by use of excessive force, excessive act for avoiding clear and present danger, excessive expedient in case of emergency

Where an unavoidable act conducted to avert imminent danger to one's life and property or that of others causes damage beyond the reasonable degree of a counterattack. Although the offender is to be held criminally responsible/ liable, the

11

し書)。→緊急避難, 刑の減軽

14 過剰防衛 (かじょうぼうえい)
突然の違法行為に対し自分や他人の権利を守るため，やむを得ずした防衛行為が合理的な程度を超えていたことです。罪に問われますが，刑が軽くなったり，免除されることがあります (刑法36条2項)。→刑の減軽, 正当防衛

15 危険運転致死傷罪 (きけんうんてんちししょうざい)
一般に自動車の運転によって人身事故を起こした加害者は，自動車運転過失致死傷罪によって処罰されますが，酒や薬を飲んで正常な運転ができなかった場合は，より重い刑が科されます。異常なスピード違反や無免許運転，割込みや幅寄せなどの乱暴な運転，信号無視などがあった場合も，同じように重い刑が科されることがあります (刑法208条の2)。→自動車運転過失致死傷罪

16 偽証罪 (ぎしょうざい)
裁判所で宣誓をした証人が嘘の証言をした罪です (刑法169条)。

17 既遂 (きすい)
犯罪に着手して，結果が発生したことです。結果が発生しなかった場合は，未遂であり，特別の規定がある場合にだけ処罰されます (刑法44条)。たとえば，人を殺そうと思って刺して，本当に相手が死んだ場合は殺人罪であり，相手が一命を取り留めた場合は殺人未遂罪です。→未遂

18 起訴 (きそ)
検察官が被疑者を取り調べた結果や捜査の結果などを踏まえ，裁判所に処罰を求めることです。正式起訴または公判請求とも言います。→起訴猶予, 不起訴, 略式起訴

19 偽造通貨行使罪 (ぎぞうつうかこうしざい)
偽札や偽硬貨であることを知りながら，それらを使った罪です (刑法148条2項)。外国の偽札や偽硬貨を使った場合も，日本の刑法により処罰されます (刑法149条2項)。→通貨偽造罪

punishment can be mitigated or waived (proviso in Penal Code, Article 37, Clause 1). Please also see "averting imminent danger" and "mitigation of punishment."

14 excessive (act of) self-defense
Where an unavoidable act of defense to protect oneself and/ or others from an unexpected illegal act exceeds the reasonable degree of a counterattack. Although the offender is to be held criminally responsible, the punishment can be mitigated or waived (Penal Code, Article 36, Clause 2). Please also see "mitigation of punishment" and "legitimate self-defense."

15 Hazardous Driving Resulting in Death or Injury, Reckless Driving Resulting in Death or Injury, Dangerous Driving Causing Death or Injury
In general, the operator of a vehicle that causes an accident resulting in death or injury shall be punished for the crime of negligent driving resulting in death or injury. In the case when the offender was incapable of doing normally operating a vehicle because of the influence of alcohol or drugs, a stiffer penalty is to be imposed. By the same token, excessive speeding, unlicensed driving, reckless driving such as cutting into a lane, pulling onto a curb or ignoring traffic lights can also be severely penalized (Penal Code, Article 208-2). Please also see "Negligent Driving Resulting in Death or Injury."

16 Perjury
Crime whereby a sworn witness intentionally makes an untrue/ false statement in court (Penal Code, Article 169).

17 accomplishment of crime
When an initiated crime produces a particular outcome. Without any outcome, the act is regarded as an attempt, and is to be punished only where specifically stipulated (Penal Code, Article 44). For example, if the offender stabbed a person with intent to kill and causes him/ her to die, the act constitutes a crime of murder. On the other hand, if the victim escapes death, it is deemed a crime of attempted murder. Please also see "attempt."

18 prosecution, indictment
As a result of the interrogation and investigation of the suspect, the prosecutor asks the court for the punishment of the suspect. It is also called indictment or demand for a public trial. Please also see "suspension of prosecution," "non-prosecution" and "summary prosecution."

19 Uttering Counterfeit Currency
Crime of knowingly using counterfeit bills and coins (Penal Code, Article 148, Clause 2). The use of counterfeit foreign bills and coins is to be punished likewise under the Penal Code in Japan (Penal Code, Article 149, Clause 2). Please also see "Counterfeiting of Currency."

20 起訴状（きそじょう）
検察官が裁判を求めて裁判所に提出する最初の書面のことです。起訴状には，被告人の住所・氏名・生年月日などの情報，犯罪の内容を示す公訴事実，犯罪に適用されるべき罪名と罰条が書かれます。→公訴事実，罪名，罰条

21 起訴猶予（きそゆうよ）
検察官が被疑者を取り調べたり，捜査をした結果，犯罪行為があったと判断したが，情状により起訴をしないことです。→起訴，情状

22 求刑（きゅうけい）
検察官が刑や刑の重さについて意見を述べることです。法律には書かれていませんが，最終の論告でこれを述べることが慣行となっています。裁判官は，判決で求刑より重い刑を命じることもできます。→論告

23 求釈明（きゅうしゃくめい）
検察官や弁護人（被告人）の主張にあいまいな点がある場合に，裁判官が質問をすることです。検察官や弁護人（被告人）が相手に質問をする場合も，求釈明ということがあります。

24 恐喝罪（きょうかつざい）
暴行や脅しを使って，相手から物を渡させたり，不当な利益を得たり，第三者にそれを得させた罪です（刑法249条）。暴力や脅しが反抗を抑圧する程度に達した場合は，恐喝罪ではなく，強盗罪になります。→強盗罪，反抗を抑圧する

25 教唆犯（きょうさはん）
他人をそそのかして犯罪行為をさせたことです。あるいは，そのようなそそのかしをした人のことです。共犯の一種であり，原則として，実際に行為をした人と同じ罪に問われます（刑法61条1項）。→共犯

26 供述調書（きょうじゅつちょうしょ）
被疑者や関係者が取調べにおいてした話を，警察官や検察官が記録した書面です。単に調書とも言います。→警察官調書，検察官調書

20 written indictment, bill of indictment, charging sheet
The first document filed in court by the prosecutor demanding a trial. This document includes data such as name, address, date of birth of the defendant, facts constituting the offense as charged, the name of the offense (the crime committed) and the penal article to be applied. Please also see "charged facts," "charge" and "penalty article."

21 suspension of prosecution
Non-indictment after consideration of the circumstances even though the prosecutor has acknowledged the existence of a crime based on the results of interrogation and investigation of the suspect. Please also see "prosecution" and "circumstances."

22 recommended sentence, prosecutor's recommendation of penalty, prosecutor's opinion regarding the punishment
Prosecutor's statement of his/ her opinion (based on his/ her evaluation) on the types and degree of punishment to be imposed on the defendant. Although not stipulated by law, this is conventionally included in the closing argument. The judge may hand down a penalty heavier than that recommended by the prosecutor. Please also see "closing argument of the prosecutor."

23 request for clarification
Judge's asking for clarification if there are any ambiguous points in the argument of the prosecutor or the defense counsel (or defendant). This term may also refer to the case where the prosecutor and the defense counsel (or the defendant) ask their opponent (the other party) for clarification.

24 Extortion
Crime of making somebody deliver property, obtaining undue profit, or causing a third person to obtain such, through the use of violence or threat (Penal Code, Article 249). If the violence or threat reached the extent where it suppressed the resistance of the victim, then it is deemed as a crime of robbery, not extortion. Please also see "Robbery" and "suppressing resistance."

25 abetment, abettor
Crime of soliciting someone to commit a criminal act or the person who solicits. Considered as a type of accomplice, the abettor, in principle, is punished equally with (with the same severity as) the person who actually committed the crime (Penal Code, Article 61, Clause 1). Please also see "accomplice."

26 written statement, statement recorded by an investigator, investigator's record of oral statement
Record of the oral statement of the suspect or parties concerned during an interrogation, written by a police officer or prosecutor. In simple terms, it is called a statement. Please also see "statement recorded by a police officer" or "statement

27 強制わいせつ罪（きょうせいわいせつざい）
同性か異性かを問わず，暴力や脅しを使って，無理やり他人にわいせつな行為をした罪です。強姦罪と異なり，暴力や脅しが反抗を著しく困難にする程の強さでなくても，この罪は成立します。また相手が13歳未満の場合は，無理やりでなくても罪になります（刑法176条）。さらに，相手が18歳未満の場合は，合意があったかどうかを問わず，各都道府県の青少年育成条例により処罰されることがあります。→強姦罪，反抗を著しく困難にする

28 強制わいせつ致死傷罪（きょうせいわいせつちししょうざい）
強制わいせつの既遂または未遂によって，他人を死なせたり，怪我をさせた罪です（刑法181条1項）。→強制わいせつ罪

29 共同正犯（きょうどうせいはん）
複数の人が共謀して一緒にひとつの犯罪行為をしたことです。あるいは，共謀して他人と一緒に犯罪行為をした人のことです。共犯の一種です。実行共同正犯と共謀共同正犯の両方を意味したり，実行共同正犯だけを意味することがあります。各人は，自分のした行為が一部にすぎなくても，全体について罪を問われます（刑法60条）。→共犯，共謀，共謀共同正犯，実行共同正犯

30 共犯（きょうはん）
複数の人がひとつの犯罪行為に関与したことです。あるいは，ひとつの犯罪行為に関与した複数の人のことです。関与の仕方に応じて，共同正犯，教唆犯，従犯に分かれます。→教唆犯，共同正犯，従犯

31 共謀（きょうぼう）
他人と一緒に犯罪を計画して決定したことです。暗黙の了解があった場合も含まれることがあります。→現場共謀，事前共謀，順次共謀

32 共謀共同正犯（きょうぼうきょうどうせいはん）
自分は犯罪行為をしないが，犯罪の計画および決定に主体的に加わり，他人に犯罪行為をさせたことです。あるいは，そのように犯罪行為をさせた人のことです。共犯の

recorded by a prosecutor."

27 Indecent Assault, Forcible Indecency
Crime of forcibly conducting an indecent act against someone, regardless of their gender, by the use of violence or threat. Unlike the crime of rape (sexual assault), even if the degree of the violence or threat is not strong enough to make the victim's resistance extremely difficult, the act constitutes a crime. If the victim is under the age of 13 (13 years of age), the act constitutes a crime even though it was not conducted through compulsion (Penal Code, Article 176). If the victim is under the age of 18, regardless of whether there was mutual agreement or not, the act may be punished under the ordinances on the upbringing of the youth as set by each prefectural government. Please also see "Rape" and "make resistance extremely difficult."

28 Indecent Assault Resulting in Death or Injury, Forcible Indecency Causing Death or Injury
Crime of causing someone's death or injury by (consummation of) an act of indecent assault or its attempt (Penal Code, Article 181, Clause 1). Please also see "Indecent Assault."

29 crime involving a co-principal, co-principal, co-offender
Commission of a crime through conspiracy by more than one person, or the person who commits a crime in conspiracy with another person. This is a type of accomplice. It can refer to both co-principal in commission and co-principal in conspiracy, or to only a co-principal in commission. Even though each person's involvement in the crime may have only been partial, he/ she will be held responsible/ liable for the crime as a whole (Penal Code, Article 60). Please also see "accomplice," "conspiracy," "co-principal in conspiracy" and "joint-crime involving co-principal in commission."

30 accomplice, complicity, partner in crime, conspirator
Involvement of more than one person in the commitment of a crime. It may also refer to more than one person involved in the commission of a crime. Depending on the nature of involvement, the participants may furtherly be classified as co-principal, abettor, and accessory. Please also see "abetment," "crime involving a co-principal" and "acting as an accessory to a crime."

31 conspiracy
Planning and agreeing with one or more person/s to commit a crime, including the cases when only a tacit agreement has been made. Please also see "unplanned conspiracy," "prior conspiracy" and "sequential conspiracy."

32 co-principal in conspiracy, coconspirator
Act of playing principal role in the planning and deciding on a crime and instigating others to carry out a crime without conducting the act of crime in person. It also

一種であり，実際に行為をした人と同じ罪に問われます。たとえば，暴力団の組長が配下の暴力団員に命じて犯罪を行わせた場合です。→共同正犯，共犯，実行共同正犯

33 虚偽鑑定罪（きょぎかんていざい）
裁判所で宣誓をした鑑定人が虚偽の鑑定をした罪です（刑法171条）。

34 虚偽通訳罪（きょぎつうやくざい）
裁判所で宣誓をした通訳人が虚偽の通訳をした罪です（刑法171条）。

35 虚偽翻訳罪（きょぎほんやくざい）
裁判所で宣誓をした翻訳人が虚偽の翻訳をした罪です（刑法171条）。

挙証責任（きょしょうせきにん）→179 立証責任

36 緊急避難（きんきゅうひなん）
自分や他人の生命・財産などに対する危険を避けるため，やむを得ずした行為は，その他人やさらに別の人に損害を与えても，その行為が合理的な程度を超えていなければ，違法ではありません（刑法37条1項）。→違法，過剰避難

37 警察官調書（けいさつかんちょうしょ）
警察官（司法警察官や司法巡査）の取調べで被疑者や関係者がした話を，警察官が記録した書面のことです。→員面調書，巡面調書

38 刑の加重（けいのかじゅう）
法律で決まっている刑（法定刑）よりも重い刑とすることです。たとえば，複数の犯罪を行った併合罪の場合（刑法47条），再犯や累犯の場合（刑法57条，59条）に加重が行われます。ただし，有期刑の場合の加重は，最高30年までとなっています（刑法14条）。→再犯，再犯加重，併合罪，法定刑，累犯，累犯加重

39 刑の減軽（けいのげんけい）
法律で決まっている刑（法定刑）よりも軽い刑とすることです。たとえば，未遂に終わった場合（刑法43条）や酌量減軽（刑法66条）により，刑が軽くなることがあります。→

refers to the person who solicited others to commit such criminal act. Deemed as a type of accomplice, the person is to be punished equally with the offender who actually committed the crime, such as the case of a gangster boss (head of *boryokudan*) who ordered his subordinates to commit a criminal offense. Please also see "crime involving a co-principal," "accomplice" and "joint-crime involving co-principal in commission."

33 False Opinion as an Expert, False Expert Opinion
Crime committed when a sworn expert witness gives a false opinion in court (Penal Code, Article 171).

34 False Interpretation
Crime committed when an interpreter under oath makes a false/ wrongful interpretation in court (Penal Code, Article 171).

35 False Translation
Crime committed when an interpreter under oath gives a false/ wrongful translation in court (Penal Code, Article 171).

36 averting imminent danger, necessary expedient in case of emergency, avoidance of clear and present danger
Necessary measure to avert imminent danger on one's life and property and/ or that of others is not to be deemed illegal as long as it does not exceed reasonable degree of a counterattack, even if it causes damage to that or another person (Penal Code, Article 37, Clause 1). Please also see "illegality" and "averting imminent danger by use of excessive force."

37 statement recorded by a police officer
Document recording oral statements given by suspects or other parties concerned, made by the police officer (a judicial police officer or judicial constable) during interrogation. Please also see "statement recorded by a judicial police officer" and "statement recorded by a constable."

38 aggravation of punishment
Application of a punishment heavier than the one stated in the statute. For example, punishment can be aggravated for a consolidated offense involving multiple crimes (Penal Code, Article 47), or subsequent or repeated offenses (Penal Code, Articles 57 and 59). However, in the case of imprisonment for a definite term, cumulative punishment is set to a maximum of 30 years (Penal Code, Article 14). Please also see "second offense," "aggravated punishment for the second offense," "consolidated crimes," "statutory penalty," "repeated offenses" and "aggravated punishment for repeated offenses."

39 mitigation of punishment
Application of a less severe punishment than that stated in the statute. For example,

酌量減軽, 法定刑, 未遂

40 刑の量定 (けいのりょうてい)
裁判官や裁判員が刑の重さを決めることです。量刑とも言います。量刑に不満がある場合は, 控訴や上告ができます (刑事訴訟法381条, 384条, 411条2号)。→控訴, 上告

41 検察官調書 (けんさつかんちょうしょ)
検察官の取調べで被疑者や関係者がした話を, 検察官が記録した書面のことです。検面調書とも言いますが, 正式には, 検察官面前供述調書と言います。

検察官面前供述調書 (けんさつかんめんぜんきょうじゅつちょうしょ) →41 検察官調書

42 現住建造物放火罪 (げんじゅうけんぞうぶつほうかざい)
現に人がいるか, たまたま人がいなくても居住用の建物に放火した罪です。その他の放火罪よりも重い刑が科されます (刑法108条)。→非現住建造物放火罪, 放火罪

43 検証 (けんしょう)
裁判官・検察官・警察官が事件解明のために必要な場所・物・人を調べて記録することです (刑事訴訟法128条以下, 218条以下)。検察官や警察官が検証をするためには, 原則として裁判官の令状が必要です。人の検証とは, 身体検査のことであり, プライバシー保護の観点から, とくに細かな要件が定められています。→検証調書, 令状

44 検証調書 (けんしょうちょうしょ)
検証の結果を記録した書面のことです。→検証

45 現場共謀 (げんばきょうぼう)
犯罪の計画を事前に相談して決めるのではなく, その場で偶然に居合わせた人が相談して, 犯罪の実行を決めたことです。→共謀, 事前共謀, 順次共謀

検面調書 (けんめんちょうしょ) →41 検察官調書

punishment can be mitigated for an uncommitted (attempted) crime (Penal Code, Article 43) or by the application of a reduction for extenuating circumstances (Penal Code, Article 66). Please also see "discretionary mitigation (of punishment)," "statutory penalty" and "attempt."

40 assessment of sentence, sentencing
Determination by judges and lay judges of the severity of the sentence to be imposed on the convicted defendant, otherwise known as sentencing. If the defendant is dissatisfied with the sentence, he/ she has the right of appeal to the court of second instance or to the Supreme Court/ final appeal (Code of Criminal Procedure, Articles 381, 384 and 411, Item 2). Please also see "appeal to the court of second instance" and "appeal to the Supreme Court."

41 statement recorded by a prosecutor, written statement taken before and by a prosecutor
Document of oral statement of the suspect or parties concerned during interrogation recorded by a prosecutor. Officially, it is called the record of oral statement taken before and by a prosecutor.

42 Arson of an Inhabited Structure, Arson of an Inhabited Building
Crime of setting fire to a structure used as a residence (dwelling), regardless of whether or not it was occupied at the time of the crime (there was no occupant at the time of commission). Liable to heavier punishment than other types of arson (Penal Code, Article 108). Please also see "Arson of an Uninhabited Structure" and "Arson."

43 compulsory inspections
Inspection conducted on sites, persons, and premises by the judge, prosecutor, and police officer to clarify the case (Code of Criminal Procedure, Article 128 and below, and 218 and below). In principle, a writ issued by the judge is necessary for the prosecutor or the police officer to conduct the inspection. Inspection of a person is done by means of a body search. Specific and detailed conditions are stipulated to protect privacy. Please also see "record of compulsory inspection" and "warrant."

44 record of compulsory inspection
Document recording the findings in a compulsory inspection. Please also see "compulsory inspections."

45 unplanned conspiracy, conspiracy on the spot
Where the decision to commit a crime was made by people who just happened to be at the scene, without any prior consultation about the plot. Please also see "conspiracy," "prior conspiracy" and "sequential conspiracy."

46 故意（こい）
罪を犯す意思です。犯罪行為の結果を認識し、それを受け入れる意思があった場合を広く含みます。たとえば、積極的に殺そうと思っていたり、死んでも仕方がないと思っていたことです。→確定的故意，未必の故意

47 合意書面（ごういしょめん）
証人が証言するであろう内容や実況見分調書の内容などについて、検察官や弁護人（被告人）が共同で作成した書面のことです。この書面は、伝聞法則の制限を受けずに証拠能力があります（伝聞例外）。これによって、証人が裁判所に来なくて済みます（刑事訴訟法327条）。→実況見分調書，証拠能力，伝聞法則，伝聞例外

48 強姦罪（ごうかんざい）
反抗を著しく困難にする程度の暴力や脅しを使って、無理やり女性と性交した罪です。その女性が13歳未満である場合は、無理やりでなくても罪になります（刑法177条）。さらに、相手が18歳未満の場合は、合意があったかどうかを問わず、各都道府県の青少年育成条例により処罰されることがあります。→反抗を著しく困難にする

49 強姦致死傷罪（ごうかんちししょうざい）
強姦の既遂または未遂によって、女性を死なせたり、怪我をさせた罪です（刑法181条2項）。→強姦罪

50 控訴（こうそ）
地方裁判所や簡易裁判所の判決に不服があるため、高等裁判所に審理を求めることです（裁判所法16条1号）。→上告，上訴

51 公訴事実（こうそじじつ）
犯罪があった事実について、検察官が起訴状に書いた内容のことです。日時や場所，方法をできるだけ特定して，具体的事実を明らかにしなければなりません（刑事訴訟法256条3項）。ただし、裁判官に予断を抱かせるような事実を記載した場合は、起訴が違法となります（同条6項）。→違法，起訴，起訴状

拘置（こうち）→61 勾留（こうりゅう）

46 intent, intention
The will to commit a criminal act. It broadly refers to a case where the offender is aware of, and ready to accept the result of a criminal act. For example, if the offender committed an act with the intent to kill, or considered the death of a victim unavoidable, then the offender is deemed to have had criminal intent. Please also see "definite intent" and "willful negligence."

47 agreed document of expected statements
Document jointly prepared by the prosecutor and defense counsel (or defendant) summarizing the presumptions concerning the statements of the witnesses, and the contents of the on-site inspection report. This document is admissible as evidence, and is an exception to the hearsay rule. It saves the witness the time of having to come to court to testify (Code of Criminal Procedure, Article 327). Please also see "on-site inspection report," "admissibility of evidence," "hearsay rule" and "hearsay exception."

48 Rape, Sexual Assault
Forcible sexual intercourse with a woman/ man through the use of violence or threat to a degree that makes it extremely difficult for the victim to resist. If the victim is under the age of 13, the act is deemed culpable even though it was not conducted under compulsion (Penal Code, Article 177). If under the age of 18, regardless of whether or not there was mutual agreement, the offender may be punished under the ordinances on the upbringing of the youth set by each prefectural government. Please also see "make resistance extremely difficult."

49 Rape Resulting in Death or Injury, Rape Causing Death or Injury, Sexual Assault Resulting in Death or Injury
Crime of causing death or injury as a result of the (consummation of the) act of rape or of the attempt to do so (Penal Code, Article 181, Clause 2). Please also see "Rape."

50 appeal to the court of second instance, appeal to the high court, appeal against a judgement of the first instance, *koso* appeal
Appeal to the High Court for another trial where the defendant is dissatisfied with the ruling of the District Court or the Summary Court (Court Act, Article 16, Item 1). Please also see "appeal to the Supreme Court" and "appeal."

51 charged facts, facts constituting the offense charged
Facts constituting the charge as stated by the prosecutor in the written (document of) indictment. The time, place, and method of the offense must be as specific as possible, and be supported by hard facts (Code of Criminal Procedure, Article 256, Clause 3). However, a prosecution is deemed unlawful if the facts included may cause the judge to prejudge the case (Clause 6 of the same Article). Please also see "illegality," "prosecution" and "written indictment."

52 拘置所（こうちしょ）

主に被疑者や被告人を勾留するための施設です。ただし、被疑者については、ほとんどの場合、警察内の留置場（代用刑事施設）に勾留されます。→勾留，代用刑事施設

53 強盗強姦罪（ごうとうごうかんざい）

強盗に際して、女性を強姦した罪です。その女性が死亡した場合は、さらに罪が重くなります（刑法241条）。→強姦罪，強盗罪，強盗致死傷罪

54 強盗罪（ごうとうざい）

反抗を抑圧する程度の暴力や脅しを使って、他人の物を無理やり奪ったり、不当な利益を得たり、第三者にそれを得させた罪です（刑法236条）。暴力や脅しが反抗を抑圧する程度に達していなかった場合は、強盗罪ではなく、恐喝罪になります。→恐喝罪，反抗を抑圧する

55 強盗殺人罪（ごうとうさつじんざい）

強盗に際して、故意に人を殺した場合は、強盗致死罪になりますが、故意がなかった場合と区別するため、一般に強盗殺人罪という言葉が使われます。→故意，強盗致死傷罪，殺人罪

56 強盗傷害罪（ごうとうしょうがいざい）

強盗に際して、故意に人を怪我させた場合は、強盗致傷罪になりますが、故意がなかった場合と区別するため、一般に強盗傷害罪という言葉が使われます。→故意，強盗致死傷罪，傷害罪

57 強盗致死傷罪（ごうとうちししょうざい）

強盗に際して、他人を死なせたり、怪我をさせた罪です（刑法240条）。ただし、実際の裁判では、罪名は強盗致死または強盗致傷、罰条は刑法第240条前段または刑法第240条後段を区別します。怪我をさせただけであるのか、死なせたのか、また故意があったかどうかは、量刑（刑の量定）の際に考慮されます。→刑の量定，故意，強盗殺人罪，強盗傷害罪，罪名，罰条

58 公判期日（こうはんきじつ）

裁判所で裁判を行う日のことです。審理を行う日だけでなく、判決を言い渡す日も含ま

52 detention center, detention house
Facility primarily used for the purpose of detaining suspects and the accused. In most cases, however, the suspects are detained at a police detention cell (substitute penal institution). Please also see "detention" and "substitute penal institution."

53 Rape in the Course of Robbery, Sexual Assault in the Course of Robbery, Rape at the Scene of a Robbery
Crime of rape/ sexual assault committed during a robbery. In case the victim dies, a heavier punishment is to be imposed (Penal Code, Article 241). Please also see "Rape," "Robbery" and "Robbery Resulting in Death or Injury."

54 Robbery
Crime of depriving others of their belongings, obtaining undue profit, or causing a third party to gain profit, by use of violence or threats strong enough to suppress the resistance of the victim (Penal Code, Article 236). If the degree of violence or threat is not sufficient enough to suppress the resistance, the act is deemed to be extortion, not robbery. Please also see "Extortion" and "suppressing resistance."

55 Murder in the Course of Robbery
If in the course of a robbery, the offender kills a person intentionally, the act constitutes a crime of robber y resulting in death. To distinguish it from a case where there was no intent, the term "Murder in the Course of Robbery" is commonly used. Please also see "intent," "Robbery Resulting in Death or Injury" and "Murder."

56 Injury in the Course of Robbery
If in the course of committing a robbery, the offender intentionally injures someone, the act constitutes a crime of robbery resulting in bodily injury. To distinguish it from a case where there was no intent, the term "injury in the course of robbery" is commonly used. Please also see "intent," "Robbery Resulting in Death or Injury" and "Bodily Injury."

57 Robbery Resulting in Death or Injury, Robbery Causing Death or Injury
Crime of causing someone to die or suffer an injury in the course of robbery (Penal Code, Article 240). During the trial (actual trial), a distinction is made whether the charge is "robbery resulting in death" or "robbery resulting in injury" and whether the first or latter clause of Article 240 of the Penal Code will apply. Whether the act caused only injury or caused death, and whether or not there was intent at the time of the crime, these are factors to be taken into account when assessing the sentence. Please also see "assessment of sentence," "intent," "Murder in the Course of Robbery," "Injury in the Course of Robbery," "charge" and "penalty article."

58 trial date
It is the date when the court opens for trial. It refers not only to the date of the

れます。

公判請求（こうはんせいきゅう）→18 起訴（きそ）

59 公判前整理手続（こうはんぜんせいりてつづき）
第1回目の公判期日の前に，あらかじめ事件の争点整理や証拠の採否などの準備をする手続です。裁判官が必要であると判断した場合，この手続の開始を決定します（刑事訴訟法316条の2）。ただし，裁判員裁判では，必ず公判前整理手続が行われます。
→公判期日，裁判員裁判，争点整理

60 合理的な疑い（ごうりてきなうたがい）
被告人を有罪とするためには，普通の人であれば誰でも疑いを抱かないほど確実に犯罪行為があり，その人が犯人であるという確信が必要です。すなわち，その人が犯人である可能性があると思っても，合理的な疑いが残る場合は，無罪となります。→疑わしきは被告人の利益に，無罪推定の原則

61 勾留（こうりゅう）
被疑者や被告人を拘束しておくことです（刑事訴訟法60条，207条）。一般に拘置や未決勾留とも言います。→罪証隠滅，拘置所，代用刑事施設，未決勾留日数の算入

62 拘留（こうりゅう）
懲役や禁錮よりも軽い刑罰であり，1日以上30日未満の期間，刑事施設（刑務所または拘置所）に拘置される刑です。→拘置所，法定刑

63 勾留状（こうりゅうじょう）
検察官が被疑者や被告人を勾留するために，裁判官の許可を得た書面のことです。
→勾留，令状

64 国選被害者参加弁護士（こくせんひがいしゃさんかべんごし）
被害者参加制度により裁判に参加する被害者や遺族のために，国が選任した弁護士のことです。弁護士費用が払えない場合に，国が費用を払って，弁護士を選任します。
→被害者参加制度，被害者参加弁護士

hearing but also to the date of sentencing.

59 pretrial arrangement procedures, pretrial conference proceedings
Procedures to define issues of the case, and to decide on which evidence to admit or not prior to the first trial date. When the judge deems it necessary, a ruling is made to start these procedures (Code of Criminal Procedure, Article 316-2). In the lay judge system, however, this procedure is mandatory. Please also see "trial date," "lay judge trial" and "sorting out of disputed issues."

60 reasonable doubt
To find the defendant guilty, it must be clearly substantiated that he/ she did indeed commit the offense in question, leaving ordinary people no room for doubt. Thus, as long as there remains reasonable doubt, the defendant is to be found not guilty even though there is still a possibility that he/ she is. Please also see "benefit of the doubt" and "principle of presumption of innocence."

61 detention
Holding the suspect or the defendant in custody (Code of Criminal Procedure, Articles 60 and 207). It is commonly termed "confinement" or "detention pending trial." Please also see "destruction of evidence," "detention center," "substitute penal institution" and "inclusion of the days held under detention pending trial in computing the term of punishment."

62 penal detention, misdemeanor imprisonment without work
Penalty less severe than imprisonment with labor, when the defendant is being detained for a period of more than 1 day and less than 30 days in a penal institution (prison or detention center). Please also see "detention center" and "statutory penalty."

63 warrant of detention, detention warrant, writ of detention
Written document issued by the judge authorizing the detention of the suspect or the defendant by the prosecutor. Please also see "detention" and "warrant."

64 court-appointed attorney for victim participation, court-appointed attorney of law for victim
Attorney appointed by the court to represent the victim or the bereaved family who are to participate in the criminal proceedings (in accordance with the system of victim participation). If such participants cannot afford an attorney, the state/ court assigns one at government expense. Please also see "system of victim participation in criminal proceedings" and "attorney for victim participation."

65 国選弁護人（こくせんべんごにん）

被告人のために国が選任した弁護人（通常は弁護士）のことです。殺人などの重大な刑事事件では、必ず弁護人が必要ですが、弁護士費用が払えない場合は、国が費用を払って、弁護人を選任します。→私選弁護人，被疑者国選弁護人

66 再現実況見分（さいげんじっきょうけんぶん）

被疑者や被害者，目撃者などを立ち会わせて，犯行時の状況を再現し記録することです。実況見分の一種です。→実況見分

67 最終意見陳述（さいしゅういけんちんじゅつ）

証拠調べがすべて終わった後，被告人が自分で最終の意見を述べることです（刑事訴訟法293条2項）。→最終弁論，論告

68 最終弁論（さいしゅうべんろん）

証拠調べがすべて終わった後，弁護人が最終の意見を述べることです（刑事訴訟法293条2項）。単に弁論とも言います。→最終意見陳述，論告

69 罪証隠滅（ざいしょういんめつ）

犯罪の証拠を隠したり，変更を加えたり，消すことです。目撃者や被害者に働きかけて，供述を変更させる行為も含まれます。被疑者に罪証隠滅のおそれがあることは，勾留の理由となります。→勾留

70 再犯（さいはん）

刑務所から出てきた人が5年以内に再び罪を犯し，懲役の刑が確定したことです（刑法56条）。→再犯加重，累犯

71 裁判員（さいばんいん）

国民の中から無作為に選ばれ，裁判官と一緒に，審理に参加して，有罪か無罪か，有罪の場合は量刑（刑の量定）を決める人のことです。アメリカの陪審員は，原則として有罪か無罪かだけを決め，裁判官が量刑を決めるので，日本の裁判員とは大きく異なります。→刑の量定，裁判員裁判

65 court-appointed defense counsel
Defense counsel appointed by the court (usually an attorney). In serious criminal cases such as murder, the defendant must be represented by a defense counsel. If the defendant cannot afford an attorney, the court assigns one at government expense. Please also see "privately retained defense counsel" and "court-appointed defense counsel for a suspect."

66 on-site inspection for reproduction, on-site inspection for re-enactment
Record of the re-enactment of the circumstances of the scene at the time of the crime with a participation of the suspect, victim, witness, etc. It is a kind of on-site inspection. Please also see "on-site inspection."

67 final statement of the defendant
Statement or opinion given by the defendant after the examination of all the evidence (Code of Criminal Procedure, Article 293, Clause 2). Please also see "closing argument of the defense counsel" and "closing argument of the prosecutor."

68 closing argument of the defense counsel
The final argument of the defense counsel presented after the examination of all the evidence (Code of Criminal Procedure, Article 293, Clause 2). In simple terms, it is called (defense counsel's) argument. Please also see "final statement of the defendant" and "closing argument of the prosecutor."

69 destruction of evidence
Concealing, altering or destroying evidence of the crime. It includes such acts as working on the witness or victim to alter the contents of their statements. Any danger that the suspect will conceal or destroy evidence may constitute grounds for his/ her detention. Please also see "detention."

70 second offense, repeated offense, second conviction
When somebody reoffends a crime and is sentenced to imprisonment within five years after being released from prison (Penal Code, Article 56). Please also see "aggravated punishment for the second offense" and "repeated offenses."

71 lay judge, citizen judge, *saiban-in*
Person chosen randomly from the general public to participate in a trial alongside professional judges, to determine whether or not the defendant is guilty and if so, to decide on the sentence. The juror in the United States differs in a major way from the lay judge in Japan in that the former only gives a verdict of guilty or not guilty, and it is the judge who decides on the sentencing. Please also see "assessment of sentence" and "lay judge trial."

72 裁判員裁判（さいばんいんさいばん）

裁判員が参加する裁判のことです。刑事事件のうち，重大な犯罪だけが対象となります。原則として，死刑または無期の懲役・禁錮に問われる事件や，故意の犯罪によって被害者が死亡した事件などです。→故意，公判前整理手続，裁判員，評議

73 再犯加重（さいはんかじゅう）

再犯の場合，原則として重い刑罰が科されますが，法律で定められた懲役刑の2倍以下の範囲内とされています（刑法57条）。→刑の加重，再犯，累犯加重

74 罪名（ざいめい）

殺人罪や傷害罪など，犯罪の名称のことです。刑法以外の法律で定められた犯罪は，その法律の名前に違反という文字を付けます。たとえば，覚せい剤取締法違反，銃砲刀剣類所持等取締法違反などです。検察官の起訴状には，必ず罪名を書かなければなりません（刑事訴訟法256条2項3号）。→起訴状，罰条

75 作成の真正（さくせいのしんせい）

作成名義人が本当にその書面を作成したことです。作成名義人の了解のもとに，他人が書面を作成した場合も，作成の真正があると言えます。作成の真正は，書面が証拠能力を有するために必要です（刑事訴訟法321条3項など）。→作成名義人，証拠能力，内容の真正

76 作成名義人（さくせいめいぎにん）

文書の作成者として表示された人，または表示されるべき人のことです。文書に氏名や会社名が書かれていなくても，文書の性質上，作成名義人が特定される場合もあります。→作成の真正

77 殺人罪（さつじんざい）

故意に他人の命を奪った罪です（刑法199条）。保護を必要とする人に食物を与えないで死なせた場合は，保護責任者遺棄致死傷罪ではなく，殺人罪になることがあります。→故意，保護責任者遺棄致死傷罪

72 lay judge trial, citizen judge trial, *saiban-in* trial

Trial in which lay judges participate. Conducted in cases for more serious crimes among criminal cases, i.e., as a general rule, crimes where capital punishment or life imprisonment with or without forced labor may be imposed, and cases where the victim died due to a crime with intent. Please also see "intent," "pretrial arrangement procedures," "lay judge" and "deliberations."

73 aggravated punishment for the second offense, cumulative punishment for the second offense, aggravated punishment for the second conviction, aggravated punishment for the repeated conviction

In principle, a heavier penalty (punishment) is to be imposed on an offender for a subsequent crime. The maximum sentence may be extended to up to twice as long as that of the punishment of imprisonment with forced labor stipulated by the law (Penal Code, Article 57). Please also see "aggravation of punishment," "second offense" and "aggravated punishment for repeated offenses."

74 charge, charged offense, named offense, name of crime

Names of crimes such as murder, bodily injury, etc. Crimes stipulated by laws other than the Penal Code are termed "violations of" the laws in question, such as violation of the Stimulant Drugs Control Law, violation of the Firearms and Swords Control Law, etc. The indictment submitted by the prosecutor must state the name of the offense (Code of Criminal Procedure, Article 256 Clause 2, Item 3). Please also see "written indictment" and "penalty article."

75 authenticity of document creation

Where a document was actually created by the person whose name appears on a document as its creator. A document created by others with the consent of the person under whose name it is in may be deemed authentic. The authentication of the creation of a document is essential for its admissibility as evidence (Code of Criminal Procedure, Article 321, Clause 3, etc.). Please also see "author of document," "admissibility of evidence" and "correctness of contents."

76 author of document

Person whose name appears or ought to appear on a document as its creator. In some cases where the name of the person or the person's company is not shown, the creator may still be identified by the nature of the document. Please also see "authenticity of document creation."

77 Murder, Homicide

Crime of intentionally depriving someone of life (Penal Code, Article 199). An act where a person fails to feed someone in need of care, causing him/ her to die may constitute a crime of murder rather than "abandonment by a guardian resulting in death or injury." Please also see "intent" and "Abandonment by a Guardian Resulting in Death or Injury."

78 殺人未遂罪（さつじんみすいざい）
故意に他人の命を奪うために必要な行為（ナイフで刺したり，拳銃を発射するなど）をした場合，たとえ相手が死ななくても，殺人未遂罪になります（刑法203条）。→既遂，故意，未遂

79 自己矛盾供述（じこむじゅんきょうじゅつ）
被告人や証人が裁判前の取調べで供述した内容（警察官調書や検察官調書に書かれた内容）と裁判開始後の公判において供述した内容との間に，食い違いがあることです。→警察官調書，検察官調書

80 事前共謀（じぜんきょうぼう）
犯罪を実際に行う時よりも前に，犯罪の計画を他人と相談し決定しておくことです。→共謀，現場共謀，順次共謀

81 私選弁護人（しせんべんごにん）
被疑者や被告人が自らまたはその親族などが選任した弁護人（通常は弁護士）のことです。→国選弁護人，被疑者国選弁護人

82 実況見分（じっきょうけんぶん）
検証と同様に，事件解明のため必要な場所・物・人を調べ記録することですが，検察官・検察事務官・警察官が令状なしに関係者の了解を得て行う点が異なります。→検証，再現実況見分，実況見分調書，令状

83 実況見分調書（じっきょうけんぶんちょうしょ）
実況見分の結果を記録した書面のことです。多くの場合，関係者の説明内容を書いた文書だけでなく，写真や図面などが含まれます。→実況見分，再現実況見分

84 実行共同正犯（じっこうきょうどうせいはん）
共謀した人たちが，実際の犯罪行為にも参加したことです。あるいは，そのように参加した人たちのことです。共謀だけに参加し，実際の犯罪行為に参加しなかった場合（共謀共同正犯）と区別するために使います。単に共同正犯とも言います。→共同正犯，共謀，共謀共同正犯

78 Attempted Murder
Intentional act to deprive someone of life (stabbing with a knife, firing shots, etc.) even if the intended victim does not die, constitutes a crime of attempted murder (Penal Code, Article 203). Please also see "accomplishment of crime," "intent" and "attempt."

79 self-contradictory statement
Where there is a discrepancy between the contents of a statement given by a defendant or witness during pre-trial interrogation (a statement recorded by a police officer or a prosecutor) and a statement presented in court after the opening of the trial. Please also see "statement recorded by a police officer" and "statement recorded by a prosecutor."

80 prior conspiracy
Consulting and agreeing by two or more persons to commit a crime prior to actual commission. Please also see "conspiracy," "unplanned conspiracy" and "sequential conspiracy."

81 privately retained defense counsel, privately-appointed defense counsel
Defense counsel (usually an attorney) appointed by the suspect, defendant, or their relatives. Please also see "court-appointed defense counsel" and "court-appointed defense counsel for a suspect."

82 on-site inspection
Similarly to compulsory inspection, the investigation and recording of a crime scene, items, and persons conducted to shed light on the case. However, it differs in that prosecutors, assistant officers and police officers can conduct it without a warrant but with the consent of people concerned. Please also see "compulsory inspections," "on-site inspection for reproduction," "on-site inspection report" and "warrant."

83 on-site inspection report
Document recording the findings of an on-site inspection. In most cases, it includes pictures and illustrations as well as documents reflecting the statements of parties concerned. Please also see "on-site inspection" and "on-site inspection for reproduction."

84 joint-crime involving co-principal in commission, co-principal who executed (committed) the crime
Crime whereby persons acting in conspiracy engaged in performing a crime. This may also refer to crime participants themselves. This term is used to differentiate it from "co-principal in conspiracy" where there was involvement only in the conspiracy but not in the actual execution (commission) of the crime. In simple terms, the person is referred to as the "co-principal." Please also see "crime

85 執行猶予 (しっこうゆうよ)

有罪判決を言い渡す場合に，刑の執行をしばらく見合わせることです（刑法25条以下）。たとえば「懲役1年，執行猶予3年」という場合，今後3年間は様子を見て，その間に新たに罪を犯して有罪判決を受けなければ，懲役1年の判決言渡は消滅することになります。逆に，執行猶予期間中に，新たに罪を犯し，有罪判決が言い渡された場合は，原則として執行猶予が取り消され，刑に服することになります。

86 自動車運転過失致死傷罪 (じどうしゃうんてんかしつちししょうざい)

自動車の運転によって人身事故を起こし，それが運転者の不注意による場合の罪です。怪我が軽い場合は，刑を免除されることがあります（刑法211条2項）。→危険運転致死傷罪

87 自白 (じはく)

被疑者または被告人が犯罪行為の全部または主要部分を認める供述をすることです。→自白の信用性，自白の任意性，不利益事実の承認，有罪の自認

88 自白の信用性 (じはくのしんようせい)

自白の任意性があり，証拠能力が認められる場合，さらにその自白の内容が信用できること，すなわち証明力があることです。→自白，自白の任意性，証拠能力，証明力

89 自白の任意性 (じはくのにんいせい)

自白が本人の自発的な意思によるものであることです。任意性がない自白，たとえば，警察官の厳しい取調べで強制された自白は，証拠能力がありません（刑事訴訟法319条1項）。→自白，自白の信用性，証拠能力，証明力

司法警察員面前供述調書 (しほうけいさついんめんぜんきょうじゅつちょうしょ)→8 員面調書

司法巡査面前供述調書 (しほうじゅんさめんぜんきょうじゅつちょうしょ)→97 巡面調書

90 酌量減軽 (しゃくりょうげんけい)

情状をとくに考慮して，刑を軽くすることです（刑法66条）。→刑の減軽，情状，情状

involving a co-principal," "conspiracy" and "co-principal in conspiracy."

85 suspension of execution of sentence
Conviction when the execution of the sentence is being postponed for a certain period of time (Penal Code, Article 25 and below). For example, when the sentence says "one-year imprisonment with work, suspended for three years," the defendant is not convicted of another offense during the period of three years, the one-year sentence is to be rescinded. However, if the defendant is convicted of another crime during the suspended period, the suspension of the sentence will be revoked and in principle he/ she may be subject to a penalty.

86 Negligent Driving Resulting in Death or Injury, Negligent Driving Causing Death or Injury
Crime of causing an accident that results in death or injury due to the driver's carelessness in operating the vehicle. If the degree of injury inflicted on the victim is minor, the offender may be exculpated (Penal Code, Article 211, Clause 2). Please also see "Hazardous Driving Resulting in Death or Injury."

87 confession
Admission by a suspect or defendant of his/ her responsibility in the entire crime or major parts of it. Please also see "trustworthiness of confession," "voluntariness of confession," "admission of the fact against his/ her interest" and "admission of guilt."

88 trustworthiness of confession
Confession, which was made voluntarily, deemed admissible as evidence, and the contents of which are trustworthy, has probative value. Please also see "confession," "voluntariness of confession," "admissibility of evidence," and "probative value."

89 voluntariness of confession
Confession made by a person out of his/ her own free will. Involuntary confession, for example, is one that is elicited during a tough/ coercive interrogation by a police officer, and is not admissible as evidence (Code of Criminal Procedure, Article 319, Clause 1). Please also see "confession," "trustworthiness of confession," "admissibility of evidence" and "probative value."

90 discretionary mitigation (of punishment), discretionary extenuation, reduction of punishment in light of extenuating circumstances
Reduction of the punishment, in special consideration of the defendant's

酌量

91 集団強姦罪（しゅうだんごうかんざい）
2人以上の人が協力して，一緒に強姦を実行した罪です（刑法178条の2）。→強姦罪

92 集団強姦致死傷罪（しゅうだんごうかんちししょうざい）
集団強姦の既遂または未遂によって，女性を死なせたり，怪我をさせた罪です（刑法181条3項）。→強姦致死傷罪，集団強姦罪

93 従犯（じゅうはん）
他人の犯罪行為を容易にするために手助けをしたことです。あるいは，そのような手助けをした人のことです。幇助犯とも言います（刑法62条）。共犯の一種であり，実際に行為をした人よりも軽い刑が科されます（刑法63条）。→共犯

94 銃砲刀剣類所持等取締法違反（じゅうほうとうけんるいしょじとうとりしまりほういはん）
法律上定められた許可なしに，武器を持っていたり，許可を持っていても，誤った取扱いをした罪です。

95 主尋問（しゅじんもん）
証人尋問を請求した検察官ないし弁護人（被告人）が行う尋問のことです。たとえば，検察官が請求した証人の尋問では，通常の手順として，まず検察官が主尋問，つぎに弁護人（被告人）が反対尋問，さらに検察官が再主尋問を行った後，裁判官が補充尋問を行います。→反対尋問，誘導尋問

96 順次共謀（じゅんじきょうぼう）
AとBがまず共謀し，続いてBとCが共謀した場合に，A・B・C間で共謀が成立することです。→共謀

97 巡面調書（じゅんめんちょうしょ）
警察官のうち，司法巡査（巡査や巡査長）の取調べで被疑者や関係者がした話を，司法巡査が記録した書面のことです。正式には，司法巡査面前供述調書と言います。→警察官調書

circumstances (Penal Code, Article 66). Please also see "mitigation of punishment," "circumstances" and "consideration of extenuating circumstances."

91 Gang Rape, Joint Sexual Assault
Crime of rape/ sexual assault committed by more than two persons acting as a group (Penal Code, Article 178-2). Please also see "Rape."

92 Gang Rape Resulting in Death or Injury, Sexual Assault by Group Resulting in Death or Injury
Crime of an act of rape, whether consummated or attempted by a group of people resulting in death or injury to women/ men (Penal Code, Article 181, Clause 3). Please also see "Rape Resulting in Death or Injury" and "Gang Rape."

93 acting as an accessory to a crime, accessory
Having given assistance to facilitate the commission of a crime. It also refers to a person who assisted. The person can be also called an abettor/ accessory (Penal Code, Article 62). This is one kind of accomplice, the punishment thereof will be less than that of an actual perpetrator of the crime (Penal Code, Article 63). Please also see "accomplice."

94 violation of Firearms and Swords Control Act, violation of the Act Controlling the Possession of Firearms or Swords and Other Such Weapons
Crime of possessing a weapon without the permission set forth by the law. It also covers the inappropriate handling of a weapon even if there was permission.

95 direct examination, examination-in-chief
Examination conducted by the prosecutor or defense counsel (or defendant) who have requested for the examination of a witness. For example, in the case of a witness examination requested by the prosecutor, the normal procedure is for the prosecutor to directly examine the witness, followed by a cross-examination by the defense counsel (or defendant). The prosecutor may then conduct a second examination, after which the judge may conduct a supplemental examination. Please also see "cross-examination" and "leading question."

96 sequential conspiracy
Conspiracy formed among persons A, B, C whereby person A first conspires with person B, and then person B and person C join the conspiracy. Please also see "conspiracy."

97 statement recorded by a constable
Record of the oral statement of the suspect or par ties concerned during an interrogation, recorded by the judicial constable (constable or senior policeman) who conducted the interrogation. Officially, it is called a recorded statement taken before and by a judicial constable. Please also see "statement recorded by a police

98 傷害罪 (しょうがいざい)
故意に他人に怪我をさせた罪です（刑法204条）。通常は，暴力によりますが，大きな音を出し続けて，他人をノイローゼにさせたり，わざと他人に病気をうつすことも，傷害罪になることがあります。また故意は，暴行する認識だけで足りるので，怪我をさせるつもりでなくても，傷害罪は成立します。→故意

99 傷害致死罪 (しょうがいちしざい)
傷害の結果，他人を死なせた罪です（刑法205条）。殺すつもりであった場合は，殺人罪になります。→殺人罪，傷害罪

100 障害未遂 (しょうがいみすい)
中止未遂と対比させて，通常の未遂を障害未遂と言うことがあります。自分の意思とは別の原因により，結果が生じなかったことです。→中止未遂，未遂

101 証拠開示 (しょうこかいじ)
検察官や弁護人（被告人）が持っている証拠を，裁判官の証拠調べに先だって，相手に見せることです。

102 上告 (じょうこく)
高等裁判所などの判決に不服があるため，最高裁判所に審理を求めることです（裁判所法7条1号）。上告の理由は，憲法違反や最高裁判決に対する違反などに限定されていますが（刑事訴訟法405条），これに該当しなくても，法令違反などがある場合は，最高裁判所が自らの判断で下級裁判所の判決を破棄することができます（刑事訴訟法411条）。→控訴，上訴

103 証拠裁判主義 (しょうこさいばんしゅぎ)
犯罪行為や犯人は，証拠能力のある証拠によってのみ認定される，というルールです（刑事訴訟法317条）。→証拠能力

104 証拠能力 (しょうこのうりょく)
証拠を裁判で使えることです。違法収集証拠や伝聞証拠など，証拠能力が問題となる

officer."

98 Bodily Injury, Injury
Crime of intentionally causing a victim to suffer from an injury (Penal Code, Article 204). The act is normally caused by violence. However, even such acts as leading a victim to a nervous breakdown by making excessive noise or deliberately transmitting a disease to another person can also be considered as crimes of bodily injury. Intent can be established solely by the recognition of violence, so even if there was no intent to harm, the act may still be (considered) as a crime of bodily injury. Please also see "intent."

99 Bodily Injury Resulting in Death, Injury Causing Death
Crime causing a person to die as a result of bodily injury (Penal Code, Article 205). When there was an intent to kill, the act is then regarded as murder. Please also see "Murder" and "Bodily Injury."

100 impeded attempt
In contrast to an abandoned attempt, it is an attempt that does not succeed (fails) because of unexpected reasons outside the intention of the of fender (reasons unforeseen by the offender). Please also see "incomplete attempt" and "attempt."

101 disclosure of evidence, discovery of evidence
Procedure whereby the prosecutor or defense counsel (or defendant) shows the evidence in their possession to the opposing party prior to the examination of the evidence by the judge.

102 appeal to the Supreme Court, final appeal, *jokoku* appeal
Request for further examination of a case by the Supreme Court due to the dissatisfaction with the judgment of the High Court and other courts (Court Law, Article 7, Item 1). The grounds for appeal are limited to certain cases such as violation of the Constitution, or violation of a sentence given by the Supreme Court (Code of Criminal Procedure, Article 405). However, even in none of the above applies, to the above but there is violation of law and others, the Supreme Court, at its discretion, can still disaffirm/ reverse the decision of the lower courts (Code of Criminal Procedure, Article 411). Please also see "appeal to the court of second instance" and "appeal."

103 principle of adjudication based on evidence
Doctrine whereby a criminal act or a criminal may be recognized only on the basis of admissible evidence (Code of Criminal Procedure, Article 317). Please also see "admissibility of evidence."

104 admissibility of evidence
The criteria by which evidence may be examined by the court. There is a variety of circumstances stipulated by this law under which evidence may not be admitted

様々な場合が法律に定められています（刑事訴訟法319条以下）。→違法収集証拠, 違法収集証拠排除法則, 伝聞証拠, 伝聞法則

105 情状（じょうじょう）

量刑（刑の量定）の際に考慮される様々な事情のことです。被告人に有利かどうかを問いません。被疑者を起訴するかどうかを決める際に考慮される事情も，情状と言います。→一般情状, 起訴, 起訴猶予, 刑の量定, 酌量減軽, 情状酌量, 犯情

106 情状酌量（じょうじょうしゃくりょう）

情状を考慮することです。一般に，その結果としての刑の減軽（酌量減軽）と同じ意味で使われることがありますが，法律的には区別する必要があります。→刑の減軽, 酌量減軽, 情状

107 上訴（じょうそ）

控訴と上告は，まとめて上訴と言いますが，両者は大きく異なります。→控訴, 上告

108 焼損（しょうそん）

放火罪が成立するためには，建物などが「焼けた」と言えることが必要です。法律では，これを焼損と言います。→放火罪

109 証人威迫罪（しょうにんいはくざい）

自分や他人の犯罪行為を知っている人やその親族に対し，面会を要求したり，脅しをかけた罪です（刑法105条の２）。

証明責任（しょうめいせきにん）→**179 立証責任**

110 証明予定事実記載書（しょうめいよていじじつきさいしょ）

公判前整理手続において，検察官が証明する予定である事実を予告するために提出する書面のことです（刑事訴訟法316条の13）。これを出発点として，争点整理や証拠の採否が進められます。→公判前整理手続, 争点整理

by the court, such as illegally obtained evidence, hearsay evidence, etc. (Code of Criminal Procedure, Article 319 and below). Please also see "illegally obtained evidence," "exclusionary rule for illegally obtained evidence," "hearsay evidence" and "hearsay rule."

105 circumstances
Different factors taken into consideration in deciding the sentence, regardless of whether they are favorable or not to the defendant. This term also refers to any circumstances considered in deciding whether or not a suspect should be prosecuted. Please also see "general circumstances," "prosecution," "suspension of prosecution," "assessment of sentence," "discretionary mitigation (of punishment)," "consideration of extenuating circumstances" and "circumstances surrounding the crime."

106 consideration of extenuating circumstances
Weighing the circumstances surrounding the defendant. While in general, this may be used in the same meaning as a result of the mitigation of punishment, in a strict legal sense there is a need to distinguish them. Please also see "mitigation of punishment," "discretionary mitigation (of punishment)" and "circumstances."

107 appeal
Appeal to the high court and appeal to the Supreme Court (final appeal) are collectively referred to as appeal, although these two types of appeal differ greatly. Please also see "appeal to the court of second instance" and "appeal to the Supreme Court."

108 burning and damaging, damage by burning
For an act to constitute a crime of arson, it is necessary for a structure, etc. to sustain fire damage. This is called burning and damaging in law. Please also see "Arson."

109 Intimidation of Witness, Witness Intimidation
Crime of demanding a meeting from, or making threats to a person or his/her relatives, who have a knowledge of a crime committed by the intimidator or somebody else (Penal Code, Article 105-2).

（編注）証人等威迫罪というときには、"Intimidation of Witness and so forth" となる。ちなみに、裁判員の参加する刑事裁判に関する法律第107条には「裁判員等に対する威迫罪」が規定されている。

110 document recording facts to be proven
Document submitted by the prosecutor during the pretrial arrangement proceedings giving notice of the facts to be proven (Code of Criminal Procedure, Article 316-13). Based on this document, the pretrial discussion define issues of the case and determines the evidence to be submitted in trial. Please also see "pretrial arrangement procedures" and "sorting out of disputed issues."

111 証明力（しょうめいりょく）

証拠が裁判で使える場合，すなわち証拠能力がある場合に，その証拠が裁判官の事実認定に役立つ程度のことです。証拠自体がどの程度信用できるのか，および証拠によって証明しようとする事実とどの程度関係しているのかを考慮して，証明力が評価されるので。→証拠能力，増強証拠，弾劾証拠

112 職権（しょっけん）

検察官や弁護人（被告人）からの申立てによらずに，裁判官が独自の判断で処分を行ったり，命令を出すことです。

113 心神耗弱（しんしんこうじゃく）

病気や飲酒などによる一時的な精神障害またはアルコール依存症や老化などによる慢性的な精神障害の結果，善悪の判断や正常な判断にもとづく行動が極めて困難になることです。このような人の犯罪行為は，責任能力が減少した状態によるものと評価されるので，刑が軽くなります（刑法39条2項）。→刑の減軽，心神喪失，心神喪失者医療観察法，責任能力

114 心神喪失（しんしんそうしつ）

心神耗弱よりも症状が重く，善悪の判断や正常な判断にもとづく行動が全くできないことです。このような人の行為は，責任能力がない状態によるものと評価されるので，罪を問うことができません（刑法39条1項）。→心神耗弱，心神喪失者医療観察法，責任能力

115 心神喪失者医療観察法（しんしんそうしつしゃいりょうかんさつほう）

重大な犯罪に該当する行為をしたが，心神喪失や心神耗弱を理由に不起訴や無罪となった人に対し，精神病院での加療などの措置を行うよう義務づける法律のことです。→心神耗弱，心神喪失，不起訴

116 人身売買罪（じんしんばいばいざい）

人を売買した罪です（刑法226条の2）。略取や誘拐は要件でありません。→誘拐，略取

推定無罪（すいていむざい）→173 無罪推定の原則

111 probative value, evidentiary value
Extent to which a piece of evidence regarded as admissible can be of use to judge in fact-finding. Determining the probative value of evidence is based on its credibility and relevance to the facts it is substantiating. Please also see "admissibility of evidence," "strengthening evidence" and "evidence for impeachment purposes."

112 official power, authority
Right of a judge to handle an issue or give an order at his/ her own discretion independent from any motion made by a prosecutor or defense counsel (or defendant).

113 weak-mindedness, quasi-insanity, diminished capacity
Condition in which it becomes extremely difficult for a person to discern right from wrong and act soundly as a result of a temporary mental impairment or chronic mental impairment caused by alcohol addiction, aging, etc.. Punishment is to be mitigated under such circumstances as the criminal act is presumed to be due to his or her decreased culpability. (Penal Code, Article 39, Clause 2). Please also see "mitigation of punishment," "insanity," "Act on Medical Care and Treatment for Persons who Have Caused Serious Cases under the Condition of Insanity" and "competency."

114 insanity, mental unsoundness
Condition more serious than weak-mindedness in which discerning right from wrong and acting soundly are utterly impossible. Acts of person under such circumstances are not punishable as these are deemed to be lacking in competence (Penal Code, Article 39, Clause 1). Please also see "weak-mindedness," "Act on Medical Care and Treatment for Persons who Have Caused Serious Cases under the Condition of Insanity" and "competency."

115 Act on Medical Care and Treatment for Persons who have Caused Serious Cases under the Condition of Insanity
Law requiring measures such as treatment in a mental hospital of a person who committed a serious crime but was not prosecuted or not found guilty due to insanity or weak-mindedness. Please also see "weak-mindedness," "insanity" and "non-prosecution."

116 Human Trafficking, Crime of Trafficking of Human Beings, Crime of Trafficking of Natural Persons
Crime of buying and selling human beings (Penal Code, Article 226-2). Abduction or kidnapping are not prerequisites of this crime. Please also see "Kidnapping" and "Abduction."

正式起訴（せいしききそ）→18 起訴

117 正当防衛（せいとうぼうえい）
突然の違法行為に対し自分や他人の権利を守るため、やむを得ずした防衛行為は、合理的な程度を超えていなければ、違法ではありません（刑法36条1項）。→違法, 過剰防衛

118 責任主義（せきにんしゅぎ）
原則として故意がなければ処罰しないことです（刑法38条1項）。その例外は、過失犯です。→過失犯, 故意

119 責任能力（せきにんのうりょく）
刑事責任を負うことができる能力のことです。責任能力がない人は、刑罰を科されません。たとえば、心神喪失の人（刑法39条1項）や14歳未満の子ども（刑法41条）です。責任能力が不十分な人は、刑が軽くなります（刑の減軽）。たとえば、心神耗弱の人です（刑法39条2項）。→刑の減軽, 心神耗弱, 心神喪失

120 接見（せっけん）
逮捕や勾留された被疑者や被告人と面会することです。とくに弁護人の接見は、最も重要で基本的な権利とされています。→勾留, 接見禁止

121 接見禁止（せっけんきんし）
被疑者や被告人が接見の際に逃亡や罪証隠滅を図るおそれがある場合、裁判官が弁護人以外との接見や物品の授受を禁止することです（刑事訴訟法81条）。→罪証隠滅, 接見

122 窃盗罪（せっとうざい）
他人の物を断りなく、自分の物にするつもりで奪った罪です（刑法235条）。その際に、一定程度以上の暴力や脅しを使った場合は、窃盗罪ではなく、恐喝罪や強盗罪になります。→恐喝罪, 強盗罪

117 legitimate self-defense, justifiable self-defense
Unavoidable act of defense performed to protect oneself or others against imminent and unlawful act. It is not illegal as long as it does not exceed reasonable degree of self-defense (Penal Code, Article 36, Clause 1). Please also see "illegality" and "excessive (act of) self-defense."

118 principle of responsibility
The principle of not punishing an act performed without the intent to commit a crime (Penal Code, Article 38, Clause 1). The exceptions are negligent offenses. Please also see "criminal negligence" and "intent."

119 competency, criminal competency, responsible capacity, culpability
Capacity to be held responsible for a crime. A person who is incompetent, such as a person suffering from insanity (Penal Code, Article 39, Clause 1) or a child under the age of 14 (Penal Code, Article 41) is not subject to criminal punishment. A person with insufficient competence, such as a weak-minded person (Penal Code, Article 39, Clause 2), can be given a reduced sentence (mitigation of punishment). Please also see "mitigation of punishment," "weak-mindedness" and "insanity."

120 outside contact and communication, interview
Meeting with the suspect or defendant who has been arrested or detained. Notably, access and communication with the defense counsel are deemed as the most important and basic right of a detainee. Please also see "detention" and "prohibiting the detainee from having outside contact and communication (other than defense counsel)."

121 prohibiting the detainee from having outside contact and communication (other than defense counsel), prohibition of the detainee from having an interview or other contact and communication with outside persons (other than defense counsel)
The judge may prohibit a suspect or defendant from meeting anyone other than his / her defense counsel or from receiving goods, if there is a possibility that the suspect or defendant may plan to escape, conceal or destroy evidence of his crime during that meeting (Code of Criminal Procedure, Article 81). Please also see "destruction of evidence" and "outside contact and communication."

122 Theft, Larceny
Crime of taking the belongings or property of others without their consent with the intent of making these into one's own. (Penal Code, Article 235). If during the commission of the theft, the offender used violence or threats beyond a certain degree, he/ she will be charged with extortion or robbery, instead of theft. Please also see "Extortion" and "Robbery."

123 前科（ぜんか）

以前に有罪判決を受けて，それが確定した経歴があることです。→再犯, 前科調書, 前歴, 累犯

124 前科調書（ぜんかちょうしょ）

被告人の前科が記載された書面のことです。一般に，検察事務官が作成し，前科の罪名や判決日などが記載されます。→罪名, 前科

125 前歴（ぜんれき）

前科には当たらないが，以前に犯罪の疑いで取調べを受けたり，少年院に送られた経歴のことです。警察では，前歴も記録しており，刑事裁判では，よく証拠として提出されます。→前科, 前科調書

126 訴因変更（そいんへんこう）

起訴状に記載された犯罪（公訴事実）の同一性を保ちながら，重要な事実を追加・撤回・変更することです。裁判の間に，起訴状に記載された犯罪事実と裁判で認められそうな犯罪事実が異なることが分かった場合に，訴因変更が行われます。検察官の請求により裁判官が許可する場合と裁判官が職権により命じる場合があります（刑事訴訟法312条1項・2項）。→起訴状, 公訴事実, 職権

127 増強証拠（ぞうきょうしょうこ）

ある証拠の証明力を高めるための別の証拠のことです。→証明力, 弾劾証拠

128 捜索・差押許可状（そうさくさしおさえきょかじょう）

警察官や検察官が建物などの捜索や証拠の差押をするために，裁判官の許可を得た書面のことです。薬物4法の違反事件において，被疑者の尿を強制的にカテーテル（導尿管）で採取する場合も，捜索・差押許可状が必要です。→導尿管, 薬物4法, 令状

129 争点整理（そうてんせいり）

裁判で争いとなるポイントを整理することです。多くは，公判前整理手続で行われますが，それ以外にも行われることがあります。→公判前整理手続

123 criminal record, record of previous conviction
Having a record of conviction that has been finalized in the past. Please also see "second offense," "report of criminal record," "record of previous arrests" and "repeated offenses."

124 report of criminal record, document of criminal record
Document containing the defendant's record of previous convictions. Generally prepared by the prosecutor's assistant, the name of the previous offense, date of judgment and the like are recorded therein. Please also see "charge" and "criminal record."

125 record of previous arrests, criminal history
Record of having been interrogated on suspicion of committing a crime, or having been sent to a juvenile correction institution in the past, but does not fall under a record of previous convictions. The criminal history is recorded by the police and often submitted as evidence in a criminal court. Please also see "criminal record" and "report of criminal record."

126 alteration of the counts, revision of the counts
Adding, withdrawing or altering important facts while retaining the essence of the offense/ charged facts described in the document of indictment (written indictment). During the trial, criminal counts are revised in the event of a discrepancy in the criminal facts described in the indictment and those likely to be admitted in the court. Revision of criminal counts is effected when the judge grants the prosecutor's request or when the judge orders the revision through his/ her official power (Code of Criminal Procedure, Article 312, Clauses 1 and 2). Please also see "written indictment," "charged facts" and "official power."

127 strengthening evidence, collaborating evidence
Other evidences that enhance (collaborate) the probative value of certain evidence. Please also see "probative value" and "evidence for impeachment purposes."

128 search and seizure warrant, warrant for search and seizure
Document issued by a judge to authorize the police or prosecutor to search a building or to seize evidence from inside a building. For example, in a case involving a violation of the Four Laws Related to Drugs, a search and seizure warrant is needed in order to be able to forcibly collect a urine sample from a suspect by catheter (urethral tube). Please also see "urethral catheter," "Four Acts Related to Drugs" and "warrant."

129 sorting out of disputed issues
Procedure whereby the disputable issues in a trial are sorted out. In many cases, this is carried out during the pretrial arrangement proceedings, but it can also be done in some other instances. Please also see "pretrial arrangement procedures."

130 訴訟指揮（そしょうしき）
裁判を適切に進行させるために必要な一切の措置を行うことです。指揮の権限は，裁判長にあります（刑事訴訟法294条）。

131 即決裁判（そっけつさいばん）
重大犯罪以外の事実関係に争いがない事件について，原則として1回の公判期日で判決言渡までを行う簡易な裁判手続です。懲役などの判決には必ず執行猶予を付けなければならない，という点が特徴です。外国人を被告人とする，いわゆる超過滞在の事件でよく利用されます。→公判期日，執行猶予

132 逮捕状（たいほじょう）
警察官が被疑者を逮捕するために，裁判官の許可を得た書面のことです。→令状

133 大麻取締法違反（たいまとりしまりほういはん）
法律上定められた許可なしに，大麻を栽培したり，売ったり，買ったり，使ったり，持っていた罪です。→薬物4法

134 代用刑事施設（だいようけいじしせつ）
被疑者や被告人を勾留する場合，本来は，拘置所に拘置しますが，とくに被疑者は，多くの場合，警察内の代用刑事施設に拘置されます。一般に留置場または留置施設とも言います。→拘置所，勾留

135 弾劾証拠（だんがいしょうこ）
ある証拠の証明力が弱いことを示す別の証拠のことです。→証明力，増強証拠

136 中止未遂（ちゅうしみすい）
未遂が処罰される場合であっても，自分の意思で行為を中止した場合は，刑が軽くなるか，または免除されます（刑法43条ただし書）。中止犯とも言います。→刑の減軽，障害未遂，未遂

中止犯（ちゅうしはん）→ **136** 中止未遂

調書（ちょうしょ）→ **26** 供述調書

130 control of court proceedings, presiding over the trial
Necessary measures taken to ensure the conduct of proper trial proceedings. The presiding judge is given the power to control the court proceedings (Code of Criminal Procedure, Article 294).

131 expedited trial
Summary trial procedure for cases other than serious crimes where there are no disputable issues on the facts. This is completed, in principle, on a single trial date including the rendition of judgment. One characteristic of this system is in its verdict, a sentence of imprisonment must carry a suspended term. It is commonly used in cases involving foreign defendants charged with overstaying. Please also see "trial date" and "suspension of execution of sentence."

132 warrant of arrest, arrest warrant
Document issued by a judge to authorize the police to arrest a suspect. Please also see "warrant."

133 violation of Hemp Control Act, violation of Cannabis Control Act
Crime of cultivating, selling, buying, using, and/ or possessing hemp (without the legally required permission). Please also see "Four Acts Related to Drugs."

134 substitute penal institution
Although essentially suspects or defendants are to be detained in a detention center, in many cases, the suspects, in particular are detained in a substitute penal institution inside the police station. In general, this is also called detention center or detention facility. Please also see "detention center" and "detention."

135 evidence for impeachment purposes
Other evidence used to show the low probative value of one evidence. Please also see "probative value" and "strengthening evidence."

136 incomplete attempt, voluntary abandonment of commission of a crime, voluntary suspension of commission of a crime, attempt where the perpetrator voluntarily suspended his or her commission of a crime
Even in cases where an attempt to commit a crime is subject to punishment, if one voluntarily abandons committing the crime, the punishment may be mitigated or waived altogether (Penal Code, Article 43 provision). This is also known as a "suspended/ abandoned crime." Please also see "mitigation of punishment," "impeded attempt" and "attempt."

137 通貨偽造罪（つうかぎぞうざい）
偽札や偽硬貨を自分で使うか，他人に使わせるために作った罪です（刑法148条1項）。外国の通貨を作った場合も，日本の刑法により処罰されます（刑法149条1項）。
→偽造通貨行使罪

138 伝聞供述（でんぶんきょうじゅつ）
ある人が他人の話した内容を供述することです。たとえば，証人が法廷において，「事件が発生した翌日に，被告人が『犯人は私だ』と言っていたのを聞きました」と証言することです。伝聞証拠の一種です。→伝聞証拠，伝聞法則

139 伝聞証拠（でんぶんしょうこ）
裁判外で行われた供述を供述調書などの書面にしたり，裁判外で行われた発言を聞いたという供述（伝聞供述）をした場合，それらの書面や供述を伝聞証拠と言います。
→供述調書，伝聞供述，伝聞法則

伝聞証拠禁止の原則（でんぶんしょうこきんしのげんそく）→ **140 伝聞法則**

140 伝聞法則（でんぶんほうそく）
伝聞供述などの伝聞証拠は，伝え聞きの過程で誤りが入り込む危険性が大きいので，原則として裁判では使えない，すなわち証拠能力がない，というルールのことです（刑事訴訟法320条）。伝聞証拠禁止の原則とも言います。→証拠能力，伝聞供述，伝聞証拠，伝聞例外

141 伝聞例外（でんぶんれいがい）
伝聞供述などの伝聞証拠について，例外的に証拠能力を認める条件は，法律で定められています（刑事訴訟法321条以下）。このような伝聞法則の例外を伝聞例外と言います。→証拠能力，伝聞供述，伝聞証拠，伝聞法則

142 同意部分（どういぶぶん）
検察官が証拠の取調べを求めた場合，裁判官は弁護人（被告人）の意見を聞かなければなりません。逆の場合も同じです。その証拠が文書であり，一部についてのみ相手が同意した場合，その部分を同意部分と言います。一般に，同意部分を先に取り

137 Counterfeiting of Currency, Counterfeiting Currency
Crime of making counterfeit bills or coins for one s own use or the use of others (Penal Code, Article 148, Clause 1). Counterfeiting foreign currency is also subject to punishment under the Penal Code of Japan (Penal Code, Article 149, Clause 1). Please also see "Uttering Counterfeit Currency."

138 hearsay statement, second hand statement
Statement made by a person on what another person said. For example, a witness testifying in court that on the next day after the incident happened, he/ she heard the defendant say "I committed the crime" would constitute a type of hearsay evidence. Please also see "hearsay evidence" and "hearsay rule."

139 hearsay evidence, evidence of hearsay, second hand evidence
Documents such as records of out-of-court statements and statements of what was heard said outside of the court (hearsay statement). Please also see "written statement," "hearsay statement" and "hearsay rule."

140 hearsay rule
Rule stating evidence based on hearsay, such as hearsay statements, is basically inadmissible in court, due to the likely danger of errors in the process of hearing what was said (Code of Criminal Procedure, Article 320). It is also known as the rule of prohibiting hearsay evidence. Please also see "admissibility of evidence," "hearsay statement," "hearsay evidence" and "hearsay exception."

141 hearsay exception, exception from hearsay rule
Exceptional circumstances under which hearsay evidence, such as a statement of hearsay, may be admitted as evidence are stipulated by law (Code of Criminal Procedure, Article 321 and below). This exception to the hearsay rule is known as the hearsay exception. Please also see "admissibility of evidence," "hearsay statement," "hearsay evidence" and "hearsay rule."

142 agreed portion, undisputed portion
When the prosecutor requests an examination of evidence, the judge must ask for an opinion of the defense counsel (or defendant). The same rule also applies in the opposite situation. If the evidence at issue (at hand) is in the form of a written document and the opponent agrees only with a certain portion thereof, that part is called the "agreed portion." As a general rule, the agreed portion is to be examined

調べます。→不同意部分

143 導尿管 (どうにょうかん)
薬物4法の違反事件において，被疑者が尿の提出を拒む場合に，捜索・差押許可状を得て，被疑者の尿道に差し入れて強制的に尿を採取するカテーテルのことです。→捜索・差押許可状，薬物4法

144 特信情況 (とくしんじょうきょう)
警察官調書または検察官調書などの伝聞証拠について，例外的に証拠能力，すなわち伝聞例外を認めるための条件のひとつとして，「信用すべき特別の情況」が挙げられています (刑事訴訟法321条1項2号・3号)。これを略して特信情況または特信性と言います。→警察官調書，検察官調書，伝聞証拠，伝聞例外

特信性 (とくしんせい) →144 特信情況

145 内容の真正 (ないようのしんせい)
書面に書かれた内容が真実であることです。→作成の真正

146 罰条 (ばつじょう)
殺人罪であれば刑法第199条，傷害罪であれば刑法第204条というように，罪名に対応する法律の条文のことです。検察官の起訴状には，罪名と一緒に罰条を書かなければなりません (刑事訴訟法256条4項)。→起訴状，罪名

147 反抗を著しく困難にする (はんこうをいちじるしくこんなんにする)
強姦罪の加害者が被害者の抵抗を妨げる手段として使った暴力や脅しの程度のことです。反抗を抑圧するよりも低い程度で構わないが，かなり強いものでなければならないという意味で，この言葉が用いられます。→強姦罪，反抗を抑圧する

148 反抗を抑圧する (はんこうをよくあつする)
強盗罪の加害者が被害者の抵抗を妨げる手段として使った暴力や脅しの程度のことです。暴力や脅しを使って，無理やり財物を奪い取る行為は，その暴力や脅しが反抗を抑圧するに足りる程度に達していれば，強盗罪になりますが，その程度に達していなかった場合は，恐喝罪になります。→恐喝罪，強盗罪，反抗を著しく困難にする

first. Please also see "disputed portion."

143 urethral catheter, urethral tube
Type of catheter used to collect a urine sample from a suspect. In searches conducted under violations of the Four Acts Related to Drugs, if the suspect refuses to submit a sample of urine, the authorities are permitted, upon the issuance of a search and seizure warrant, to take it forcibly by use of a urethral tube. Please also see "search and seizure warrant" and "Four Acts Related to Drugs."

144 circumstances that afford special credibility, especially reliable circumstances, circumstances to endorse credibility
One of the exceptional circumstances under which hearsay evidence, such as a statement recorded by a police officer or by a prosecutor, is admissible as evidence (hearsay exception) (Code of Criminal Procedure, Article 321, Clause 1, Items 2 and 3). In short, it is called circumstances that afford special credibility or special reliability. Please also see "statement recorded by a police officer," "statement recorded by a prosecutor," "hearsay evidence" and "hearsay exception."

145 correctness of contents, truthfulness of contents
Where the contents of a document are correct (truthful). Please also see "authenticity of document creation."

146 penalty article, punitive article, article of the law to define the punishment, applicable penal stature
Article of law stipulating the corresponding punishment to be imposed on a crime. For example, punishment for murder is stipulated in Article 199 of the Penal Code, and those for bodily injury in Article 204 of the Penal Code. In addition to the name of the offense, the written indictment submitted by the prosecutor must include the penal/ penalty article(s) (Code of Criminal Procedure, Article 256, Clause 4). Please also see "written indictment" and "charge."

147 make resistance extremely difficult
Degree of violence or threat used by a sexual assailant in order to prevent any resistance on the part of the victim. The expression is used to imply there must have been considerable degree of violence or threat, even though it may not have been sufficient to cause the victim to submit. Please also see "Rape" and "suppressing resistance."

148 suppressing resistance, preventing resistance
Degree of violence or threat used by a robber in order to prevent the resistance on the part of the victim. The act of forcibly taking the property of others by use of violence or threat constitutes a crime of robbery if the violence and threats used are sufficient to suppress the resistance of the victim. Otherwise, it constitutes a crime of extortion. Please also see "Extortion," "Robbery" and "make resistance extremely difficult."

149 犯情（はんじょう）
情状のうち，犯行の動機や犯行の態様などのことです。→一般情状，情状

150 反対尋問（はんたいじんもん）
証人尋問を請求していない方が行う尋問のことです。たとえば、検察官が請求した証人の尋問では、主尋問の後に、弁護人（被告人）が反対尋問を行います。→主尋問，誘導尋問

151 被害者参加制度（ひがいしゃさんかせいど）
一定の重大犯罪の被害者や遺族などが，裁判官の決定により，公判期日に出席し，被告人に質問などを行って，裁判に参加する制度です。→公判期日，国選被害者参加弁護士，被害者参加弁護士

152 被害者参加弁護士（ひがいしゃさんかべんごし）
被害者参加制度にもとづき裁判に参加する被害者や遺族が選任する弁護士のことです。→国選被害者参加弁護士，被害者参加制度

153 被疑者国選弁護人（ひぎしゃこくせんべんごにん）
被疑者のために，国の費用で選任する弁護人（通常は弁護士）のことです。ただし、一定以上の重い刑にあたる犯罪の容疑がかかっていることなどの要件があります（刑事訴訟法37条の2）。→国選弁護人，私選弁護人

154 非現住建造物放火罪（ひげんじゅうけんぞうぶつほうかざい）
居住用ではなく，かつ現に人がいない建物に放火した罪です。現住建造物放火罪よりは刑が軽いですが、建物以外の放火よりも重い刑が科されます。→現住建造物放火罪，放火罪

155 評議（ひょうぎ）
裁判員裁判では，法廷での審理の結果を踏まえ，別室において裁判官3名と裁判員6名が議論をします。これを評議と言います。評議の秘密を漏らすことは禁止されています（裁判員の参加する刑事裁判に関する法律70条）。→裁判員，裁判員裁判

149 circumstances surrounding the crime
Circumstances surrounding the crime, including the motives in committing the crime and the manner in which the crime was conducted. Please also see "general circumstances" and "circumstances."

150 cross-examination
Examination conducted by the party, which did not request the examination of a witness. For example, after the direct examination of a witness requested by the prosecutor, it is the turn of the defense counsel (or defendant) to cross-examine that witness. Please also see "direct examination" and "leading question."

151 system of victim participation in criminal proceedings
System whereby a victim of a serious crime or his or her family may, at the discretion of the judge, participate in trial. For example, they may attend court on the trial date and question the defendant. Please also see "trial date," "court-appointed attorney for victim participation" and "attorney for victim participation."

152 attorney for victim participation, counsel for the victim participating in the criminal proceedings
Attorney appointed by a victim or his/ her family who participates in the trial under the victim participation system. Please also see "court-appointed attorney for victim participation" and "system of victim participation in criminal proceedings."

153 court-appointed defense counsel for a suspect
Defense counsel (typically, an attorney) appointed by the court at government expense for a suspect. However, certain conditions must be met, such as that the suspect is being suspected of having committed a serious crime subject to a heavy punishment (Code of Criminal Procedure, Article 37-2). Please also see "court-appointed defense counsel" and "privately retained defense counsel."

154 Arson of an Uninhabited Structure, Arson of an Uninhabited Building
Crime of setting fire to a non-residential structure which was uninhabited at the time of the crime. It is subject to a more lenient punishment than arson of inhabited structures, but to a heavier punishment compared to arson of objects other than buildings. Please also see "Arson of an Inhabited Structure" and "Arson."

(編注) 非現住建造物等放火罪のときは "Arson of an Uninhabited Structure and so forth" あるいは "Arson of an Uninhabited Building and so forth"。

155 deliberations
During a lay judge trial, there is the discussion held in a separate room among the three judges and six lay judges based on the results of court proceedings. Revealing the contents of the deliberation is prohibited (Law on Criminal Trials Examined under Lay Judge System, Article 70). Please also see "lay judge" and "lay judge

156 不起訴 (ふきそ)
犯罪の疑いをかけられて，取調べを受けたが，犯罪があったとは認められなかったり，犯人が別にいると分かったり，正当防衛や緊急避難が成立すると判断された場合は，検察官が起訴をしないという決定，すなわち不起訴の決定をします。→起訴，緊急避難，正当防衛

157 不規則発言 (ふきそくはつげん)
刑事裁判では，裁判長の訴訟指揮の権限が広く認められています。そのため，裁判の進行に影響を与える形で不適切な発言を行った場合，訴訟指揮の権限にもとづき制止されることがあり，それにも従わない場合は，退廷命令を受けることがあります。このような発言のことを一般に不規則発言と言います。ただし，これらの裁判長の処分に対しては，異議の申立てができます。→異議の申立て，訴訟指揮

158 不同意部分 (ふどういぶぶん)
検察官が証拠の取調べを求めた場合，裁判官は弁護人（被告人）の意見を聞かなければなりません。逆の場合も同じです。その証拠が文書であり，一部分についてのみ相手が同意しなかった場合，その部分を不同意部分と言います。→同意部分，不利益事実の承認

159 不利益事実の承認 (ふりえきじじつのしょうにん)
犯罪行為の全部または一部を認めたり，間接的に犯罪行為を窺わせる事実を認めることです。自白や有罪の自認だけでなく，広く被告人が自分に不利な事実を認める供述をする場合を含みます。被告人の供述調書が不利益事実の承認を含む場合は，弁護人が不同意という意見を述べても，原則として証拠能力が認められます（刑事訴訟法322条1項）。→供述調書，自白，証拠能力，不同意部分，有罪の自認

160 併合罪 (へいごうざい)
まだ判決が確定していない複数の罪のことです（刑法45条）。原則として，これらが併合され，ひとつの刑が定められます（刑法46条〜53条）。→刑の加重

161 弁護人 (べんごにん)
被疑者や被告人の弁護をする人のことです。通常は，弁護士です（刑事訴訟法31条）。

trial."

156 non-prosecution, non-indictment, exemption from prosecution
Decision made by the public prosecutor not to indict someone who was suspected of having committed a crime and went through investigations, because of certain circumstances such as the failure to establish a criminal act, the emergence of another person liable for the crime, or the act being deemed a result of self-defense or averting imminent danger. Please also see "prosecution," "averting imminent danger" and "legitimate self-defense."

157 erratic statement, inappropriate statement
Presiding judge in a criminal trial is granted a wide range of powers to control court proceedings. If any inappropriate (improper) statements are made to the extent that trial proceedings are disrupted, the judge is to use his/ her authority to suppress them. Anyone who refuses to cooperate shall be ordered to leave the court. This kind of statement is generally called irregular/ improper statements. That person, in turn, can raise an objection to such treatment. Please also see "(to file/ lodge an) objection" and "control of court proceedings."

158 disputed portion
When the prosecutor requests the examination of evidence, the judge must ask for the opinion of the defense counsel (or defendant). The same rule applies when the request is made by the defense counsel (or defendant). If the evidence at issue (at hand) is in the form of a written document and the opponent does not agree with a certain portion thereof, that part is called the disputed portion. Please also see "agreed portion" and "admission of the fact against his/ her interest."

159 admission of the fact against his/ her interest
Admission by a suspect or defendant of all or part of the criminal act, or a fact which implies that he/ she committed the crime. This covers not only a confession and admission of guilt, but also statements which may be disadvantageous to the defendant himself/ herself. When the defendant's statement as recorded by an investigator includes an acknowledgement of disadvantageous facts, in principle, it is deemed admissible as evidence despite the disagreement of the defense counsel (Code of Criminal Procedure, Article 322, Clause 1). Please also see "written statement," "confession," "admissibility of evidence," "disputed portion" and "admission of guilt."

160 consolidated crimes, joinder of separate offenses
Two or more crimes for which no judgment has yet become final. As a general rule, these crimes are consolidated into one and sentenced with one punishment. (Penal Code, Articles 46-53). Please also see "aggravation of punishment."

161 defense counsel
Person who defends a suspect or a defendant, usually an attorney (Code of

→国選被害者参加弁護士，国選弁護人，私選弁護人，被害者参加弁護士，被疑者国選弁護人

162 放火罪（ほうかざい）

建物やその他の物に火をつけて，焼損した罪です。放火の対象によって，犯罪の要件や刑の重さが異なります。→現住建造物放火罪，焼損，非現住建造物放火罪

幇助犯（ほうじょはん）→93 従犯

163 法定刑（ほうていけい）

法律で定められた刑のことです。法定刑は，多くの場合，裁判官が複数の種類から選べるように定められています。また有期刑は，期間の幅が定められています。法定刑の種類としては，死刑，懲役，禁錮，罰金，拘留などがあります（刑法9条）。懲役や禁錮は，無期または有期に分かれています（刑法12条～14条）。

164 冒頭陳述（ぼうとうちんじゅつ）

検察官が起訴状を読み上げた後，証拠調べの冒頭において，何を証明しようと思っているのかを説明することです（刑事訴訟法296条）。弁護人（被告人）も，これを争う場合は，裁判官の許可を得て，冒頭陳述をすることがあります（刑事訴訟規則198条）。→起訴状

165 法令違反（ほうれいいはん）

一般には違法と同じ意味で使われますが，とくに手続が刑事訴訟法に違反していたり，刑法などの法律の適用・解釈に誤りがあって，それらがなければ，明らかに判決の結果が異なっていたことを言います。この場合は，控訴ができます（刑事訴訟法379条，380条）。また，上告の理由（刑事訴訟法405条）に該当しない場合であっても，法令違反を理由として，高等裁判所の判決が破棄されることがあります（刑事訴訟法411条1号）。→違法，控訴，上告

166 保護責任者遺棄罪（ほごせきにんしゃいきざい）

幼児・老人・病人など，保護を必要とする人をどこかに置き去りにしたり，わざと面倒をみなかった場合に，保護の義務を負う人が問われる罪です（刑法218条）。

Criminal Procedure, Article 31). Please also see "court-appointed attorney for victim participation," "court-appointed defense counsel," "privately retained defense counsel," "attorney for victim participation" and "court-appointed defense counsel for a suspect."

162 Arson
Crime of setting fire to structures or other objects, and burning them down. The prerequisites of the crime and the punishment differ depending on the object of the arson. Please also see "Arson of an Inhabited Structure," "burning and damaging" and "Arson of an Uninhabited Structure."

163 statutory penalty, statutory punishment, penalty prescribed in the law, punishment prescribed in the law
Punishments as stipulated by the law. Statutory penalties are stipulated so that in many cases, the judge can choose from several categories. For imprisonment of a definite term, the length of time is specified. Categories of punishment include capital punishment, imprisonment with or without forced labor, fines, and penal detention, etc. (Penal Code, Article 9). Imprisonment with or without forced labor is either for life or for a definite term (Penal Code, Articles 12-14).

164 opening statement
Statement made by the prosecutor after the reading of the indictment. At the start of the examination of evidence, an explanation is made about what he/ she intends to prove (Code of Criminal Procedure, Article 296). There are also cases, when the defense counsel (the defendant) presents an opening statement, with the permission of the judge, if the claims of the prosecutor are being disputed (Rules of Criminal Procedure, Article 198). Please also see "written indictment."

165 violation of law and ordinance
Generally used to mean an illegality. In particular, it refers to a violation of the Code of Criminal Procedure, or a misapplication and/ or misinterpretation of laws, including the Penal Code, where without these, clearly the results of the verdict would have been different. If such is the case, the defendant can appeal to the high court (Code of Criminal Procedure, Articles 379 and 380). Furthermore, even if there are no grounds for an appeal to the Supreme Court (Code of Criminal Procedure, Article 405), the sentence delivered by the High Court can be revoked on grounds of violation of laws and ordinances (Code of Criminal Procedure, Article 411, Item 1). Please also see "illegality," "appeal to the court of second instance" and "appeal to the Supreme Court."

166 Abandonment by a Guardian, Negligence as a Guardian, Abandonment by a Person Responsible for Protection
Crime whereby a person who has a duty as a guardian abandons those in need of his/ her (care and) protection, such as infants, the elderly, the sick, and the like, or intentionally fails to attend to their needs (Penal Code, Article 218).

167 保護責任者遺棄致死傷罪 (ほごせきにんしゃいきちししょうざい)
保護責任者遺棄の結果，保護を必要とする人を死なせたり，怪我をさせた場合に，保護の義務を負う人が問われる罪です。通常の傷害罪や傷害致死罪よりも重い刑が定められています(刑法219条)。→傷害罪，傷害致死罪，保護責任者遺棄罪

168 麻薬及び向精神薬取締法違反 (まやくおよびこうせいしんやくとりしまりほういはん)
法律上定められた許可なしに，麻薬や向精神薬(ヘロイン，コカイン，LSDなど)を作ったり，売ったり，買ったり，使ったり，持っていた罪です。→薬物4法

169 麻薬特例法違反 (まやくとくれいほういはん)
薬物4法について，国際条約の規定に合わせ，規制内容を強化するために制定された法律に対する違反のことです。この法律の正式名称は，「国際的な協力の下に規制薬物に係る不正行為を助長する行為等の防止を図るための麻薬及び向精神薬取締法等の特例等に関する法律」と言います。→薬物4法

未決勾留 (みけつこうりゅう) →61 勾留

170 未決勾留日数の算入 (みけつこうりゅうにっすうのさんにゅう)
有罪判決を言い渡す際に，それまでに勾留されていた日数の全部または一部を刑の中に算入することです(刑法21条)。たとえば，懲役1年の刑が確定し，判決の中に「未決勾留日数のうち60日をこの刑に算入する」と書かれていた場合は，1年のうちすでに60日の刑が終わったことになります。→勾留

171 未遂 (みすい)
犯罪行為を開始したが，結果が発生しなかったことです。特別の規定がある場合にだけ処罰されます(刑法44条)。また処罰される場合も，刑が軽くなったり，免除されることがあります(刑法43条)。たとえば，人を殺そうとして胸をナイフで刺したが，一命を取り留めた場合，殺人罪は成立しませんが，殺人未遂罪は成立します。結果が発生しなかった理由によって，障害未遂または中止未遂に分かれます。→既遂，刑の減軽，障害未遂，中止未遂

167 Abandonment by a Guardian Resulting in Death or Injury, Negligence as a Guardian Resulting in Death or Injury, Abandonment Causing Death or Injury by a Person Responsible for Protection

Crime whereby a person with a duty as a guardian abandons those in need of his/her care and protection, causing them to die or suffer injuries. Heavier punishment is stipulated for this crime than ordinary crimes such as bodily injury or bodily injury resulting in death (Penal code, Article 219). Please also see "Bodily Injury," "Bodily Injury Resulting in Death" and "Abandonment by a Guardian."

168 violation of the Narcotics and Psychotropic Control Act

Crime of producing, selling, buying, using and/or possessing narcotics or psychotropic drugs (heroin, cocaine, LSD, etc.) without the legally required permission. Please also see "Four Acts Related to Drugs."

169 violation of the Act on Special Provisions for Narcotics

Infringement of the law designed to strengthen the regulations being implemented by the Four Laws Related to Drugs to comply with international rules and regulations. The official name of the law is "Act Concerning Special Provisions for the Narcotics and Psychotropic Drugs Control Act, etc. and Other Matters for the Prevention of Activities Encouraging Illicit Conducts and Other Activities Involving Controlled Substances through International Cooperation." Please also see "Four Acts Related to Drugs."

170 inclusion of the days held under detention pending trial in the assessed term of punishment

When a guilty sentence is handed down, the days spent in pre-sentencing detention may be included in whole or in part in the sentence imposed (Penal Code, Article 21). For example, if a sentence of one-year imprisonment with forced labor is followed by the remark, "this includes the 60 days spent under detention pending trial," it means that 60 days of the one-year prison term have been already been served. Please also see "detention."

171 attempt

Refers to a case where there was no outcome, even though a criminal act was started. An attempt is punishable only when this is specifically provided for in the article concerned (Penal Code, Article 44). Even if the offender is to be punished, the penalty can be mitigated or the offender exculpated (Penal Code, Article 43). For example, a case where the offender stuck a knife into someone's chest with intent to kill, but the victim survived does not constitute murder, but attempted murder. Depending on the reason why there was no outcome, an attempt is classified either as an impeded attempt or voluntary suspension (abandonment) of the commission of a crime. Please also see "accomplishment of crime," "mitigation of punishment," "impeded attempt" and "incomplete attempt."

172 未必の故意 (みひつのこい)

ある結果が確実に起きるとは考えていなかったが，それが起きても仕方がないと思っていたことです。たとえば，相手が必ず死ぬだろうとまでは思っていなかったが，万が一死んでも仕方がないと思いながら，相手を鈍器で殴ったような場合です。確定的故意はありませんが，未必の故意があったので，相手が死んだ場合は，殺人罪が成立します。→確定的故意，故意

173 無罪推定の原則 (むざいすいていのげんそく)

「疑わしきは被告人の利益に」という原則を被告人の側からみた表現です。すなわち，合理的な疑いを容れない程度まで有罪が証明されない限りは，被告人は罪に問われない，というルールです。推定無罪とも言います。→疑わしきは被告人の利益に，合理的な疑い

174 黙秘権 (もくひけん)

被疑者や被告人は，供述を強制されることはありません（日本国憲法38条1項，刑事訴訟法198条2項，311条1項）。ずっと黙っていても構いませんし，黙っていたこと自体が不利益になることはありません。→不利益事実の承認

175 薬物4法 (やくぶつよんほう)

あへん法，覚せい剤取締法，大麻取締法，麻薬及び向精神薬取締法は，全部あわせて，一般に薬物4法と呼ばれています。

176 誘拐 (ゆうかい)

他人をだましたり誘惑して，自分の支配下に置くことです。→略取，略取誘拐罪

177 有罪の自認 (ゆうざいのじにん)

被告人が自分で有罪を認めることです。厳密にいえば，自白と異なりますが，法律上，自白と同じに扱われています（刑事訴訟法319条3項）。→自白，不利益事実の承認

178 誘導尋問 (ゆうどうじんもん)

証人に対する尋問や被告人に対する質問において，検察官や弁護人（被告人）が自分の望む答えを明示的または暗示的に含めることです。主尋問では，原則として禁止されているので（刑事訴訟規則199条の3），このような尋問や質問がなされた場合は，

172 willful negligence, voluntary negligence, acknowledgement of the probability of the result

Acknowledgement by an offender that a certain result of a criminal act is unavoidable, even if he/ she had not anticipated it. For example, a case where a person hits another with a blunt instrument, without thinking that the he/ she would die as a result, but acknowledging that should the victim die, it was unavoidable. Because there was willful negligence, despite the lack of decisive intent, the act constitutes a crime of murder if the victim does die. Please also see "definite intent" and "intent."

173 principle of presumption of innocence

Expression, seen from the point of view of the defendant, referring to the principle of "granting the defendant the benefit of the doubt as to his/ her guilt." It is a rule that states the defendant is not to be convicted unless proven guilty beyond reasonable doubt. This principle is also called the presumption of innocence. Please also see "the benefit of the doubt" and "reasonable doubt."

174 right to remain silent

Suspect or defendant may not be compelled to speak (Constitution of Japan, Article 38, Clause 1, Code of Criminal Procedure, Article 198, Clause 2, and Article 311, Clause 1). He/ She may remain silent throughout the trial, with their refusal to speak not being taken against them. Please also see "admission of the fact against his/ her interest."

175 Four Acts Related to Drugs

The Opium Control Act, the Stimulants Control Act, the Hemp Control Act, and the Narcotics and Psychotropic Control Act are generally referred to as the Four Laws Related to Drugs.

176 Kidnapping

Abducting a person by means of deceit or temptation, and placing him/ her under one's control. Please also see "Abduction" and "Kidnapping and/ or Abduction."

177 admission of guilt

Defendant's admission of his/ her guilt. Although strictly speaking, the term "admission of guilt" does not equate to "confession," it is used synonymously in the eye of the law (Code of Criminal Procedure, Article 319, Clause 3). Please also see "confession" and "admission of the fact against his/ her interest."

178 leading question

Explicit or implicit leading by the prosecutor or the defense counsel (or the defendant) of a desired answer during the examination of a witness or defendant. In principle, leading questions are prohibited during the direct examination (Rules of Criminal Procedure, Article 199-3). Thus, when such a question is asked, the other party often raises an objection. Please also see "(to file/ lodge an) objection," "direct

相手が異議の申立てをすることがよくあります。→異議の申立て, 主尋問, 反対尋問

179 立証責任（りっしょうせきにん）
証拠により証明する責任のことです。立証責任を負う側の当事者が証明できなければ，不利に扱われます。犯罪の立証責任は検察官が負っているので，合理的な疑いを容れない程度にまで，検察官が証明できなければ，不利な結果，すなわち無罪判決が出されます。挙証責任や証明責任とも言います。→合理的な疑い, 無罪推定の原則

180 略式起訴（りゃくしききそ）
検察官が被疑者を取り調べた結果，犯罪行為があったと判断したが，正式な起訴をしないで，書面により罰金だけを払わせることです。→起訴

181 略取（りゃくしゅ）
暴力や脅しによって，無理やり他人を連れ去ることです。→誘拐, 略取誘拐罪

182 略取誘拐罪（りゃくしゅゆうかいざい）
他人を略取するか，または誘拐した罪です。相手が未成年の子どもである場合は，未成年者略取誘拐罪と言います（刑法224条）。大人の場合は，営利を目的としたり（刑法225条），身代金を目的としたり（刑法225条の2），外国へ運ぶことを目的とする場合（刑法226条），罪になります。→人身売買罪, 誘拐, 略取

留置施設（りゅうちしせつ）→**134** 代用刑事施設

留置場（りゅうちじょう）→**134** 代用刑事施設

量刑（りょうけい）→**40** 刑の量定

183 累犯（るいはん）
再犯，3犯，4犯など，前回の服役後一定期間内に，重ねて罪を犯すことをまとめて累犯と言います。→再犯, 累犯加重

184 累犯加重（るいはんかじゅう）
累犯であることを理由に刑を重くすることです（刑法56条〜59条）。再犯の場合を再

examination" and "cross-examination."

179 burden of proof
Responsibility to prove a fact through evidence. If a party who bears the burden of proof fails to prove, he/ she will lose ground. In court, it is the prosecutor who bears the responsibility of proving that the defendant committed the crime. Thus, if the prosecutor fails to establish guilt beyond reasonable doubt, it will have an adverse result, that is, a judgment of not-guilty. Please also see "reasonable doubt" and "principle of presumption of innocence."

180 summary prosecution
When the prosecutor, even after acknowledging the existence of a crime upon conducting an investigation, chooses not to prosecute but instead has the suspect only pay a fine through a written notice. Please also see "prosecution."

181 Abduction, Kidnapping (by force)
Taking a person away (against his/ her will) by use of force or threat. Please also see "Kidnapping" and "Kidnapping and/ or Abduction."

182 Kidnapping and/ or Abduction
Crime of abducting or kidnapping a person. When the victim is a minor, it is called abduction or kidnapping of a minor (Penal Code, Article 224). In the case of an adult victim, the act constitutes a crime if it was committed for the purpose of making a profit (Penal Code, Article 225), holding for ransom (Penal Code, Article 225-2), or taking the victim abroad (Penal Code, Article 226). Please also see "Human Trafficking," "Kidnapping" and "Abduction."

183 repeated offenses
Offenses where after having served a previous sentence, a second, third, fourth offense is committed repeatedly within a certain period of time. Please also see "second offense" and "aggravated punishment for repeated offenses."

184 aggravated punishment for repeated offenses, cumulative punishment for repeated offenses
Heavier punishment for repeated offenses (Penal Code, Articles 56-59). In the case of a second offense, the term "aggravated punishment for a second offense" is used.

犯加重と言いますが，3犯以上の場合を含めて累犯加重と言います。→刑の加重，再犯，再犯加重，累犯

185 令状（れいじょう）

警察官や検察官が逮捕，勾留，捜索・差押などの強制的な行為をするために，裁判官の許可を得た書面をまとめて令状と言います。→勾留状，捜索・差押許可状，逮捕状

186 連日開廷（れんじつかいてい）

一般の刑事裁判は，第1回の公判期日が開かれた後は，通常，1〜4週間程度の間隔で期日が開かれます。これに対して，裁判員裁判では，裁判員の負担を軽くするために，第1回の公判期日から連続して数日間にわたって期日が開かれます。これを連日開廷と言います。→公判期日，裁判員，裁判員裁判

187 論告（ろんこく）

証拠調べがすべて終わった後，検察官が最終の意見を述べることです（刑事訴訟法293条1項）。→最終意見陳述，最終弁論

The term "aggravated punishment for repeated offenses" is used to refer to cases where three or more offenses have been committed. Please also see "aggravation of punishment," "second offense," "aggravated punishment for the second offense" and "repeated offenses."

185 Warrant, writ
Document issued by the judge authorizing a police officer or prosecutor to conduct compulsory measures such as arrest, detention, search, and seizure. This type of permission is collectively referred to as a warrant. Please also see "warrant of detention," "search and seizure warrant" and "warrant of arrest."

186 trial held on consecutive days
Generally, during a criminal trial, after the first hearing the subsequent sessions are scheduled at one- to four-week intervals. In a lay judge trial, however, starting from the first trial date, hearings are held on successive days so as to reduce the burden on the lay judges. This is called trial held on consecutive days. Please also see "trial date," "lay judge" and "lay judge trial."

187 closing argument of the prosecutor
Statement of the prosecutor's final opinion after the examination of all the evidence (Code of Criminal Procedure, Article 293, Clause 1). Please also see "final statement of the defendant" and "closing argument of the defense counsel."

英語索引

A

Abandonment by a Guardian　保護責任者遺棄罪（ほごせきにんしゃいきざい）
Abandonment by a Guardian Resulting in Death or Injury　保護責任者遺棄致死傷罪（ほごせきにんしゃいきちししょうざい）
Abandonment by a Person Responsible for Protection　保護責任者遺棄罪（ほごせきにんしゃいきざい）
Abandonment Causing Death or Injury by a Person Responsible for Protection　保護責任者遺棄致死傷罪（ほごせきにんしゃいきちししょうざい）
Abduction　略取（りゃくしゅ）
abetment　教唆犯（きょうさはん）
abettor　教唆犯（きょうさはん）
accessory　従犯（じゅうはん）
accomplice　共犯（きょうはん）
accomplishment of crime　既遂（きすい）
acknowledgement of the probability of the result　未必の故意（みひつのこい）
Act on Medical Care and Treatment for Persons who have Caused Serious Cases under the Condition of Insanity　心神喪失者医療観察法（しんしんそうしつしゃいりょうかんさつほう）
acting as an accessory to a crime　従犯（じゅうはん）
admissibility of evidence　証拠能力（しょうこのうりょく）
admission of the fact against his/ her interest　不利益事実の承認（ふりえきじじつのしょうにん）
admission of guilt　有罪の自認（ゆうざいのじにん）
aggravation of punishment　刑の加重（けいのかじゅう）
aggravated punishment for the repeated conviction　再犯加重（さいはんかじゅう）
aggravated punishment for the second conviction　再犯加重（さいはんかじゅう）
aggravated punishment for the second offense　再犯加重（さいはんかじゅう）
aggravated punishment for repeated offenses　累犯加重（るいはんかじゅう）
agreed document of expected statements　合意書面（ごういしょめん）
agreed portion　同意部分（どういぶぶん）
alteration of the counts　訴因変更（そいんへんこう）
appeal　上訴（じょうそ）
appeal against a judgement of the first instance　控訴（こうそ）
appeal to the court of second instance　控訴（こうそ）
appeal to the high court　控訴（こうそ）
appeal to the Supreme Court　上告（じょうこく）
applicable penal stature　罰条（ばつじょう）
arrest warrant　逮捕状（たいほじょう）
Arson　放火罪（ほうかざい）
Arson of an Inhabited Building　現住建造物放火罪（げんじゅうけんぞうぶつほうかざい）
Arson of an Inhabited Structure　現住建造物放火罪（げんじゅうけんぞうぶつほうかざい）
Arson of an Uninhabited Building　非現住建造物放火罪（ひげんじゅうけんぞうぶつほうかざい）
Arson of an Uninhabited Structure　非現住建造物放火罪（ひげんじゅうけんぞうぶつほうかざい）
article of the law to define the punishment　罰条（ばつじょう）
assessment of sentence　刑の量定（けいのりょうてい）
attempt　未遂（みすい）
attempt where the perpetrator voluntarily suspended his or her commission of a crime　中止未遂（ちゅうしみすい）
Attempted Murder　殺人未遂罪（さつじんみすいざい）
attorney for victim participation　被害者

参加弁護士 (ひがいしゃさんかべんごし)
authenticity of document creation 作成の真正 (さくせいのしんせい)
author of document 作成名義人 (さくせいめいぎにん)
authority 職権 (しょっけん)
averting imminent danger 緊急避難 (きんきゅうひなん)
averting imminent danger by use of excessive force 過剰避難 (かじょうひなん)
avoidance of clear and present danger 緊急避難 (きんきゅうひなん)

B

benefit of the doubt 疑わしきは被告人の利益に (うたがわしきはひこくにんのりえきに)
bill of indictment 起訴状 (きそじょう)
Bodily Injury 傷害罪 (しょうがいざい)
Bodily Injury Resulting in Death 傷害致死罪 (しょうがいちしざい)
burden of proof 立証責任 (りっしょうせきにん)
burning and damaging 焼損 (しょうそん)

C

charge 罪名 (ざいめい)
charging sheet 起訴状 (きそじょう)
charged facts 公訴事実 (こうそじじつ)
charged offense 罪名 (ざいめい)
circumstances 情状 (じょうじょう)
circumstances surrounding the crime 犯情 (はんじょう)
circumstances that afford special credibility 特信情況 (とくしんじょうきょう)
circumstances to endorse credibility 特信情況 (とくしんじょうきょう)
citizen judge 裁判員 (さいばんいん)
citizen judge trial 裁判員裁判 (さいばんいんさいばん)
closing argument of the defense counsel 最終弁論 (さいしゅうべんろん)
closing argument of the prosecutor 論告 (ろんこく)
coconspirator 共謀共同正犯 (きょうぼうきょうどうせいはん)
collaborating evidence 増強証拠 (ぞうきょうしょうこ)
competency 責任能力 (せきにんのうりょく)
complicity 共犯 (きょうはん)
compulsory inspections 検証 (けんしょう)
confession 自白 (じはく)
consideration of extenuating circumstances 情状酌量 (じょうじょうしゃくりょう)
consolidated crimes 併合罪 (へいごうざい)
conspiracy 共謀 (きょうぼう)
conspiracy on the spot 現場共謀 (げんばきょうぼう)
conspirator 共犯 (きょうはん)
control of court proceedings 訴訟指揮 (そしょうしき)
co-offender 共同正犯 (きょうどうせいはん)
co-principal 共同正犯 (きょうどうせいはん)
co-principal in conspiracy 共謀共同正犯 (きょうぼうきょうどうせいはん)
co-principal who executed (committed) the crime 実行共同正犯 (じっこうきょうどうせいはん)
correctness of contents 内容の真正 (ないようのしんせい)
counsel for the victim participating in the criminal proceedings 被害者参加弁護士 (ひがいしゃさんかべんごし)
Counterfeiting Currency 通貨偽造罪 (つうかぎぞうざい)
Counterfeiting of Currency 通貨偽造罪 (つうかぎぞうざい)
court-appointed attorney for victim participation 国選被害者参加弁護士 (こくせんひがいしゃさんかべんごし)
court-appointed attorney of law for victim 国選被害者参加弁護士 (こくせんひがいしゃさんかべんごし)
court-appointed defense counsel 国選弁護人 (こくせんべんごにん)

court-appointed defense counsel for a suspect　被疑者国選弁護人（ひぎしゃこくせんべんごにん）
crime involving a co-principal　共同正犯（きょうどうせいはん）
Crime of Conversion of Lost Articles and the Like　遺失物等横領罪（いしつぶつとうおうりょうざい）
Crime of Trafficking of Human Beings　人身売買罪（じんしんばいばいざい）
Crime of Trafficking of Natural Persons　人身売買罪（じんしんばいばいざい）
criminal competency　責任能力（せきにんのうりょく）
criminal history　前歴（ぜんれき）
criminal negligence　過失犯（かしつはん）
criminal negligence offender　過失犯（かしつはん）
criminal record　前科（ぜんか）
cross-examination　反対尋問（はんたいじんもん）
culpability　責任能力（せきにんのうりょく）
cumulative punishment for the second offense　再犯加重（さいはんかじゅう）
cumulative punishment for repeated offenses　累犯加重（るいはんかじゅう）

D

damage by burning　焼損（しょうそん）
Dangerous Driving Causing Death or Injury　危険運転致死傷罪（きけんうんてんちししょうざい）
decisive intent　確定的故意（かくていてきこい）
defense counsel　弁護人（べんごにん）
definite intent　確定的故意（かくていてきこい）
deliberations　評議（ひょうぎ）
delict　違法（いほう）
destruction of evidence　罪証隠滅（ざいしょういんめつ）
detention　勾留（こうりゅう）
detention center　拘置所（こうちしょ）
detention house　拘置所（こうちしょ）
detention warrant　拘留状（こうりゅうじょう）

diminished capacity　心神耗弱（しんしんこうじゃく）
direct examination　主尋問（しゅじんもん）
disclosure of evidence　証拠開示（しょうこかいじ）
discovery of evidence　証拠開示（しょうこかいじ）
discretionary extenuation　酌量減軽（しゃくりょうげんけい）
discretionary mitigation (of punishment)　酌量減軽（しゃくりょうげんけい）
disputed portion　不同意部分（ふどういぶぶん）
document of criminal record　前科調書（ぜんかちょうしょ）
document recording facts to be proven　証明予定事実記載書（しょうめいよていじじつきさいしょ）

E

Embezzlement of Lost Articles and the Like　遺失物等横領罪（いしつぶつとうおうりょうざい）
Embezzlement of Lost Property　遺失物等横領罪（いしつぶつとうおうりょうざい）
erratic statement　不規則発言（ふきそくはつげん）
especially reliable circumstances　特信情況（とくしんじょうきょう）
evidence of hearsay　伝聞証拠（でんぶんしょうこ）
evidence for impeachment purposes　弾劾証拠（だんがいしょうこ）
evidentiary value　証明力（しょうめいりょく）
examination-in-chief　主尋問（しゅじんもん）
exception from hearsay rule　伝聞例外（でんぶんれいがい）
excessive (act of) self-defense　過剰防衛（かじょうぼうえい）
excessive act for avoiding clear and present danger　過剰避難（かじょうひなん）
excessive expedient in case of emergency　過剰避難（かじょうひなん）

Exclusionary Rule for Illegally Obtained Evidence　違法収集証拠排除法則(いほうしゅうしゅうしょうこはいじょほうそく)

exemption from prosecution　不起訴(ふきそ)

expedited trial　即決裁判(そっけつさいばん)

Extortion　恐喝罪(きょうかつざい)

F

facts constituting the offense charged　公訴事実(こうそじじつ)

False Expert Opinion　虚偽鑑定罪(きょぎかんていざい)

False Interpretation　虚偽通訳罪(きょぎつうやくざい)

False Opinion as an Expert　虚偽鑑定罪(きょぎかんていざい)

False Translation　虚偽翻訳罪(きょぎほんやくざい)

final appeal　上告(じょうこく)

final statement of defendant　最終意見陳述(さいしゅういけんちんじゅつ)

Forcible Indecency　強制わいせつ罪(きょうせいわいせつざい)

Forcible Indecency Causing Death or Injury　強制わいせつ致死傷罪(きょうせいわいせつちししょうざい)

Four Acts Related to Drugs　薬物4法(やくぶつよんほう)

G

Gang Rape　集団強姦罪(しゅうだんごうかんざい)

Gang Rape Resulting in Death or Injury　集団強姦致死傷罪(しゅうだんごうかんちししょうざい)

general circumstances　一般情状(いっぱんじょうじょう)

H

Hazardous Driving Resulting in Death or Injury　危険運転致死傷罪(きけんうんてんちししょうざい)

hearsay evidence　伝聞証拠(でんぶんしょうこ)

hearsay exception　伝聞例外(でんぶんれいがい)

hearsay rule　伝聞法則(でんぶんほうそく)

hearsay statement　伝聞供述(でんぶんきょうじゅつ)

Homicide　殺人罪(さつじんざい)

Human Trafffficking　人身売買罪(じんしんばいばいざい)

I

illegality　違法(いほう)

illegally collected evidence　違法収集証拠(いほうしゅうしゅうしょうこ)

illegally obtained evidence　違法収集証拠(いほうしゅうしゅうしょうこ)

impeded attempt　障害未遂(しょうがいみすい)

inappropriate statement　不規則発言(ふきそくはつげん)

in dubio pro reo　疑わしきは被告人の利益に(うたがわしきはひこくにんのりえきに)

inclusion of the days held under detention pending trial in the assessed term of punishment　未決勾留日数の算入(みけつこうりゅうにっすうのさんにゅう)

incomplete attempt　中止未遂(ちゅうしみすい)

Indecent Assault　強制わいせつ罪(きょうせいわいせつざい)

Indecent Assault Resulting in Death or Injury　強制わいせつ致死傷罪(きょうせいわいせつちししょうざい)

indictment　起訴(きそ)

Injury　傷害罪(しょうがいざい)

Injury Causing Death　傷害致死罪(しょうがいちしざい)

Injury in the Course of Robbery　強盗傷害罪(ごうとうしょうがいざい)

insanity　心神喪失(しんしんそうしつ)

intent　故意(こい)

intention　故意(こい)

interview　接見(せっけん)
Intimidation of Witness　証人威迫罪(しょうにんいはくざい)
investigator's record of oral statement　供述調書(きょうじゅつちょうしょ)

J

joinder of separate offenses　併合罪(へいごうざい)
Joint Sexual Assault　集団強姦罪(しゅうだんごうかんざい)
joint-crime involving co-principal in commission　実行共同正犯(じっこうきょうどうせいはん)
jokoku appeal　上告(じょうこく)
justifiable self-defense　正当防衛(せいとうぼうえい)

K

Kidnapping　誘拐(ゆうかい)
Kidnapping (by force)　略取(りゃくしゅ)
Kidnapping and/ or Abduction　略取誘拐罪(りゃくしゅゆうかいざい)
koso appeal　控訴(こうそ)

L

Larceny　窃盗罪(せっとうざい)
lay judge　裁判員(さいばんいん)
lay judge trial　裁判員裁判(さいばんいんさいばん)
leading question　誘導尋問(ゆうどうじんもん)
legitimate self-defense　正当防衛(せいとうぼうえい)

M

make resistance extremely difficult　反抗を著しく困難にする(はんこうをいちじるしくこんなんにする)
mental unsoundness　心神喪失(しんしんそうしつ)
mitigation of punishment　刑の減軽(けいのげんけい)
misdemeanor imprisonment without work　拘留(こうりゅう)
Murder　殺人罪(さつじんざい)
Murder in the Course of Robbery　強盗殺人罪(ごうとうさつじんざい)

N

name of crime　罪名(ざいめい)
named offense　罪名(ざいめい)
necessary expedient in case of emergency　緊急避難(きんきゅうひなん)
Negligence as a Guardian　保護責任者遺棄罪(ほごせきにんしゃいきざい)
Negligence as a Guardian Resulting in Death or Injury　保護責任者遺棄致死傷罪(ほごせきにんしゃいきちししょうざい)
Negligent Driving Causing Death or Injury　自動車運転過失致死傷罪(じどうしゃうんてんかしつちししょうざい)
Negligent Driving Resulting in Death or Injury　自動車運転過失致死傷罪(じどうしゃうんてんかしつちししょうざい)
negligent offender　過失犯(かしつはん)
negligent offense　過失犯(かしつはん)
non-indictment　不起訴(ふきそ)
non-prosecution　不起訴(ふきそ)

O

(to file/ lodge an) objection　異議の申立て(いぎのもうしたて)
official power　職権(しょっけん)
on-site inspection　実況見分(じっきょうけんぶん)
on-site inspection for re-enactment　再現実況見分(さいげんじっきょうけんぶん)
on-site inspection for reproduction　再現実況見分(さいげんじっきょうけんぶん)
on-site inspection report　実況見分調書(じっきょうけんぶんちょうしょ)
opening statement　冒頭陳述(ぼうとうちんじゅつ)
outside contact and communication　接見(せっけん)

P

partner in crime　共犯（きょうはん）
penal detention　拘留（こうりゅう）
penalty article　罰条（ばつじょう）
penalty prescribed in the law　法定刑（ほうていけい）
Perjury　偽証罪（ぎしょうざい）
pretrial arrangement procedures　公判前整理手続（こうはんぜんせいりてつづき）
pretrial conference proceedings　公判前整理手続（こうはんぜんせいりてつづき）
presiding over the trial　訴訟指揮（そしょうしき）
preventing resistance　反抗を抑圧する（はんこうをよくあつする）
principle of adjudication based on evidence　証拠裁判主義（しょうこさいばんしゅぎ）
principle of presumption of innocence　無罪推定の原則（むざいすいていのげんそく）
principle of responsibility　責任主義（せきにんしゅぎ）
prior conspiracy　事前共謀（じぜんきょうぼう）
privately-appointed defense counsel　私選弁護人（しせんべんごにん）
privately retained defense counsel　私選弁護人（しせんべんごにん）
probative value　証明力（しょうめいりょく）
prohibiting the detainee from having outside contact and communication (other than Defense Counsel)　接見禁止（せっけんきんし）
prohibition of the detainee from having an interview or other contact and communication with outside persons (other than defense counsel)　接見禁止（せっけんきんし）
prosecution　起訴（きそ）
prosecutor's opinion regarding the punishment　求刑（きゅうけい）
prosecutor's recommendation of penalty　求刑（きゅうけい）
punishment prescribed in the law　法定刑（ほうていけい）
punitive article　罰条（ばつじょう）

Q

quasi-insanity　心神耗弱（しんしんこうじゃく）

R

Rape　強姦罪（ごうかんざい）
Rape at the Scene of Robbery　強盗強姦罪（ごうとうごうかんざい）
Rape in the Course of Robbery　強盗強姦罪（ごうとうごうかんざい）
Rape Causing Death or Injury　強姦致死傷罪（ごうかんちししょうざい）
Rape Resulting in Death or Injury　強姦致死傷罪（ごうかんちししょうざい）
reasonable doubt　合理的な疑い（ごうりてきなうたがい）
Reckless Driving Resulting in Death or Injury　危険運転致死傷罪（きけんうんてんちししょうざい）
recommended sentence　求刑（きゅうけい）
record of compulsory inspection　検証調書（けんしょうちょうしょ）
record of previous arrests　前歴（ぜんれき）
record of previous conviction　前科（ぜんか）
reduction of punishment in light of extenuating circumstances　酌量減軽（しゃくりょうげんけい）
repeated offense　再犯（さいはん）
repeated offenses　累犯（るいはん）
report of criminal record　前科調書（ぜんかちょうしょ）
request for clarification　求釈明（きゅうしゃくめい）
responsible capacity　責任能力（せきにんのうりょく）
revision of the counts　訴因変更（そいんへんこう）
right to remain silent　黙秘権（もくひけん）
Robbery　強盗罪（ごうとうざい）
Robbery Causing Death or Injury　強盗

致死傷罪(ごうとうちししょうざい)
Robbery Resulting in Death or Injury　強盗致死傷罪(ごうとうちししょうざい)

S

saiban-in　裁判員(さいばんいん)
saiban-in trial　裁判員裁判(さいばんいんさいばん)
search and seizure warrant　捜索・差押許可状(そうさくさしおさえきょかじょう)
second conviction　再犯(さいはん)
second offense　再犯(さいはん)
second hand evidence　伝聞証拠(でんぶんしょうこ)
second hand statement　伝聞供述(でんぶんきょうじゅつ)
self-contradictory statement　自己矛盾供述(じこむじゅんきょうじゅつ)
sentencing　刑の量定(けいのりょうてい)
sequential conspiracy　順次共謀(じゅんじきょうぼう)
Sexual Assault　強姦罪(ごうかんざい)
Sexual Assault by Group Resulting in Death or Injury　集団強姦致死傷罪(しゅうだんごうかんちししょうざい)
Sexual Assault in the Course of Robbery　強盗強姦罪(ごうとうごうかんざい)
Sexual Assault Resulting in Death or Injury　強姦致死傷罪(ごうかんちししょうざい)
sorting out of disputed issues　争点整理(そうてんせいり)
statement recorded by a constable　巡面調書(じゅんめんちょうしょ)
statement recorded by a judicial police officer　員面調書(いんめんちょうしょ)
statement recorded by a police officer　警察官調書(けいさつかんちょうしょ)
statement recorded by a prosecutor　検察官調書(けんさつかんちょうしょ)
statement recorded by an investigator　供述調書(きょうじゅつちょうしょ)
statutory penalty　法定刑(ほうていけい)

statutory punishment　法定刑(ほうていけい)
strengthening evidence　増強証拠(ぞうきょうしょうこ)
substitute penal institution　代用刑事施設(だいようけいじしせつ)
summary prosecution　略式起訴(りゃくしききそ)
suppressing resistance　反抗を抑圧する(はんこうをよくあつする)
suspension of execution of sentence　執行猶予(しっこうゆうよ)
suspension of prosecution　起訴猶予(きそゆうよ)
system of victim participation in criminal proceedings　被害者参加制度(ひがいしゃさんかせいど)

T

Theft　窃盗罪(せっとうざい)
trial date　公判期日(こうはんきじつ)
trial held on consecutive days　連日開廷(れんじつかいてい)
trustworthiness of confession　自白の信用性(じはくのしんようせい)
truthfulness of contents　内容の真正(ないようのしんせい)

U

undisputed portion　同意部分(どういぶぶん)
unplanned conspiracy　現場共謀(げんばきょうぼう)
urethral catheter　導尿管(どうにょうかん)
urethral tube　導尿管(どうにょうかん)
Uttering Counterfeit Currency　偽造通貨行使罪(ぎぞうつうかこうしざい)

V

violation of Cannabis Control Act　大麻取締法違反(たいまとりしまりほう)
violation of Firearms and Swords Control Act　銃砲刀剣類所持等取締法違反(じゅうほうとうけんるいしょじとうとりしまりほういはん)

violation of Hemp Control Act　大麻取締法違反（たいまとりしまりほう）
violation of law and ordinance　法令違反（ほうれいいはん）
violation of the Narcotics and Psychotropic Control Act　麻薬及び向精神薬取締法違反（まやくおよびこうせいしんやくとりしまりほういはん）
violation of the Opium Control Act　あへん法違反（あへんほういはん）
violation of the Act Controlling the Possession of Firearms or Swords and Other Such Weapons　銃砲刀剣類所持等取締法違反（じゅうほうとうけんるいしょじとうとりしまりほういはん）
violation of the Act on Special Provisions for Narcotics　麻薬特例法違反（まやくとくれいほういはん）
violation of the Stimulants Control Act　覚せい剤取締法違反（かくせいざいとりしまりほういはん）
voluntariness of confession　自白の任意性（じはくのにんいせい）
voluntary abandonment of commission of a crime　中止未遂（ちゅうしみすい）
voluntary negligence　未必の故意（みひつのこい）
voluntary suspension of commission of a crime　中止未遂（ちゅうしみすい）

written indictment　起訴状（きそじょう）
written statement　供述調書（きょうじゅつちょうしょ）
written statement taken before and by a judicial police officer　員面調書（いんめんちょうしょ）
written statement taken before and by a prosecutor　検察官調書（けんさつかんちょうしょ）

W

warrant　令状（れいじょう）
warrant for search and seizure　捜索・差押許可状（そうさくさしおさえきょかじょう）
warrant of arrest　逮捕状（たいほじょう）
warrant of detention　勾留状（こうりゅうじょう）
weak-mindedness　心神耗弱（しんしんこうじゃく）
willful negligence　未必の故意（みひつのこい）
writ　令状（れいじょう）
Witness Intimidation　証人威迫罪（しょうにんいはくざい）
writ of detention　勾留状（こうりゅうじょう）

英語参考文献

旺文社編（1990）『英語会話表現辞典 警察官編』旺文社

大阪弁護士会編（1992）『18言語の外国人人権ハンドブック』明石書店

刑事警察英語研究会編（2001）『和英刑事警察用語集〔改訂〕』立花書房

小山貞夫編著（2011）『英米法律語辞典』研究社

最高裁判所事務総局家庭局監修（2008）『少年審判通訳ハンドブック【英語】〔第3版〕』法曹会

最高裁判所事務総局刑事局監修（1993）『法廷通訳ハンドブック【英語】〔補訂版〕』法曹会

最高裁判所事務総局刑事局監修（1997）『法廷通訳ハンドブック 実践編【英語】』法曹会

最高裁判所事務総局刑事局監修（2011）『法廷通訳ハンドブック 実践編【英語】〔改訂版〕』法曹会

田中英夫ほか編（1991）『英米法辞典』東京大学出版会

法務省刑事局外国法令研究会編（1995）『法律用語対訳集 英語編〔改訂版〕』商事法務研究会

http://www.japaneselawtranslation.go.jp（法務省 法令外国語訳データベースシステム〔JLT〕）

ホームページ（英語版）：

警察庁

最高検察庁

最高裁判所

日本弁護士連合会

法務省

中国語
[簡体字]

宣　誓

我宣誓：凭良心诚实地做翻译。

翻译人

1 あへん法違反　违反鸦片法 (wéifǎn yāpiàn fǎ)
指未经法律规定许可的情况下，栽培罂粟、制造、买卖、使用或者持有鸦片的犯罪。参见"药物四法"。

2 異議の申立て　提出异议 (tíchū yìyì)
特使用于审查核实取证（刑事诉讼法第309条第1项）或审判长实施处分（同条第3项）时。如：在律师对检察官的诱导询问提出异议时，或对法官制止不适当发言提出异议等场合使用。参见"不适当发言"、"诱导询问"。

* 「証拠調べ」は「核实取证」，「证据调查」と「质证」の3つの訳し方があるが，本書は「核实取证」を統一して使っている。なお，中国語の「质证」は民事訴訟で使われることが多いため，注意して使う必要がある。
* 中文有"核实取证"、"证据调查"和"质证"三种译法，在本书中统一译为"核实取证"。此外，中文的"质证"一词多使用于民事诉讼程序，需注意区别使用。

3 遺失物等横領罪　侵占遗失物等罪 (qīnzhàn yíshīwù děng zuì)
指拾得遗失物（遗忘物）或类似物品未送交警察，并占为己有的犯罪（刑法第254条）。

4 一般情状　一般情节 (yībān qíngjié)
指所有与犯罪行为人有关的客观事实中，犯罪事实以外的其他情节。包含日常生活情况，回归社会时本人的环境情况以及与被害人的调解、损害赔偿、被害人的感受等。参见"情节"、"犯情/犯罪情节"。

5 違法　违法 (wéifǎ)
泛指违反刑事法规的行为，但因实施违法行为人的不同，其违法结果亦有所不同。个人实施违法行为会产生刑事责任并受到刑事处罚。如果警察或检察官进行违法侦查，那么所收集的证据可能因属于非法证据而无法在庭审中得到采用（非法证据排除规则/原则）。如法院违反刑事诉讼法或在适用刑法的解释出现错误时，可以以此作为上诉的理由。这种情况被特称为违反法令。参见"非法收集证据"、"非法证据排除法则/原则"、"上诉"、"违反法令"。

* 中国の刑事訴訟手続の流れに基づくと，日本語の「捜査」は中国の「侦查」段階にあたり，一方，中国語の「搜查」は日本語の「捜索」にあたる。
* 按照中国的刑事诉讼程序日语的"搜查"应属于中国的"侦查"阶段，而汉语的"搜查"应译为日语的"搜索"。

6 違法収集証拠　非法收集证据 (fēifǎ shōují zhèngjù)
指警察或检察官以非法方式收集的证据。如：在没有令状/许可证的情况下扣押的证据。参见"违法"、"非法证据排除规则/原则"、"令状/许可证"。

7 違法収集証拠排除法則　非法证据排除规则/原则（fēifǎ zhèngjù páichú guīzé/ yuánzé）

指通过非法手段收集的证据（非法收集证据）是否能在公审中得到采纳，即是否具有证据能力的判断规则。虽然法律没有明确规定，但从案例来看，如果违法程度特别严重，且对抑制今后的违法侦查有必要时，可以否定其证据能力。参见"违法"、"非法收集证据"、"证据能力"。

8 員面調書　司法警察员笔录（sīfǎ jǐngcháyuán bǐlù）

指警察中的司法警察员（一般指巡查部长以上的级别）在调查取证时，根据犯罪嫌疑人以及有关人员的口头陈述内容记录制作的文书。正式名称为"司法警察员当面口供笔录"。参见"警察笔录"。

疑わしきは罰せず→9 疑わしきは被告人の利益に

9 疑わしきは被告人の利益に　诉讼疑点利益归于被告（sùsòng yídiǎn lìyì guīyú bèigào）

疑罪从无又称有利被告原则是站在法院角度的一种表达方式。也就是说，只要未能达到完全不存在合理的怀疑的程度证明被告人有罪的话，就不能定罪处罚被告人的原则。也称之为"疑罪从无"。参见"合理的怀疑"、"无罪推定原则"。

10 覚せい剤取締法違反　违反兴奋剂取缔法（wéifǎn xīngfènjì qǔdì fǎ）

指未经法律规定许可，制作兴奋剂或兴奋剂原料，并进行销售、购买、使用或持有兴奋剂的犯罪。参见"药物四法"。

11 確定的故意　直接故意（zhíjiē gùyì）

指有积极实施犯罪行为的意思表示。如：因有杀人的想法，而实施了杀人的行为。/指怀有积极实施犯罪行为的意图。如：怀有杀人的意图并实施了杀人的行为。参见"故意"、"间接故意"。

12 過失犯　过失犯罪（guòshī fànzuì）

指没有实施犯罪的意图（故意），因过失导致犯罪行为发生的情况。或指实施类似犯罪行为的人。原则上犯罪以故意为必要要件，处罚过失犯为例外（刑法第38条1项）。/指没有犯罪的意图（故意），因过失而导致犯罪行为发生的情况。或指类似犯罪行为的行为人。从原则上讲必须以故意为必要条件，对过失犯的处罚属例外

（刑法第38条1项）情况。参见"故意"、"责任主义"。

13 過剰避難　避险过当 (bìxiǎn guòdàng)
为避免自己或他人的生命财产免受危害，在不得已的情况下实施的行为超出了合理限度，给他人带来损害的情况。对该行为虽然可追究其刑事责任，但可减轻或免除刑罚处罚（刑法第37条第1项但书）。参见"紧急避险"、"刑罚减轻"。

14 過剰防衛　防卫过当 (fángwèi guòdàng)
指面对紧迫的非法行为，为保护自己或他人的权利，在不得已的情况下实施的超过合理程度的防卫行为。虽然应当定罪处罚，但可以从轻或免除刑罚。／指面对紧迫的非法行为，为保护自己或他人的权利，在不得已的情况下实施的超过合理程度的防卫行为。虽然可追究其刑事责任，但可从轻或免除处罚（刑法第37条第1项但书）。参见"刑罚减轻"、"正当防卫"。

15 危険運転致死傷罪　危险驾驶致死伤罪 (wēixiǎn jiàshǐ zhì sǐshāng zuì)
通常对于因驾车而引发人身事故的加害者，应当按照汽车驾驶过失致死伤罪定罪处罚，但是如果因为饮酒或服用药物而导致无法正常驾驶时，应被处以更严厉的刑罚。超高速驾驶或无照驾驶，在其他车辆前方擅自改道挤入该车前方以及过分靠近其他车辆等野蛮驾车或者不按照信号灯行驶等，也同样可能被处以较重的刑罚（刑法第208条2）。参见"驾驶汽车过失致死伤罪"。

16 偽証罪　伪证罪 (wěizhèng zuì)
指已在法院宣誓的证人作伪证的犯罪（刑法第169条）。

17 既遂　既遂 (jìsuì)
指着手实行了犯罪并产生了相应的犯罪结果。如果未产生犯罪结果时则为未遂，犯罪未遂只在法律有特别规定时才会受到处罚（刑法第44条）。如：想杀人而刺了对方，当导致对方死亡时为杀人罪，若对方并未死亡时为杀人未遂罪。／指着手实施了犯罪行为并导致相应的犯罪结果发生的情况。如果未产生犯罪结果即属未遂，对未遂仅限法律有特别规定时予以处罚（刑罚第44条）。如：图谋杀人并刺了对方，如导致对方死亡时构成杀人罪；如没有危及对方的生命时则属杀人未遂罪。参见"未遂"。

18 起訴　起诉 (qǐsù)
指检察官根据审讯犯罪嫌疑人以及侦查的结果，向裁判所提起对犯罪嫌疑人进行刑

事处罚的请求。也称为"正式起诉"或"提起公诉"。／指检察官根据讯问犯罪嫌疑人或侦查的结果，对法院提起公诉要求处罚犯罪嫌疑人的行为。又称"正式起诉"或"提起公诉"。参见"酌定不起诉"、"不起诉"、"简略起诉"。

19 偽造通貨行使罪　使用伪造货币罪（shǐyòng wěizào huòbì zuì）

指明知是伪造的纸币或硬币却仍然使用的犯罪（刑法第148条第2项）。使用伪造的外国纸币或硬币时，同样依照日本的刑法进行处罚（刑法第149条第2项）。／指明知是伪造的纸币或硬币却仍然使用的犯罪。即使使用的是外国货币或硬币，同样依照日本刑法进行处罚。参见"伪造货币罪"。

20 起訴状　起诉书／公诉书（qǐsù shū/gōngsù shū）

指检察官向裁判所请求审判时提交的最初的文书。在起诉书上，除记载有被告人的地址、姓名、生日等信息外，还记载有表明犯罪内容的公诉事实，并记载有该犯罪行为应被适用的罪名以及处罚条款。／指检察官向法院请求审判时提交的第一部文书。在起诉书中除记载有被告人的地址、姓名、出生年月日等信息外，还记载有表明犯罪内容的公诉事实以及适用罪名和处罚条款等。参见"公诉事实"、"罪名"、"处罚条款"。

21 起訴猶予　酌定不起诉（zhuódìng bù qǐsù）

指检察官通过对犯罪嫌疑人进行讯问以及根据侦查的结果，虽判断有犯罪行为存在，但根据情节不予提诉。／指检察官根据对犯罪嫌疑人的审讯和侦查的结果，虽断定其存在犯罪行为，但根据情节不予提诉的情况。参见"起诉"、"情节"。

22 求刑　求刑（qiúxíng）

指检察官对犯罪及量刑所陈述的意见。虽然法律没有做明确规定，但在最终论罪求刑阶段进行陈述已成为惯例。但法官也可以下达比求刑更重的处罚判决。参见"论罪"。

23 求釈明　请求解释（qǐngqiú jiěshì）

指当检察官和辩护人（被告人）的主张中有含糊不清之处时，法官对其进行的询问。检察官和辩护人（被告人）在向对方进行询问时，也可称为请求解释。

24 恐喝罪　恐吓罪（kǒnghè zuì）

指通过暴力或威胁手段迫使对方交出财物，或者获得不正当利益，以及通过同样的方式使第三方获得财物或不正当利益的犯罪（刑法第249条）。当暴力或威胁手

段足以达到抑制反抗的程度时，不是威胁罪而成为强盗罪。/指通过暴力或威胁手段迫使对方交出财物或因此获得不正当利益，或者使他人获得利益的犯罪。当暴力或威胁达到足以抑制反抗的程度时，不是威胁罪，而是构成强盗罪。参见"强盗罪"、"抑压反抗／抑制反抗"。

25 教唆犯　教唆犯 (jiàosuō fàn)

指唆使他人实施犯罪的行为，或指实施该唆使行为的人。是共犯的一种。原则上按犯罪行为人相同的罪行追究其刑事责任（刑法第61条第1项）。参见"共犯"。

26 供述調書　口供笔录 (kǒugòng bǐlù)

指警察和检察官根据犯罪嫌疑人以及有关人员在接受调查时所陈述的内容记录后制作的书面资料。简称为笔录。参见"警察笔录"、"检察官笔录"。

27 強制わいせつ罪　强制猥亵罪 (qiángzhì wěixiè zuì)

是指犯罪对象无论是同性还是异性，通过暴力或威胁对他人强行实施猥亵行为的犯罪。与强奸罪的不同之处是即使暴力或者威胁并未达到使犯罪对象极难反抗的程度，其罪名依然成立。并且，如果对方未满13岁时，即使未强行施加暴力或威胁也构成犯罪（刑法第176条）。特别需要注意的是如果对方未满18岁时，无论是否经过对方的同意，按照各都道府县的青少年育成条例的规定，也有可能受到处罚。参见"强奸罪"、"使对方极难反抗"。

28 強制わいせつ致死傷罪　强制猥亵致死伤罪 (qiángzhì wěixiè zhì sǐshāng zuì)

因强制猥亵既遂或未遂导致他人死亡或使他人受伤的犯罪（刑法第181条第1项）。参见"强制猥亵罪"、"既遂"、"未遂"。

29 共同正犯　共同正犯 (gòngtóng zhèngfàn)

指两人以上共谋共同实施同一犯罪的行为。或指经过共谋，与他人共同实施犯罪行为的行为人。是共犯的一种。有时包含实行共同正犯和共谋共同正犯两方面，有时单指实行共同正犯。对于每个参与的行为人，即使自己所实施的行为仅仅是整个犯罪的一部分，也将按照一个完整的罪行追究其刑事责任（刑法第60条）。参见"共犯"、"共谋"、"共谋共同正犯"、"实行共同正犯"。

30 共犯　共犯 (gòngfàn)

指两人以上参与同一个犯罪的行为，或指共同参与同一个犯罪行为的两人以上的行为人。根据参与方式可划分为共同正犯、教唆犯、从犯。参见"共同正犯"、"教唆

犯"、"从犯"。

31 共謀 共谋 (gòngmóu)
指与他人共同策谋并决定实施犯罪的行为。行为人虽未明示（明确表示），但通过暗示达到通谋的情况有时也包含在内。参见"现场共谋"、"事前共谋"、"逐步共谋"。

32 共謀共同正犯 共谋共同正犯 (gòngmóu gòngtóng zhèngfàn)
指虽未亲自实施犯罪行为，但是作为行为主体参与了计划和决定实施犯罪，并指使他人实施犯罪的行为。或指指使他人实施事先通谋的犯罪行为的行为人。共谋共同正犯是共犯的一个种类，与实际实行犯罪行为的行为人以同样的罪名定罪处罚。如：黑社会组织的头目命令手下成员实施的犯罪行为。参见"共同正犯"、"共犯"、"实行共同正犯"。

33 虚偽鑑定罪 虚伪鉴定罪 (xūwěi jiàndìng zuì)
指在法院宣誓的鉴定人作虚假鉴定的犯罪（刑法第171条）。

34 虚偽通訳罪 虚伪口译罪 (xūwěi kǒuyì zuì)
指在法院宣誓的口译人作虚假口译的犯罪（刑法第171条）。

35 虚偽翻訳罪 虚伪笔译罪 (xūwěi bǐyì zuì)
指在法院宣誓的笔译人作虚假笔译的犯罪（刑法第171条）。

挙証責任→179 立証責任

36 緊急避難 紧急避险 (jǐnjí bìxiǎn)
指为了使自己和他人的生命、财产等免遭危害，而不得以采取的行为。此行为虽然使其他人甚至第三者遭受损害，只要未超出合理的程度范围，则不违法（刑法第37条第1项）/为了使自己或他人的生命财产等免受危害，而不得已采取的行为。即使因该行为给他人带来损害，只要未超出合理的程度范围，则不构成违法（刑法第37条第1项）。参见"违法"、"避险过当"。

37 警察官調書 警察笔录 (jǐngchá bǐlù)
指警察（司法警察员或司法巡查）在进行调查时，由警察根据犯罪嫌疑人以及有关人员的口头陈述内容制作成的文书。/指警察（司法警察员或司法巡警）在调查取

証時、根据犯罪嫌疑人及相关人员口头陈述的内容所制作的文书。参见"司法警察员笔录"、"司法巡查笔录"。

38 刑の加重　加重处罚（jiāzhòng chǔfá）

指判处比法律规定的刑罚（法定刑）更重的处罚。如：对违反数罪的数罪并罚（刑法第47条）或再犯及累犯的加重处罚（刑法第57条、第59条）。但对有期刑的加重处罚，以30年为上限（刑法第14条）。参见"再犯"、"再犯加重"、"数罪并罚"、"法定刑"、"累犯"、"累犯加重"。

39 刑の減軽　刑罚减轻（xíngfá jiǎnqīng）

指判处比法律规定的刑罚（法定刑）更轻的刑罚。如：以未遂而告终（刑法第43条）或者根据酌量减轻（刑法第66条）的规定，也可以减轻刑罚。参见"酌定减轻"、"法定刑"、"未遂"。

40 刑の量定　刑罚裁量（xíngfá cáiliàng）

指由法官和陪审员来决定刑罚的轻重。也称为"量刑"。对量刑不服时，可以提起上诉（第二审）或上诉（第三审）（刑事诉讼法第381条、第384条、第411条2号）。/指由法官和陪审员来定罪量刑的方式。也称"量刑"。对量刑不服的，可以上诉（第二审）或上诉（第三审）（刑事诉讼法第381条、第384条、第411条2号）。参见"上诉（第二审）"、"上诉（第三审）"。

41 検察官調書　检察官笔录（jiǎnchá guān bǐlù）

指检察官在调查取证时，根据犯罪嫌疑人以及相关人员的口头陈述内容由检察官制作的文书。也称为"检面笔录"，正式称为"检察官当面口供笔录"。

検察官面前供述調書→41 検察官調書

42 現住建造物放火罪　现住建筑物放火罪（xiàn zhù jiànzhùwù fànghuǒ zuì）

对有人居住或恰好无人居住但属供人居住用的建筑物放火的犯罪。该罪将处以比其他类型的放火罪更重的刑罚。参见"非现住建筑物放火罪"、"放火罪"。

43 検証　勘验、检查（kānyàn jiǎnchá）

指法官、检察官、警察为了查明案件真相，对必要的场所、物品和人员进行勘验、检查并制作笔录（刑事诉讼法第128条以下、第218条以下）的行为。检察官和警察进行勘验、检查时，原则上需要有法官的令状（许可证）。人身检查是指检查人的

身体，从保护个人隐私的观点来看，特别规定有详细的实施要件。参见"令状／许可证"、"勘验、检查笔录"。

44 検証調書　勘验、检查笔录（kānyàn jiǎnchá bǐlù）
根据勘验、检查的结果所制作的文书。参见"勘验、检查"。

45 現場共謀　现场共谋（xiànchǎng gòngmóu）
指虽未事先通谋犯罪行为，只是当场与偶尔在现场的人共同商量后，决定实施犯罪的行为。参见"共谋"、"事前共谋"、"逐步共谋"。

検面調書→41 検察官調書

46 故意　故意（gùyì）
指实施犯罪的意图。泛指明确认识到犯罪行为会引发的结果，并接受此结果的情况。如：主观上有积极主动地实施杀人的意图，或认为即使对方死亡也无所谓。参见"直接故意"、"间接故意"。

47 合意書面　双方确认文件（shuāngfāng quèrèn wénjiàn）
指由检察官和辩护人共同将有关证人有可能做出的证言内容和现场勘验笔录等编制成的书面文件。此文书不受传闻法则限制，具有证据能力（传闻例外）。利用此类文书，证人可以不必出庭作证（刑事诉讼法第327条）。参见"现场勘验笔录"、"证据能力"、"传闻法则"、"传闻法则例外"。

48 強姦罪　强奸罪（qiángjiān zuì）
指通过足以达到使犯罪对象极难反抗程度的暴力和威胁手段，强迫与女性性交的犯罪。如果受害女性未满13岁时，即使未强迫也构成犯罪（刑法第177条）。如果对方未满18岁，无论受害人同意与否，按照各都道府县的青少年育成条例的规定，也有可能受到处罚。参见"使对方极难反抗"。

49 強姦致死傷罪　强奸致死伤罪（qiángjiān zhì sǐshāng zuì）
指因强奸既遂或者未遂的犯罪行为而导致女性死亡或受伤的犯罪（刑法第181条第2项）。参见"强奸罪"。

50 控訴　上诉（第二审）（shàngsù (dìèrshěn)）
指因对地方裁判所或简易裁判所作出的判决不服，向高级裁判所提出的审理请求

（裁判所法第16条1号）。参见"上诉（第三审）"、"上诉"。

* 中国語の「控訴」は主に「告訴する」、「告発する」を意味している。日本語の法的手続の段階を示すニュアンスはまったくない。また、中国は二審制であるため、日本語のように控訴、上告で手続の段階を区別する概念が存在せず、本書では控訴と上告の2つの概念を含められる上訴をそのまま「上訴」とし、控訴を「上訴(第二審)」、上告を「上訴(第三審)」にして区別している。

* 汉语的"控诉"主要是"告发"、"揭发"的意思。完全不存在日语的法律程序阶段的含义。此外，因中国是采用的二审终审制，不存在日语中的"控诉"、"上告"的程序上的区别。因此，本书将包含"上诉（第二审）"和"上诉（第三审）"两个概念的"上訴"直接译为"上诉"、而将"控訴"翻译为"上诉（第二审）"、"上告"翻译为"上诉（第三审）"进行区别处理。

51 公訴事実　公诉事实 (gōngsù shìshí)

指检察官在起诉书上所记录的有关犯罪事实的内容。要求尽可能明确指出犯罪行为发生的时间、地点及犯罪的实施方法，并且必须明确具体的犯罪事实（刑事诉讼法第256条3项）。但是，如果在起诉书中记载了造成法官对案件预断的事实时，该起诉为违法（同法第6项）。参见"违法"、"起诉"、"起诉书/公诉书"。

拘置→61 勾留

52 拘置所　看守所 (kānshǒusuǒ)

主要是指羁押犯罪嫌疑人和被告人的设施。但是，实际上犯罪嫌疑人一般都被羁押于警察署内的拘留所（代用监管设施）。参见"羁押/刑事拘留"、"代用监管设施"。

53 強盗強姦罪　强盗强奸罪 (qiángdào qiángjiān zuì)

指抢劫时强奸了女性的犯罪。如果造成该女性死亡，则加重处罚（刑法第241条）。参见"强奸罪"、"强盗罪"、"强盗致死伤罪"。

54 強盗罪　强盗罪 (qiángdào zuì)

指使用足以达到抑制反抗程度的暴力或威胁手段，强取他人财物，获取不法利益，或使第三者获取不法利益的犯罪（刑法第236条）。如暴力或威胁手段未达到抑制反抗的程度时，则不是强盗罪，而是构成恐吓罪。参见"恐吓罪"、"抑压反抗/抑制反抗"。

55 強盗殺人罪　强盗杀人罪 (qiángdào shārén zuì)

强盗时故意杀人的，构成强盗致死罪。为了与非故意进行区别，一般称为强盗杀人罪。参见"故意"、"强盗致死伤罪"、"杀人罪"。

87

56 強盗傷害罪　強盗伤害罪 (qiángdào shānghài zuì)

抢劫时故意伤人的，构成强盗致伤罪。为了与非故意进行区别，一般称为强盗伤害罪。参见"故意"、"强盗致死伤罪"、"伤害罪"。

57 強盗致死傷罪　强盗致死伤罪 (qiángdào zhì sǐshāng zuì)

指在抢劫时，致人死亡或受伤的犯罪（刑法第240条）。但实际审判时，罪名以强盗致死或强盗致伤，处罚条款以刑法第240条前段或刑法第240条后段来进行区别处理。是仅伤人还是致死，是否有故意？量刑（刑罚裁量）时都会对这些因素加以考虑。参见"刑罚裁量"、"故意"、"强盗杀人罪"、"强盗伤害罪"、"罪名"、"处罚条款"。

58 公判期日　审判日期 (shěnpàn rìqī)

指在法院进行审判的日期。不单指开庭审理的日期，也包括宣判的日期。

公判請求→8 起訴

59 公判前整理手続　审判前整理程序 (shěnpàn qián zhěnglǐ chéngxù)

指在第一次开庭审判之前，事先整理案件的争点或证据是否采用等准备程序。法官认为有必要时，即可决定开始此程序（刑事诉讼法第316条之2）。但是，要求陪审员审判必须实施公审前的整理程序。参见"审判日期"、"陪审员审判"、"争点整理"。

60 合理的な疑い　合理的怀疑 (hélǐ de huáiyí)

指若要证明被告人有罪，必须达到任何一个普通人都对犯罪行为不产生疑问的程度，即有必要确信该人为罪犯。即使认为被告人有可能是罪犯，但如存在合理的疑问时，即为无罪。参见"诉讼疑点利益归于被告"、"无罪推定原则"。

61 勾留　羁押/刑事拘留 (jīyā/xíngshì jūliú)

指对犯罪嫌疑人或被告人进行的人身限制（刑事诉讼法第60条、第207条）。一般也称为刑事拘留或未判决羁押。参见"隐灭罪证"、"看守所"、"代用监管设施"、"未决羁押日数折抵刑期"。

* 中国語の「拘留」は「行政拘留」、「司法拘留」と「刑事拘留」の3種類がある。「刑事拘留」の場合、検察機関が拘留の決定を下し、公安機関（刑事警察）が実施する。刑事拘留は最長37日間被疑者を拘束することができる。

* 在中国"拘留"有"行政拘留"、"司法拘留"和"刑事拘留"三种。其中，刑事拘留由检察机关决定后，公安机关执行。刑事拘留最长时限为37天。

62 拘留　拘役 (jūyì)
指比有期徒刑或监禁较轻的刑罚，刑期为1天以上30天以内，被拘留在监管设施（监狱或拘留所）的刑罚。参见"看守所"、"法定刑"。

63 勾留状　拘留证 (jūliú zhèng)
指检察官为了拘留犯罪嫌疑人或被告人，而取得法官同意的文书。/指检察官经法官许可拘留犯罪嫌疑人或被告人的文书。参见"羁押/刑事拘留"、"令状/许可证"。

64 国選被害者参加弁護士　国选受害人参加审判律师 (guó xuǎn shòuhài rén cānjiā shěnpàn lǜshī)
指根据受害人参加制度，由国家为参加审判的被害人或其家属选任的律师。若无法支付律师费用时，可由国家选任并提供费用。参见"受害人参加审判制度"、"受害人参加审判律师"。

65 国選弁護人　国选辩护人 (guó xuǎn biànhù rén)
指国家为被告人选任的辩护人（通常为律师）。对于杀人等重大刑事案件，必须指定辩护人，如无法支付律师费用，则可由国家承担并选任辩护人。参见"私选辩护人"、"犯罪嫌疑人国选辩护人"。

66 再現実況見分　再现现场勘验 (zàixiàn xiànchǎng kānyàn)
指将犯罪嫌疑人或被害人以及目击者等带到事发现场，再现犯罪时的情形，并进行记录，是现场勘验的一种方式。参见"现场勘验"。

67 最終意見陳述　最终意见陈述 (zuìzhōng yìjiàn chénshù)
指所有证据审查核实完毕后，由被告人最后陈述的意见（刑事诉讼法第293条2项）。参见"最终辩护"、"论罪"。

68 最終弁論　最终辩护 (zuìzhōng biànhù)
指所有证据审查核实完毕后，由辩护人最后陈述的辩护意见（刑事诉讼法第293条2项）。也可简称为"辩护"。参见"最终意见陈述"、"论罪"。

69 罪証隠滅　隐灭罪证 (yīnmiè zuìzhèng)
指隐藏、篡改或毁灭犯罪证据，并包括唆使目击者或被害人更改口供的行为。如犯罪嫌疑人有可能隐藏或销毁罪证时，可成为被拘留的理由。参见"羁押/刑事拘

留"。

70 再犯(さいはん) 再犯 (zàifàn)
指出狱后5年内再次触犯法律,并被判处徒刑的情况(刑法第56条)。参见"再犯加重"、"累犯"。

71 裁判員(さいばんいん) 陪审员 (péishěn yuán)
指从市民中随机选出的陪审员,与法官一起参加公审,并判断被告人有罪与否,如被告人被断定为有罪时,还需要决定对其如何量刑(刑罚裁量)。美国的陪审员原则上只决定有罪与否,量刑则由法官来决定,与日本的陪审员有很大的差异。参见"刑罚裁量"、"陪审员审判"。

* 中国では「人民陪審員」と呼ぶが、制度的な違いから、両者を区別するために本書は「陪審員」と統一して訳している。また、「裁判員」を「審判員」と訳すものも見られるが、中国刑事訴訟法第147条の条文をみると「基层人民法院、中级人民法院审判第一审案件,应当由审判员三人或者由审判员和人民陪审员共三人组成合议庭进行,但是基层人民法院适用简易程序的案件可以由审判员一人独任审判(基層人民法院、中級人民法院で事件の一審を行う。審判員3人あるいは審判員と人民陪審員あわせて3人で合議審を構成すべき。基層人民法院が簡易手続を適用して事件を処理する場合は、審判員は単独でこれを行うことができる)」という記述がある。したがって、「審判員」は日本の裁判官と考えたほうが妥当であろう。なお、「裁判員」は中国語ではスポーツの審判、レフェリー、アンパイヤを指し、法律とは無関係である。

* 在中国称为"人民陪审员",因制度上的差异,为了区别使用,本书统一译为"陪审员"。此外,在有的书中将日语的"裁判员"翻译为"审判员"。但查阅中国刑事诉讼法第一百四十七条的条文中有"基层人民法院、中级人民法院审判第一审案件,应当由审判员三人或者由审判员和人民陪审员共三人组成合议庭进行,但是基层人民法院适用简易程序的案件可以由审判员一人独任审判"的记述。可见,"审判员"考虑为日语的"裁判官"更为妥当。另,在汉语中"裁判员"一词是指体育竞赛中的裁判、总裁判等,与法律用语毫不相干。

72 裁判員裁判(さいばんいんさいばん) 陪审员审判 (péishěn yuán shěnpàn)
指有陪审员参审的审庭。在刑事案件中仅以重大犯罪案件为对象。原则上适用于应被判处死刑或无期徒刑、禁锢等刑罚的案件以及因故意犯罪而导致被害人死亡的案件等。参见"故意"、"审判前整理程序"、"陪审员"、"评议"。

73 再犯加重(さいはんかじゅう) 再犯加重 (zaifàn jiāzhòng)
对于再犯原则上要加重处罚,但法律规定限制在法定徒刑刑期的二倍以内(刑法第57条)。参见"加重处罚"、"再犯"、"累犯加重"。

74 罪名(ざいめい) 罪名 (zuìmíng)
指杀人罪或伤害罪等犯罪的名称。对于刑法以外的法律所规定的犯罪,在该法律名称前附上"违反"二字。如:违反兴奋剂取缔法、违反持有枪炮刀剑类等取缔法等。检察官在起诉书上必须记载该犯罪的罪名(刑事诉讼法第256条第2项第3

号）。参见"起诉书/公诉书"、"处罚条款"。

75 作成の真正　文书制作的真实性（wénshū zhìzuò de zhēnshí xìng）
指文书的制作署名人确实制作了该书面文件。包括经文书制作署名人的同意，由他人制作的文书也具有文件制作的真实性。文件制作的真实性是保证文书具有证据能力的必要条件（刑事诉讼法第321条第3项）。参见"文书制作署名人"、"内容的真实性"。

76 作成名義人　文书制作署名人（wénshū zhìzuò shǔmíng rén）
指在文书上显示的制作人，或指应当显示在文书上的人。即使文书中没有记载其姓名或法人名称，但从文书的性质来考虑，有时仍可能会特别限定文书制作署名人。参见"文书制作的真实性"。

77 殺人罪　杀人罪（shārén zuì）
指故意剥夺他人生命的犯罪（刑法第199条）。对于需要提供保护的人，不提供食物而导致其死亡的，不是保护责任者遗弃致死伤罪，而有可能构成杀人罪。参见"故意"、"保护责任者遗弃致死伤罪"。

78 殺人未遂罪　杀人未遂罪（shārén wèisuì zuì）
指故意实施剥夺他人生命的有必要的行为（用刀刺或开枪等）时，即使对方没有死亡，也属于杀人未遂罪（刑法第203条）。参见"既遂"、"故意"、"未遂"。

79 自己矛盾供述　自相矛盾的供词（zìxiāng máodùn de gòngcí）
指被告人或证人在审判前的审讯中所招供的内容（警察笔录和检察官笔录中记载的内容）与公审开始后，在法庭上所做口供内容不一致的情况。参见"警察笔录"、"检察官笔录"。

80 事前共謀　事前共谋（shìqián gòngmóu）
指在实际实行犯罪行为前，事先与他人商量决定犯罪计划的行为。参见"共谋"、"现场共谋"、"逐步共谋"。

81 私選弁護人　私选辩护人（sī xuǎn biànhù rén）
指由犯罪嫌疑人或被告人自己或其亲属等选任的辩护人（通常为律师）。参见"国选辩护人"、"犯罪嫌疑人国选辩护人"。

82 実況見分　现场勘验（xiànchǎng kānyàn）

与勘验、检查相同，指为了查明案件真相对有必要的场所、物品和人物进行调查、记录的行为。但与勘验、检查不同的是检察官、检察事务官以及警察是在没有令状的情况下，经相关人员的同意而实施的活动。参见"勘验、检查"、"再现现场勘验"、"现场勘验笔录"、"令状／许可证"。

83 実況見分調書　现场勘验笔录（xiànchǎng kānyàn bǐlù）

指记录现场勘验结果的文书。多数文书资料不仅记载有相关人员所说明的内容，还包含照片和图纸等。参见"现场勘验"、"再现现场勘验"。

84 実行共同正犯　实行共同正犯（shíxíng gòngtóng zhèngfàn）

指不仅参与了事先共谋并实际参与了实施犯罪行为，或指事先通谋并参与了实行行为的行为人。为了区别于只参加共谋但并未实际参与犯罪行为（共谋共同正犯）的情况时使用。也可称为共同正犯。参见"共同正犯"、"共谋"、"共谋共同正犯"。

85 執行猶予　缓刑（huǎnxíng）

指已经被宣告有罪，暂不执行判决刑罚（刑法第25条以下）的情况。如：被判处"有期徒刑1年，缓刑3年"时，视判决生效后三年内的表现，如果期间没有再次触犯法律并被判处有罪，则不再执行原判决的一年有期徒刑。反之，如在缓刑期间再次触犯法律并被宣告有罪时，原则上将撤销缓刑并服原刑。

86 自動車運転過失致死傷罪　驾驶汽车过失致死伤罪（jiàshǐ qìchē guòshī zhì sǐshāng zuì）

指由于驾驶员的过失，而引起的人身事故的犯罪。如果被害人受伤较轻，则有可能被免除刑事处分（刑法第211条2项）。参见"危险驾驶致死伤罪"。

87 自白　自白（zìbái）

指犯罪嫌疑人或被告人供认犯罪行为的全部或主要部分。参见"自白的信用性"、"自白的任意性"、"承认不利之事实"、"自认有罪"。

88 自白の信用性　自白的信用性（zìbái de xìnyòng xìng）

指自白是基于供述人的任意，在证据能力得到认定时，更进一步证实其自白的内容可信，即具有证明能力。参见"自白"、"自白的任意性"、"证据能力"、"证明力"。

89 自白の任意性　自白的任意性 (zìbái de rènyì xìng)
指自白是基于本人的自愿。无任意性的自白是指如在警察的严厉询问下被强制自白的，无证据能力（刑事诉讼法第319条1项）。参见"自白"、"自白的信用性"、"证据能力"、"证明力"。

司法警察員面前供述調書→8 員面調書

司法巡査面前供述調書→97 巡面調書

90 酌量減軽　酌定减轻 (zhuódìng jiǎnqīng)
指特别考虑情节的减刑（刑法第66条）。参见"刑罚减轻"、"情节"、"酌情"。

91 集団強姦罪　集团强奸罪 (jítuán qiángjiān zuì)
指由两人以上协作，共同实施强奸的犯罪（刑法第178条之2）。参见"强奸罪"。

92 集団強姦致死傷罪　集团强奸致死伤罪 (jítuán qiángjiān zhì sǐshāng zuì)
指由于集团强奸的既遂或未遂的犯罪行为，导致女性死亡或受伤的犯罪（刑法第181条3项）。参见"强奸致死伤罪"、"集团强奸罪"。

93 従犯　从犯 (cóngfàn)
指为他人易于犯罪提供方便的行为，或提供此类帮助的行为人，也称帮助犯（刑法第62条）。是共犯的一种，一般处以比实行犯较轻的刑罚（刑法第63条）。参见"共犯"。

94 銃砲刀剣類所持等取締法違反　违反持有枪炮刀剑类等取缔法 (wéifǎn chìyǒu qiāngpào dāo jiàn lèi děng qǔdì fǎ)
未经法律规定的许可而持有武器，或者虽有许可但用法不当的犯罪。

95 主尋問　主询问 (zhǔ xúnwèn)
指要求询问证人的检察官或辩护人（被告人）所进行的询问。如：检察官询问证人的正常步骤是：首先由检察官进行主询问，其次由辩护人（被告人）进行反向询问，接着由检察官再进行询问，最后由法官进行补充询问。参见"反询问"、"诱导询问"。

* 「訊問」は刑事事件が立件後、被疑者から証拠収集する刑事捜査の手段である。犯罪を証明し、真相を解明するため、捜査員は捜査活動において、被疑者に対して取調べしたり、被疑者の供述や弁解を聞き、その供述に基づいて作成

した文書は「讯问笔录」である。一方,「询问」は司法職員が刑事訴訟において, 被害者や証人から事件発生の過程と内容などを聞き, それに基づいて作成した文書は「询问笔录」である。両者の記録内容, 質問対象が異なるだけでなく, 適用範囲も異なる。「讯问笔录」は刑事事件や治安事件に適用するに対し,「询问笔录」は刑事, 民事と行政事件も適用する。

＊ "讯问"是刑事立案后对犯罪嫌疑人收集证据的刑事侦查手段。为了证实犯罪, 查明犯罪事实真相, 侦查人员在侦查活动中对犯罪嫌疑人进行审讯或听取犯罪嫌疑人的供述或辩解, 并根据犯罪嫌疑人供述的情况制作 "讯问笔录"。而"询问"则是指司法人员在刑事诉讼活动中, 向被害人或证人了解案件发生的过程和内容等, 根据调查制作的书面资料为"询问笔录"。因此, 两者不仅记录的内容、提问的对象不同, 并且适用范围也有所不同。讯问笔录适用于刑事案件和治安案件, 询问笔录则可以适用于刑事案件、民事案件和行政案件。

96 順次共謀　逐步共谋（zhúbù gòngmóu）

指首先A与B共谋, 之后B再与C共谋时, A、B、C之间的共谋关系成立。参见"共谋"。

97 巡面調書　司法巡查笔录（sīfǎ xúnchá bǐlù）

指警察中的司法巡查（巡查或巡查长）在进行调查取证时, 由司法巡查将嫌疑人或相关人员的谈话内容记录制作的文书。正式名称为司法巡查当面口供笔录。参见"警察笔录"。

98 傷害罪　伤害罪（shānghài zuì）

指故意使他人受伤的犯罪（刑法第204条）。通常是通过暴力, 但持续不断地发出巨大的声响使他人神经衰弱, 或故意将疾病传染给他人也可能构成伤害罪。此外, 该罪的故意是指只要有暴力意识就已足够, 即使未打算伤害对方, 伤害罪也仍然成立。参见"故意"。

99 傷害致死罪　伤害致死罪（shānghài zhìsǐ zuì）

指伤害的最终结果导致他人死亡的犯罪（刑法第205条）。若为有意杀害时, 则构成杀人罪。参见"杀人罪"、"伤害罪"。

100 障害未遂　障碍未遂（zhàngài wèisuì）

与中止未遂相对的一个概念, 通常将一般的未遂称为障碍未遂。指并非基于自己的意愿而是由于其他原因没有导致犯罪结果发生的情况。参见"中止未遂"、"未遂"。

101 証拠開示　出示证据（chūshì zhèngjù）

指在法官审查核实证据之前, 检察官或辩护人（被告人）将所持证据出示给对方。

102 上告　上诉（第三审）(shàngsù (dìsānshěn))

指因对高级裁判所等的判决不服，而向最高裁判所提出的审理请求（裁判所法第7条第1号）。上诉的理由仅限于违反宪法，或违反最高裁判所判决等（刑事诉讼法第405条）。即使不属于上述理由，如果有违反法令等情况时，最高裁判所经判断可以撤销下级裁判所的判决（刑事诉讼法第411条）。参见"上诉（第二审）"、"上诉"。

103 証拠裁判主義　证据审判主义 (zhèngjù shěnpàn zhǔyì)

指只能以具有证据能力的证据才能确定犯罪行为或罪犯的诉讼规则（刑事诉讼法第317条）。参见"证据能力"。

104 証拠能力　证据能力 (zhèngjù nénglì)

指在法庭可以使用的证据。对于非法收集的证据或传闻证据等，有关证据能力问题的各种情况法律都作了具体规定（刑事诉讼法第319条以下）。参见"非法收集证据"、"非法证据排除规则／原则"、"传闻证据"、"传闻法则"。

105 情状　情节 (qíngjié)

指在量刑（刑罚裁量）时需要考虑的各种情节。无论对被告人有利与否，决定是否起诉被告人时所考虑的事由也称为情节。参见"一般情节"、"起诉"、"酌定不起诉"、"量刑"、"酌定减轻"、"酌情"、"犯罪情节"。

106 情状酌量　酌情 (zhuóqíng)

指量刑时对情节的斟酌。一般虽与斟酌最终结果的减轻刑罚同义使用，但在法律上应该予以区分。参见"刑罚减轻"、"酌定减轻"、"情节"。

107 上訴　上诉 (shàngsù)

一般将上诉（第二审）和上诉（第三审）统称为上诉，但二者之间有很大差别。参见"上诉（第二审）"、"上诉（第三审）"。

108 焼損　烧损 (shāosǔn)

如果要使放火罪成立，则建筑物等的破坏程度应达到"烧毁"。在法律上称为烧损。参见"放火罪"。

109 証人威迫罪　胁迫证人罪 (xiépò zhèngrén zuì)

指对自己或他人的犯罪行为的知情人或其亲属，要求会面或进行威胁的犯罪（刑法

第105条之2）。

証明責任→179 立証責任

110 証明予定事実記載書　记载预定证明事实文书（jìzǎi yùdìng zhèngmíng shìshí wénshū）
在审判前整理程序中，检察官对于所要证明的事实事先提交的有预告性内容的文书（刑事诉讼法第316条之13）。／在审判前整理程序中，检察官为预告所要证明的事实而事先提交的文书（刑事诉讼法第316条之13）。以此为基础进入争点整理以及证据采纳与否等程序。参见"审判前整理程序"、"争论整理"。

111 証明力　证明力（zhèngmíng lì）
指如果证据可以在法庭使用，即具有证据能力的情况下，则该证据对于法官进行事实认定可以发挥作用。评价证明力，主要是考虑证据本身在多大程度上可信，以及利用该证据来证明的事实与该证据之间的关联程度。参见"证据能力"、"补强证据"、"弹劾证据"。

112 職権　职权（zhíquán）
指并非按照检察官或辩护人（被告人）所提出的请求，而是由法官独立判断所做出的处分或者下达的命令。／指并非出自检察官或辩护人（被告人）的请求，而是由法官独断下达的处分或命令。

113 心神耗弱　欠缺辨别能力（qiànquē biànbié nénglì）
因患病或酗酒等造成暂时性的精神障碍或酒精中毒，或因衰老等导致的慢性精神障碍，引起对善恶或常规性行为的判断极其困难的情况。此类人的犯罪行为被认定为是在责任能力受到限制的情况下所致，可减轻刑罚（刑法第39条第2项）。参见"刑罚减轻"、"丧失辨别能力"、"丧失辨别能力者医疗观察法"、"责任能力"。

114 心神喪失　丧失辨别能力（sàngshī biànbié nénglì）
比欠缺辨别能力症状更严重，完全无法根据善恶或正常的判断行动的情况。此类人的犯罪行为被认定是在无责任能力的状态下所致，因此不能追究其刑事责任（刑法第39条第1项）。参见"欠缺辨别能力"、"丧失辨别能力者医疗观察法"、"责任能力"。

115 心神喪失者医療観察法　丧失辨别能力者医疗观察法 (sàngshī biànbié nénglì zhě yīliáo guānchá fǎ)

指虽有触犯重大犯罪的行为，但因丧失辨别能力或欠缺辨别能力被处以不起诉或无罪的人，规定有义务在精神病院进行治疗等措施的法律。参见"欠缺辨别能力"、"丧失辨别能力"、"不起诉"。

116 人身売買罪　贩卖人口罪 (fànmài rénkǒu zuì)

贩卖人口的犯罪（刑法第226条之2）。绑架或拐骗并非必要条件。参见"绑架"、"拐骗"。

推定無罪→173 無罪推定の原則

正式起訴→18 起訴

117 正当防衛　正当防卫 (zhèngdàng fángwèi)

面对突如其来的非法行为，为了保护自己或他人的权利而不得不采取的防卫行为，只要未超出合理程度，即不违法（刑法第36条第1项）。参见"违法"、"防卫过当"。

118 責任主義　责任主义 (zérèn zhǔyì)

原则上，没有故意则不受处罚（刑法第38条第1项）。其例外为过失犯罪。参见"过失犯罪"、"故意"。

119 責任能力　责任能力 (zérèn nénglì)

指能够承担刑事责任的能力。对不具备责任能力的人，则不能以刑罚处罚。如：丧失辨别能力的人（刑法第39条第1项）或未满14岁的儿童（刑法第41条）。如果责任能力不健全，可以减刑（减轻刑罚）。如：欠缺辨别能力的人（刑法第39条第2项）。参见"刑罚减轻"、"欠缺辨别能力"、"丧失辨别能力"。

120 接見　会见 (huìjiàn)

指与被逮捕或拘留的犯罪嫌疑人或被告人会面，特别是会见辩护人，被认为是最重要且最基本的权利。参见"羁押／刑事拘留"、"禁止会见"。

121 接見禁止　禁止会见 (jìnzhǐ huìjiàn)

指如果犯罪嫌疑人或者被告人在与他人会见时有逃跑或隐灭罪证等可能性时，法

官将禁止其会见辩护人以外的人或收受物品（刑事诉讼法第81条）。参见"隐灭罪证"、"会见"。

122 窃盗罪　盗窃罪（dàoqiè zuì）
指未经他人同意，将他人财物占为己有的犯罪（刑法第235条）。实际实施犯罪行为时，如使用一定程度的暴力或威胁，则不是盗窃罪，而是构成恐吓罪或强盗罪。参见"恐吓罪"、"强盗罪"。

123 前科　前科（qiánkē）
指曾有被宣判有罪且该判决已经生效的经历。参见"再犯"、"前科记录"、"前历"、"累犯"。

124 前科調書　前科记录（qiánkē jìlù）
指记载被告人前科的文书。一般是由检察事务官制作，记载有前科的罪名以及判决日期等。参见"罪名"、"前科"。

125 前歴　前历（qiánlì）
虽不算做前科，但曾因涉嫌犯罪受审，或有被收容于少年院的经历。警察署保存有前历记录，在刑事审判中，常常被作为证据提交法院。参见"前科"、"前科记录"。

126 訴因変更　变更诉因（biàngēng sùyīn）
指在与起诉书记载的犯罪事实（公诉事实）一致的情况下，对某些重要的事实进行追加、撤回或变更的情况。在审判期间，如发现起诉书中所记载的犯罪事实与审判中可能被认定的犯罪事实有出入时，将变更诉因。有依据检察官提出申请由法官批准或由法官利用职权命令变更的两种情况（刑事诉讼法第312条第1项，第2项）。参见"起诉书／公诉书"、"公诉事实"、"职权"。

127 増強証拠　补强证据（bǔqiáng zhèngjù）
指为了提高某证据的证明力而提交的其他证据。参见"证明力"、"弹劾证据"。

128 捜索・差押許可状　搜索、查封许可证（sōusuǒ cháfēng xǔkě zhèng）
指警察或检察官获得法官批准查搜建筑物或查封证据的文书。在违反药物四法的案件中，强制用导尿管抽取犯罪嫌疑人尿样时，也需要搜索、查封许可证。参见"导尿管"、"药物四法"、"令状／许可证"。

129 争点整理(そうてんせいり)　争点整理 (zhēngdiǎn zhěnglǐ)
指对庭审中可能对抗的焦点进行整理。大多是在审判前整理程序中进行，也有在其他阶段实施的情况。参见"审判前整理程序"。

130 訴訟指揮(そしょうしき)　诉讼指挥 (sùsòng zhǐhuī)
指为了切实推进审判所采取的一切必要措施。审判长拥有指挥权限（刑事诉讼法第294条）。

131 即決裁判(そっけつさいばん)　立即审理宣判 (lìjí shěnlǐ xuānpàn)
指除重大犯罪以外的，对犯罪事实没有争议的案件，原则上在第一次公审时便下达判决的简易审判程序。其特征为对处以徒刑等判决必须附加缓刑。多运用于被告人是外国人的案件，即所谓的逾期居留案件。参见"审判日期"、"缓刑"。

132 逮捕状(たいほじょう)　逮捕证 (dáibǔ zhèng)
指警察获得法官批准逮捕犯罪嫌疑人的文书。参见"令状/许可证"。

133 大麻取締法違反(たいまとりしまりほういはん)　违反大麻取缔法 (wéifǎn dàmá qǔdì fǎ)
未经法律规定许可，栽培、贩卖、购买、使用以及持有大麻的犯罪。参见"药物四法"。

134 代用刑事施設(だいようけいじしせつ)　代用监管设施 (dàiyòng jiānguǎn shèshī)
拘留犯罪嫌疑人或被告人时，本应收押于看守所，但是多数犯罪嫌疑人都会收押在警察署内的代用监管设施内，一般称为留置场或留置设施。参见"看守所"、"羁押/刑事拘留"。

135 弾劾証拠(だんがいしょうこ)　弹劾证据 (tánhé zhèngjù)
能证实某一证据的证明力薄弱的其他证据。参见"证明力"、"补强证据"。

136 中止未遂(ちゅうしみすい)　中止未遂 (zhōngzhǐ wèisuì)
即使法律规定未遂行为应当受到处罚，但是如果是基于自己的意愿而中止了行为时，将减轻或免除刑罚（刑法第43条但书）。也称中止犯。参见"刑罚减轻"、"障碍未遂"、"未遂"。

中止犯(ちゅうしはん)→136 中止未遂(ちゅうしみすい)

ちょうしょ　　　きょうじゅつちょうしょ
調書→26 供述調書

137 通貨偽造罪　伪造货币罪（wěizào huòbì zuì）
指为自己使用或供他人使用而伪造纸钞或硬币的犯罪（刑罚第148条第1项）。即使伪造的是外国货币，也按日本刑法处罚（刑法第149条第1项）。参见"行使伪造货币罪"。

138 伝聞供述　传闻口供（chuánwén kǒugòng）
指某人所供述的他人曾经讲话的内容。如：证人在法庭上作证说："在案发的第二天，我听到被告人说：'我就是犯人'"。这是传闻证据的一种。参见"传闻证据"、"传闻法则"。

139 伝聞証拠　传闻证据（chuánwén zhèngjù）
根据庭外的供述制作的口供笔录等文书，或供述（传闻口供）庭审外所听到的讲话内容时，称此类文书或供述内容为传闻证据。参见"口供笔录"、"传闻口供"、"传闻法则"。

でんぶんしょう こ きん し　　げんそく　　　　　　　でんぶんほうそく
伝聞証拠禁止の原則→140 伝聞法則

140 伝聞法則　传闻法则（chuánwén fǎzé）
指传闻供述等传闻证据，因在传播和听取的过程中产生误差的可能性较大，故原则上不能在庭审中使用，即没有证据效力的规则（刑事诉讼法第320条）。也称为禁止传闻证据的原则。参见"证据能力"、"传闻口供"、"传闻证据"、"传闻法则例外"。

141 伝聞例外　传闻法则例外（chuánwén fǎzé lìwài）
对于传闻口供等传闻证据，作为例外法律规定了认可其证据能力的条件（刑事诉讼法第312条以下）。传闻法则的例外情况被称为传闻法则例外。参见"证据能力"、"传闻口供"、"传闻证据"、"传闻法则"。

142 同意部分　同意部分（tóngyì bùfèn）
检察官提出审查核实证据时，法官必须征求辩护人（被告人）的意见。反之亦同。若证据是文书，而对方只同意其中一部分时，则称该部分为同意部分。一般而言，先从同意部分开始核查。参见"不同意部分"。

143 導尿管　导尿管（dǎoniàoguǎn）
指在违反药物四法的案件中，若犯罪嫌疑人拒绝提出尿样时，在事先取得搜索、查封许可证的情况下，强制性地插入犯罪嫌疑人的尿道，抽取尿样时所使用的导管。参见"搜索、查封许可证"、"药物四法"。

144 特信情況　特别信赖情况（tèbié xìnlài qíngkuàng）
对于警察笔录或检察官笔录等传闻证据，例外性认可其具有证据能力即认可传闻法则例外的条件之一，可以举出"可信赖的特别情况"（刑事诉讼法第312条第1项第2款、同项第3款）。简称为特信情况或特信性。参见"警察笔录"、"检察官笔录"、"传闻证据"、"传闻法则例外"。

特信性→144 特信情況

145 内容の真正　内容的真实性（nèiróng de zhēnshí xìng）
指文书中所记载的内容是真实的。参见"文书制作的真实性"。

146 罰条　处罚条款（chǔfá tiáokuǎn）
指与罪名相对应的法律条文。如杀人罪是刑法第199条、伤害罪是刑法第204条等。检察官必须在起诉书上记载罪名和处罚条款（刑事诉讼法第256条第4项）。参见"起诉书／公诉书"、"罪名"。

147 反抗を著しく困難にする　使对方极难反抗（shǐ duìfāng jínán fǎnkàng）
指强奸罪的加害人为了阻止受害人的抵抗，实施的暴力或威胁所达到的程度。如若其暴力或威胁的程度低于抑制反抗的程度可以不予考虑，即此表达方式意味着必须达到相当的强度。参见"强奸罪"、"抑压反抗／抑制反抗"。

148 反抗を抑圧する　抑压反抗／抑制反抗（yìyā fǎnkàng/yìzhì fǎnkàng）
指强盗罪的加害人作为阻止受害人抵抗的手段而使用的暴力或威胁所达到的程度。使用暴力或威胁而强行夺取财物的行为，如果其暴力或威胁达到足以抑压反抗的程度时，为强盗罪；如未达到此程度时，则属恐吓罪。参见"恐吓罪"、"强盗罪"、"使对方极难反抗"。

149 犯情　犯情／犯罪情节（fànqíng/fànzuì qíngjié）
指情节中的犯罪动机或犯罪状况等。参见"一般情节"、"情节"。

150 反対尋問　反询问 (fǎn xúnwèn)

指非提请证人出庭作证方对证人进行的询问。如：检察官对自己提请的证人进行询问时称为主询问。之后，由辩护人（被告人）进行的询问称为反询问。参见"主询问"、"诱导询问"。

151 被害者参加制度　受害人参加审判制度 (shòuhài rén cānjiān shěnpàn zhìdù)

指对于一些重大犯罪的受害人或家属等，经法官决定，可以出席公审并在庭审中向被告人发问等参加审判的制度。参见"审判日期"、"受害人参加审判国选辩护人"、"受害人参加审判律师"。

152 被害者参加弁護士　受害人参加审判律师 (shòuhài rén cānjiān shěnpàn lǜshī)

根据受害人参加审判制度，由参加庭审的被害人或其家属所选任的律师。参见"国选受害人参加审判律师"、"受害人参加审判制度"。

153 被疑者国選弁護人　犯罪嫌疑人国选辩护人 (fànzuì xiányí rén guó xuǎn lǜshī)

指由国家支付费用为犯罪嫌疑人选任的辩护人（通常指律师）。但是，规定有必须涉嫌一定程度以上的严重刑罚的犯罪等要件（刑事诉讼法第37条之2）。参见"国选辩护人"、"私选辩护人"。

154 非現住建造物放火罪　非现住建筑物放火罪 (fēi xiàn zhù jiànzhùwù fànghuǒ zuì)

指对非居住使用并且现在无人居住的建筑物放火的犯罪。虽在处罚时比现住建筑物放火罪要轻，但比建筑物以外的放火的处罚要重。参见"现住建筑物放火罪"、"放火罪"。

155 評議　评议 (píngyì)

在陪审员审判中，根据法庭的审理结果，在其他房间由3名法官和6名陪审员进行的讨论，将此称为评议。法律规定禁止泄露评议的秘密（陪审员法第70条）。参见"陪审员"、"陪审员审判"。

156 不起訴　不起诉 (bù qǐsù)

虽因犯罪嫌疑接受了调查，但由于犯罪没有发生，或者虽有犯罪发生但罪犯另有其人，或被认定属于正当防卫或紧急避险时，将检察官不提出公诉的决定，称为不起

诉的决定。参见"起诉"、"紧急避险"、"正当防卫"。

157 不規則発言　不适当发言 (bù shìdàng fāyán)
由于在刑事审判中，审判长有很大的诉讼指挥权限。因此，当出现影响审理顺利进行的不适当发言时，审判长可以根据诉讼指挥权予以制止，如不服从则可能会被勒令退庭。一般称类似发言为不适当发言。但是，对审判长作出的决定，可以提出异议。参见"提出异议"、"诉讼指挥"。

158 不同意部分　不同意部分 (bù tóngyì bùfen)
当检察官要求调查核实证据时，法官必须征求辩护人（被告人）的意见。反之亦然。如证据为书面文件，其中的某一部分未得到对方的同意，则称此部分为不同意部分。参见"同意部分"、"承认不利之事实"。

159 不利益事実の承認　承认不利之事实 (chéngrèn búlì zhī shìshí)
承认犯罪行为的全部或某一部分，或指承认可以间接性地证实犯罪行为的事实。不仅包括自白或自认有罪，广义上还包括被告人供述对自己不利的事实。当被告人的口供笔录中包含有承认不利事实的供述时，即使辩护人提出不同意的意见，原则上也视为具有证据能力（刑事诉讼法第322条第1项）。参见"口供笔录"、"自白"、"证据能力"、"不同意部分"、"自认有罪"。

160 併合罪　数罪并罚 (zhùsuìbìngfá)
指尚未最终判决的数项犯罪（刑法第45条）。原则上，规定此类罪行必须合并为一个宣告刑（刑法第46条～第53条）。参见"加重处罚"。

161 弁護人　辩护人 (biànhùrén)
指为犯罪嫌疑人或被告人作辩护的人。通常为律师（刑事诉讼法第31条）。参见"国选受害人参加审判律师"、"国选辩护人"、"私选辩护人"、"受害人参加审判律师"、"犯罪嫌疑人国选辩护人"。

162 放火罪　放火罪 (fànghuǒ zuì)
指对建筑物以及其他的物品放火使其烧损的犯罪。根据放火对象的不同其犯罪的构成要件和刑罚的轻重亦有所不同。参见"现住建筑物放火罪"、"烧损"、"非现住建筑物放火罪"。

帮助犯→93 従犯

163 法定刑　法定刑 (fǎdìngxíng)
指法律规定的刑罚。法定刑一般来讲是以法官可以从数种刑罚中选择的方式制定的。此外，有期刑都设有刑期的幅度。法定刑的种类有：死刑、徒刑、禁锢、罚金、拘役等（刑法第9条）。徒刑和禁锢又可分为无期或有期（刑法第12条～第14条）。

164 冒頭陳述　开庭陈述 (kāitíng chénshù)
检察官宣读起诉书后，在审查核实取证之前，说明想要证明的内容（刑事诉讼法第296条）。若辩护人（被告人）对此有异议时，经法官批准也可进行开庭陈述（刑事诉讼规则第198条）。参见"起诉书／公诉书"。

165 法令違反　违反法令 (wéifǎn fǎlìng)
通常与违法同义使用，特指程序上违反刑事诉讼法，或者在刑法等法律的适用及解释方面有误，并且如没有此类错误，判决结果将会明显不同时的情况。对这种情况可以提起上诉（第二审）（刑事诉讼法第379条、第380条）。即使不能成为上诉（第三审）的理由（刑事诉讼法第405条），也可以以违反法令为由，撤销高等裁判所的判决（刑事诉讼法第411条1号）。参见"违法"、"上诉（第二审）"、"上诉（第三审）"。

166 保護責任者遺棄罪　保护责任者遗弃罪 (bǎohù zérèn zhě yíqì zuì)
遗弃幼儿、老人、病人等需要保护的人，或故意不提供照顾等，对有义务保护的人将追究其刑事责任（刑法第218条）。

167 保護責任者遺棄致死傷罪　保护责任者遗弃致死伤罪 (bǎohù zérèn zhě yíqì zhì sǐshāng zuì)
因保护责任者遗弃被保护人，结果造成需要受到保护的人死亡或受伤时，有保护义务者将被追究刑事责任。法律规定比普通的伤害罪和伤害致死罪有更重的刑罚（刑法第219条）。参见"伤害罪"、"伤害致死罪"、"保护责任者遗弃罪"。

168 麻薬及び向精神薬取締法違反　违反毒品以及精神药物类取缔法 (wéifǎn dúpǐn yǐjí jīngshén yàowù lèi qǔdì fǎ)
未经法律规定的许可，制作、买卖、使用或携带毒品或精神药物（海洛因、可卡因、LSD等）的犯罪。参见"药物四法"。

169 麻薬特例法違反　违反毒品特例法（wéifǎn dúpǐn tèlì fǎ）

关于药物四法，结合国际条约的规定，为了强化规范内容所颁布的法律。正式名称为"在国际共同协助下，为了防止助长有关规制药物等不正当行为的发生，有关对毒品及精神药物取缔法等特例等的法律"。参见"药物四法"。

未决勾留→61 勾留

170 未決勾留日数の算入　未决羁押日数折抵刑期（wèijué jīyā rìshù zhé dǐ xíngqī）

指在宣判有罪判决时，将截止于宣判时的拘留天数中的全部或一部算入刑罚中（刑法第21条）。如：判处1年有期徒刑时，如果判决上写有"将未判决前羁押日数中的60天算入本徒刑中"，则表示1年徒刑中已服完60天的徒刑。参见"羁押/刑事拘留"。

171 未遂　未遂（wèisuì）

指虽实行了犯罪行为，但未造成结果发生。对于此类犯罪，只有在法律有特别规定时才会受到处罚（刑法第44条）。即使受到处罚，也可以减刑或免刑（刑法第43条）。如：企图杀人而用刀刺了对方胸部，如果没有危及对方的生命，虽杀人罪不成立，但杀人未遂罪成立。根据未发生结果的缘由，可划分为障碍未遂或者中止未遂。参见"既遂"、"刑罚减轻"、"障碍未遂"、"中止未遂"。

172 未必の故意　间接故意（jiànjiē gùyì）

指虽然未考虑到结果一定会发生，但认为即便发生也无所谓的情况。如：虽然不确定对方一定会死，却认为对方即使死了也无所谓，而用钝器殴打对方的行为。虽没有直接的故意，但因为有间接故意，所以当对方死亡时，杀人罪成立。参见"直接故意"、"故意"。

173 無罪推定の原則　无罪推定原则（wúzuì tuīdìng yuánzé）

从被告人立场出发的"诉讼疑点利益归于被告人原则"的表达方式。也就是说，只要不能达到不存在任何合理怀疑的程度来证明被告人有罪的前提下，则被告人不得被问罪的规则。也称为无罪推定。参见"诉讼疑点利益归于被告"、"合理的怀疑"。

174 黙秘権　缄默权/沉默权（jiānmò quán/chénmò quán）

指犯罪嫌疑人或被告人不得被强迫供述（宪法第38条第1项、刑事诉讼法第198条

第2项、第311条第1项）。犯罪嫌疑人或被告人可以始终保持沉默，沉默本身不会对犯罪嫌疑人或被告人带来不利。参见"承认不利之事实"。

175 薬物４法　药物四法（yàowù sìfǎ）

一般将鸦片法、兴奋剂取缔法、大麻取缔法、毒品及精神药物取缔法统称为药物四法。参见"违反鸦片法"、"违反兴奋剂取缔法"、"违反大麻取缔法"、"违反毒品及精神药物取缔法"、"违反毒品特例法"。

* 「麻薬及び向精神薬取締法」を"麻药及向精神药物取缔法"と訳すものもあるが，中国語の「麻药（máyào）」は薬物ではなく，「麻酔薬」を指している。本書は混乱を避けるため，統一して「毒品及精神药物取缔法」に訳している。

* 有的文章将"麻薬及び向精神薬取締法"翻译为"麻药及向精神药物取缔法"，但是"麻药（máyào）"在汉语中一般仅指"麻醉药"，不是毒品，为避免混淆，本书统一译为"毒品及精神药物取缔法"。

176 誘拐　拐骗（guǎipiàn）

指欺骗或诱惑他人，并将其置于自己的支配之下。参见"绑架"、"绑架拐骗罪"。

177 有罪の自認　自认有罪（zìrèn yǒuzuì）

指被告人承认自己有罪。严格上讲，与自白不同，但在法律上与自白同等处理（刑事诉讼法第319条3项）。参见"自白"、"承认不利之事实"。

178 誘導尋問　诱导询问（yòudǎo xúnwèn）

指在询问证人或被告人时，检察官或辩护人（被告人）明示或暗示性地将自己希望得到的回答包含在问话中的情况。主询问时，原则上禁止此类行为（刑事诉讼规则第199条之3），如果在询问或提问中出现类似情况时，经常会被对方提出异议。参见"提出异议"、"主询问"、"反询问"。

179 立証責任　举证责任（jǔzhèng zérèn）

指利用证据来证明的责任。承担证明责任方的当事人如无法证明时，将承担诉讼上的不利。因为检察官有举证犯罪的责任，如果不能够举证到不存在合理的怀疑的程度，则将会得到不利的结果，即判处无罪。参见"合理的怀疑"、"推定无罪原则"。

180 略式起訴　简略起诉（jiǎnlüè qǐsù）

指检察官对犯罪嫌疑人经过审讯后，虽认定存在犯罪行为，但不作正式起诉，只以书面形式处以罚金的程序。参见"起诉"。

181 略取　绑架（bǎngjià）
指以暴力或威胁强行将他人带走。参见"拐骗"、"绑架拐骗罪"。

182 略取誘拐罪　绑架拐骗罪（bǎngjià guǎipiàn zuì）
指绑架他人或拐骗他人的犯罪。若对方是未成年的儿童时，称为未成年绑架诱拐罪（刑法第224条）。若以成年人为犯罪对象，实行以谋利（刑法第225条）、赎金（刑法第225条之2）或以运送海外为目的（刑法第226条）的绑架拐骗时，罪名成立。参见"贩卖人口罪"、"诱拐"、"绑架"。

留置施設→134 代用刑事施設

留置場→134 代用刑事施設

量刑→40 刑の量定

183 累犯　累犯（lěifàn）
将再犯、3犯、4犯等，前一次服刑后，在一定期间再度触犯法律的统称为累犯。参见"再犯"、"累犯加重"。

184 累犯加重　累犯加重（lěifàn jiāzhòng）
指因累犯而加重刑罚处罚（刑法第56条～第59条）。再犯时称为再犯加重，3犯以上则称为累犯加重。参见"加重处罚"、"再犯"、"再犯加重"、"累犯"。

185 令状　令状/许可证（lìngzhuàng/xǔkězhèng）
将警察或检察官取得法官的许可执行逮捕、拘留、搜查及查封等强制性行为的文书，统称为令状。参见"拘留证"、"搜索、查封许可证"、"逮捕证"。

186 連日開廷　连日集中开庭（liánrì jízhōng kāitíng）
普通的刑事审判一般第一次审理后，通常间隔1～4个星期再次开庭。而对于陪审员审判，为了减轻陪审员的负担，将在第一次公审后连续几天集中开庭的情况称为连日集中开庭。参见"审判日期"、"陪审员"、"陪审员审判"。

187 論告　论罪（lùnzuì）
指所有审查核实证据完毕后，由检察官最后陈述的意见（刑事诉讼法第293条1项）。参见"最终意见陈述"、"最终辩论"。

中国語［簡体字］索引

B

绑架　略取(りゃくしゅ)
绑架拐骗罪　略取誘拐罪(りゃくしゅゆうかいざい)
帮助犯→从犯　幇助犯(ほうじょはん)→従犯(じゅうはん)
保护责任者遗弃致死伤罪　保護責任者遺棄致死傷罪(ほごせきにんしゃいきちししょうざい)
保护责任者遗弃罪　保護責任者遺棄罪(ほごせきにんしゃいきざい)
笔录→口供笔录　調書(ちょうしょ)→供述調書(きょうじゅつちょうしょ)
避险过当　過剰避難(かじょうひなん)
变更诉因　訴因変更(そいんへんこう)
辩护人　弁護人(べんごにん)
不起诉　不起訴(ふきそ)
补强证据　増強証拠(ぞうきょうしょうこ)
不适当发言　不規則発言(ふきそくはつげん)
不同意部分　不同意部分(ふどういぶぶん)

C

承认不利之事实　不利益事実の承認(ふりえきじじつのしょうにん)
处罚条款　罰条(ばつじょう)
出示证据　証拠開示(しょうこかいじ)
传闻法则　伝聞法則(でんぶんほうそく)
传闻法则例外　伝聞例外(でんぶんれいがい)
传闻口供　伝聞供述(でんぶんきょうじゅつ)
传闻证据　伝聞証拠(でんぶんしょうこ)
从犯　従犯(じゅうはん)

D

逮捕证　逮捕状(たいほじょう)
代用监管设施　代用刑事施設(だいようけいじしせつ)
导尿管　導尿管(どうにょうかん)
盗窃罪　窃盗罪(せっとうざい)

F

法定刑　法定刑(ほうていけい)
犯情/犯罪情节　犯情(はんじょう)
反询问　反対尋問(はんたいじんもん)
贩卖人口罪　人身売買罪(じんしんばいばいざい)
犯罪嫌疑人国选辩护人　被疑者国選弁護人(ひぎしゃこくせんべんごにん)
放火罪　放火罪(ほうかざい)
防卫过当　過剰防衛(かじょうぼうえい)
非法收集证据　違法収集証拠(いほうしゅうしゅうしょうこ)
非法证据排除规则/原则　違法収集証拠排除法則(いほうしゅうしゅうしょうこはいじょほうそく)
非现住建筑物放火罪　非現住建造物放火罪(ひげんじゅうけんぞうぶつほうかざい)

G

共犯　共犯(きょうはん)
共谋　共謀(きょうぼう)
共谋共同正犯　共謀共同正犯(きょうぼうきょうどうせいはん)
公诉事实　公訴事実(こうそじじつ)
共同正犯　共同正犯(きょうどうせいはん)
故意　故意(こい)
拐骗　誘拐(ゆうかい)
过失犯罪　過失犯(かしつはん)
国选辩护人　国選弁護人(こくせんべんごにん)
国选受害人参加审判律师　国選被害者参加弁護士(こくせんひがいしゃさんかべんごし)

H

合理的怀疑　合理的な疑い(ごうりてきなうたがい)
缓刑　執行猶予(しっこうゆうよ)
会见　接见(せっけん)

J

既遂　既遂(きすい)
集团强奸致死伤罪　集団強姦致死傷罪(しゅうだんごうかんちししょうざい)

集団强奸罪　集団強姦罪（しゅうだんごうかんざい）

羁押/刑事拘留　勾留（こうりゅう）

羁押/刑事拘留　拘置（こうち）→勾留（こうりゅう）

记载预定证明事实文书　証明予定事実記載書（しょうめいよていじじつきさいしょ）

驾驶汽车过失致死伤罪　自動車運転過失致死傷罪（じどうしゃうんてんかしつちししょうざい）

加重处罚　刑の加重（けいのかじゅう）

检察官笔录　検察官調書（けんさつかんちょうしょ）

检察官当面口供笔录→检察官笔录　検察官面前供述調書（けんさつかんめんぜんきょうじゅつちょうしょ）→検察官調書（けんさつかんちょうしょ）

间接故意　未必の故意（みひつのこい）

简略起诉　略式起訴（りゃくしききそ）

检面笔录→检察官笔录　検面調書（けんめんちょうしょ）→検察官調書（けんさつかんちょうしょ）

缄默权/沉默权　黙秘権（もくひけん）

教唆犯　教唆犯（きょうさはん）

紧急避险　緊急避難（きんきゅうひなん）

禁止传闻证据原则→传闻法则　伝聞証拠禁止の原則（でんぶんしょうこきんしのげんそく）→伝聞法則（でんぶんほうそく）

禁止会见　接見禁止（せっけんきんし）

警察笔录　警察官調書（けいさつかんちょうしょ）

拘留证　勾留状（こうりゅうじょう）

拘役　拘留（こうりゅう）

举证责任　挙証責任（きょしょうせきにん）→立証責任（りっしょうせきにん）

K

开庭陈述　冒頭陳述（ぼうとうちんじゅつ）

看守所　拘置所（こうちしょ）

勘验, 检查　検証（けんしょう）

勘验, 检查笔录　検証調書（けんしょうちょうしょ）

恐吓罪　恐喝罪（きょうかつざい）

口供笔录　供述調書（きょうじゅつちょうしょ）

L

累犯　累犯（るいはん）

累犯加重　累犯加重（るいはんかじゅう）

立即审理宣判　即決裁判（そっけつさいばん）

连日集中开庭　連日開廷（れんじつかいてい）

量刑→刑罚裁量　量刑（りょうけい）→刑の量定（けいのりょうてい）

令状/许可证　令状（れいじょう）

留置设施→代用监管设施　留置施設（りゅうちしせつ）→代用刑事施設（だいようけいじしせつ）

留置所→代用监管设施　留置場（りゅうちじょう）→代用刑事施設（だいようけいじしせつ）

论罪　論告（ろんこく）

N

内容的真实性　内容の真正（ないようのしんせい）

P

陪审员　裁判員（さいばんいん）

陪审员审判　裁判員裁判（さいばんいんさいばん）

评议　評議（ひょうぎ）

Q

起诉　起訴（きそ）

起诉书/公诉书　起訴状（きそじょう）

前科　前科（ぜんか）

前科记录　前科調書（ぜんかちょうしょ）

前历　前歴（ぜんれき）

欠缺辨别能力　心神耗弱（しんしんこうじゃく）

强盗强奸罪　強盗強姦罪（ごうとうごうかんざい）

强盗杀人罪　強盗殺人罪（ごうとうさつじんざい）

强盗伤害罪　強盗傷害罪（ごうとうしょうがいざい）

强盗致死伤罪　強盗致死傷罪（ごうとうちししょうざい）

强盗罪　強盗罪（ごうとうざい）

强奸致死伤罪　強姦致死傷罪（ごうかんちししょうざい）

强奸罪　強姦罪（ごうかんざい）

強制猥褻致死伤罪　強制わいせつ致死傷罪(きょうせいわいせつちししょうざい)

強制猥褻罪　強制わいせつ罪(きょうせいわいせつざい)

侵占遺失物等罪　遺失物等横領罪(いしつぶつとうおうりょうざい)

情节　情状(じょうじょう)

请求解释　求釈明(きゅうしゃくめい)

求刑　求刑(きゅうけい)

S

丧失辨別能力　心神喪失(しんしんそうしつ)

丧失辨別能力者医疗观察法　心神喪失者医療観察法(しんしんそうしつしゃいりょうかんさつほう)

杀人未遂罪　殺人未遂罪(さつじんみすいざい)

杀人罪　殺人罪(さつじんざい)

伤害致死罪　傷害致死罪(しょうがいちしざい)

伤害罪　傷害罪(しょうがいざい)

上訴　上訴(じょうそ)

上訴(第二審)　控訴(こうそ)

上訴(第三審)　上告(じょうこく)

烧损　焼損(しょうそん)

审判前整理程序　公判前整理手続(こうはんぜんせいりてつづき)

审判日期　公判期日(こうはんきじつ)

使对方极难反抗　反抗を著しく困難にする(はんこうをいちじるしくこんなんにする)

事前共謀　事前共謀(じぜんきょうぼう)

实行共同正犯　実行共同正犯(じっこうきょうどうせいはん)

使用偽造货币罪　偽造通貨行使罪(ぎぞうつうかこうしざい)

受害人参加审判律师　被害者参加弁護士(ひがいしゃさんかべんごし)

受害人参加审判制度　被害者参加制度(ひがいしゃさんかせいど)

数罪并罚　併合罪(へいごうざい)

双方确认文件　合意書面(ごういしょめん)

司法警察员笔录　員面調書(いんめんちょうしょ)

司法警察员当面口供笔录→司法警察员笔录　司法警察員面前供述調書(しほうけいさついんめんぜんきょうじゅつちょうしょ)→員面調書(いんめんちょうしょ)

司法巡查笔录　巡面調書(じゅんめんちょうしょ)

司法巡查当面口供笔录→司法巡查笔录　司法巡查面前供述調書(しほうじゅんさめんぜんきょうじゅつちょうしょ)→巡面調書(じゅんめんちょうしょ)

私选辩护人　私選弁護人(しせんべんごにん)

搜索、查封许可证　捜索・差押許可状(そうさくさしおさえきょかじょう)

诉讼疑点利益归于被告　疑わしきは被告人の利益に(うたがわしきはひこくにんのりえきに)

诉讼指挥　訴訟指揮(そしょうしき)

T

弹劾证据　弾劾証拠(だんがいしょうこ)

特別信赖情况　特信情況(とくしんじょうきょう)

特別信赖性→特別信赖情况　特信性(とくしんせい)→特信情況(とくしんじょうきょう)

提出异议　異議の申立て(いぎのもうしたて)

提请审判→起诉　公判請求(こうはんせいきゅう)→起訴(きそ)

同意部分　同意部分(どういぶぶん)

推定无罪→无罪推定原则　推定無罪(すいていむざい)→無罪推定の原則(むざいすいていのげんそく)

W

违法　違法(いほう)

违反持有枪炮刀剑类等取缔法　銃砲刀剣類所持等取締法違反(じゅうほうとうけんるいしょじとうとりしまりほういはん)

违反大麻取缔法　大麻取締法違反(たいまとりしまりほう)

违反毒品及精神药物类取缔法　麻薬及び向精神薬取締法違反(まやくおよびこうせいしんやくとりしまりほういはん)

违反毒品特例法　麻薬特例法違反(まやくとくれいほういはん)

违反法令　法令違反(ほうれいいはん)

违反兴奋剂取缔法　覚せい剤取締法違反(かくせいざいとりしまりほういはん)
违反鸦片法　あへん法違反(あへんほういはん)
未决羁押日数折抵刑期　未決勾留日数の算入(みけつこうりゅうにっすうのさんにゅう)
未决拘留→羁押/刑事拘留　未決勾留(みけつこうりゅう)→勾留(こうりゅう)
未遂　未遂(みすい)
危险驾驶致死伤罪　危険運転致死傷罪(きけんうんてんちししょうざい)
伪造货币罪　通貨偽造罪(つうかぎぞうざい)
伪证罪　偽証罪(ぎしょうざい)
文书制作的真实性　作成の真正(さくせいのしんせい)
文书制作署名人　作成名義人(さくせいめいぎにん)
无罪推定原则　無罪推定の原則(むざいすいていのげんそく)

X

现场共谋　現場共謀(げんばきょうぼう)
现场勘验　実況見分(じっきょうけんぶん)
现场勘验笔录　実況見分調書(じっきょうけんぶんちょうしょ)
现住建筑物防火罪　現住建造物放火罪(げんじゅうけんぞうぶつほうかざい)
胁迫证人罪　証人威迫罪(しょうにんいはくざい)
刑罚裁量　刑の量定(けいのりょうてい)
刑罚减轻　刑の減軽(けいのげんけい)
虚伪笔译罪　虚偽翻訳罪(きょぎほんやくざい)
虚伪鉴定罪　虚偽鑑定罪(きょぎかんていざい)
虚伪口译罪　虚偽通訳罪(きょぎつうやくざい)

Y

药物四法　薬物4法(やくぶつよんほう)
一般情节　一般情状(いっぱんじょうじょう)
抑压反抗/抑制反抗　反抗を抑圧する(はんこうをよくあつする)
疑罪从无→诉讼疑点利益归于被告　疑わしきは罰せず(うたがわしきはばっせず)→疑わしきは被告人の利益に(うたがわしきはひこくにんのりえきに)

隐灭罪证　罪証隠滅(ざいしょういんめつ)
诱导询问　誘導尋問(ゆうどうじんもん)

Z

再犯　再犯(さいはん)
再犯加重　再犯加重(さいはんかじゅう)
再现现场勘验　再現実況見分(さいげんじっきょうけんぶん)
责任能力　責任能力(せきにんのうりょく)
责任主义　責任主義(せきにんしゅぎ)
自白　自白(じはく)
自白的任意性　自白の任意性(じはくのにんいせい)
自白的信用性　自白の信用性(じはくのしんようせい)
障碍未遂　障害未遂(しょうがいみすい)
正当防卫　正当防衛(せいとうぼうえい)
争点整理　争点整理(そうてんせいり)
证据能力　証拠能力(しょうこのうりょく)
证据审判主义　証拠裁判主義(しょうこさいばんしゅぎ)
正式起诉→起诉　正式起訴(せいしききそ)→起訴(きそ)
证明力　証明力(しょうめいりょく)
证明责任→举证责任　証明責任(しょうめいせきにん)→立証責任(りっしょうせきにん)
直接故意　確定的故意(かくていてきこい)
职权　職権(しょっけん)
逐步共谋　順次共謀(じゅんじきょうぼう)
中止犯→中止未遂　中止犯(ちゅうしはん)→中止未遂(ちゅうしみすい)
中止未遂　中止未遂(ちゅうしみすい)
主询问　主尋問(しゅじんもん)
酌定不起诉　起訴猶予(きそゆうよ)
酌定减轻　酌量減軽(しゃくりょうげんけい)
酌情　情状酌量(じょうじょうしゃくりょう)
自认有罪　有罪の自認(ゆうざいのじにん)
自相矛盾的供词　自己矛盾供述(じこむじゅんきょうじゅつ)
最终辩护　最終弁論(さいしゅうべんろん)
最终意见陈述　最終意見陳述(さいしゅういけんちんじゅつ)
罪名　罪名(ざいめい)

中国語［簡体字］参考文献

江英居（1985）『中国刑法―原文読解と注釈』公論社

大阪弁護士会編（1992）『18言語の外国人人権ハンドブック』明石書店

川原祥史編著（2006）『中国語警察用語小辞典』国際語学社

呼美蘭（2006）『中国語の司法通訳―読んでわかる通訳の仕事』白帝社

最高裁判所事務総局家庭局監修（2008）『少年審判通訳ハンドブック【中国語】〔第3版〕』法曹会

最高裁判所事務総局刑事局監修（1997）『法廷通訳ハンドブック【中国語】〔補訂版〕』法曹会

最高裁判所事務総局刑事局監修（1998）『法廷通訳ハンドブック 実践編【中国語】』法曹会

最高裁判所事務総局刑事局監修（2010）『法廷通訳ハンドブック 実践編【中国語】〔改訂版〕』法曹会

ザウ=イーファー（2003）『中国語〈司法通訳〉ハンドブック―状況別よく使われる表現と基礎知識』明日香出版社

法務省刑事局外国法令研究会編（1991）『法律用語対訳集 中国語編』商事法務研究会

法務省刑事局外国法令研究会編（1997）『法律用語対訳集 中国語（北京語）編〔改訂版〕』商事法務研究会

畑中和夫・王家福・肖賢富・孫新編（1997）『国際比較法シリーズ別冊 中日・日中法律用語辞典』晃洋書房

张明楷訳（2006）『日本刑法典』法律出版社

吴之荣・李孙华・周蕴石编（1999）『详解日汉词典』北京初版社出版

魏游（2006）『日中・中日双解法律用语词典』法律出版社

中国語
[繁体字]

宣　誓

我發誓憑良心誠實地做翻譯。

翻譯

1 あへん法違反　違反鴉片法
指在沒有法律規定的許可之下栽培罌粟、製造、買賣、使用或持有鴉片之罪。參見「藥物4法」。

2 異議の申立て　提出異議
多用於有關查證（刑事訴訟法309條1項）以及庭長之處分（同條3項）的用語。例如辯護律師對檢察官的誘導詰問或對庭長制止不規則發言的處分提出異議等。參見「不適當發言」、「誘導詰問」。

3 遺失物等横領罪　遺失物等侵佔罪
指沒把遺失物或者與此同樣的物品提交給警察將其占為己有之罪（刑法254條）。

4 一般情状　一般情節
指情節中除了犯罪情況以外的情節。日常生活情況以及其人恢復正常的環境，另外還包含與被害人之間的和解、賠償損害、被害人的感情等。參見「情節」、「犯情」。

5 違法　違法
廣義是指違反刑事法令，但根據實施違法行為的人，其結果也有差異。個人的違法行為將產生刑事責任並可能要接受刑事懲罰。若員警或檢察官違法地進行搜查，此證據將以違法收集證據而不能被採用於審理（違法收集證據排除法則）。法院違反刑事訴訟法或者誤用刑法的適用解釋時，雖可作為上訴理由，但特別使用此法令違反之言詞。參見「非法收集證據」、「非法收集證據排除法則」、「上訴」、「違反法令」。

6 違法収集証拠　非法收集證據
指員警或檢察官以違法手段收集的證據。例如，在沒有令狀（扣押證）之下扣押的證據物品。參見「違法」、「非法收集證據排除法則」、「令狀」。

7 違法収集証拠排除法則　非法收集證據排除法則
指以違法手段收集的證據（違法收集證據）是否能使用於審理裁判，即與有無證據能力相關的法則。法律上雖沒規定，可是根據判例（案例），特別是在違法程度較大且有必要抑制今後的違法搜查時，其證據能力將被否定。參見「違法」、「非法收集證據」、「證據能力」。

8 員面調書　員警面前筆錄
指警官之中的司法警察人員（通常指巡查部長以上的人員）將在查證時，把嫌疑人或相關人員的說詞記錄下來製成文書。正式名稱為司法警察面前供述筆錄。參見「員警筆錄」。

疑わしきは罰せず→9 疑わしきは被告人の利益に

9 疑わしきは被告人の利益に　訴訟疑點利益歸於被告
此用法是從法院之方以「無罪推定之原則」來看的說法。此原則規定既然沒有達到可以容納合理的懷疑程度而無法證明有罪時，被告不應當被問罪。即僅懷疑不能定罪。參見「合理性的懷疑」、「無罪推定之原則」。

10 覚せい剤取締法違反　違反興奮劑取締法
指沒有法規之許可製作、買賣、使用或者持有興奮劑和其原料之罪。參見「藥物4法」。

11 確定的故意　確定性故意
指懷有積極性的犯罪意向。例如，想殺而殺人。參見「故意」、「未必故意（間接故意，不確定故意）」。

12 過失犯　過失犯
指沒有犯罪之意向（故意）。是因不小心而作出犯罪行為或者做出其行為人。其原則要有故意，因此過失犯之懲罰為例外（刑法38條1項）。參見「故意」、「責任主義」。

13 過剰避難　避險過當
指為避免自己或他人之生命或財產之危險而不得已所採取的行為，其行為給他人甚至第三者造成損害也超過合理性的程度。雖會被問罪但將被減輕刑罰或不罰（刑法37條1項但書）。參見「緊急避險」、「刑罰減輕」。

14 過剰防衛　防衛過當
指為要從突發的違法行為保護自己或者他人之權利而不得已作出超過合理性程度的防衛行為。即使被問罪也有可能被減輕刑罰或不罰（刑法36條2項）。參見「刑罰減輕」、「正當防衛」。

15 危険運転致死傷罪　危險駕駛致死傷罪
一般指由於駕駛機動車引發人身事故的加害人，應以機動車駕駛過失致死傷罪受懲罰；但由於喝酒或服藥而無法正常駕駛時，將受更重的懲罰。異常性的超速，無駕照開車，超車，緊靠路邊以及闖紅燈等忽視交通法規駕駛機動車時，也同樣要受嚴重懲罰（刑法208條之2）。參見「機動車駕駛過失致死傷罪」。

16 偽証罪　偽證罪
指依法宣誓的證人作虛偽陳述之罪（刑法169條）。

17 既遂　既遂
指著手犯罪行為而且發生結果。若沒發生結果即未遂，只限有特別規定時才受懲罰（刑法44條）。例如，想殺人而刺了對方，事實上造成對方死亡之結果時，是殺人罪，若對方保住生命時是殺人未遂罪。參見「未遂」。

18 起訴　起訴
指檢察官根據訊問或者偵查之結果向法院聲求懲罰嫌疑人。亦稱正式起訴或公審聲求。參見「緩起訴」、「不起訴」、「簡易起訴」。

19 偽造通貨行使罪　偽造貨幣行使罪
指行使明知是偽造的紙幣、貨幣之罪（刑法148條2項）。使用偽造的外國紙幣，貨幣時也將依照日本國的刑法懲罰（刑法149條2項）。參見「偽造貨幣罪」。

20 起訴状　起訴書
指檢察官向法院聲請審理時提交最初製成的法律文書。其起訴書上有記載被告的地址、姓名、生年月日等以外，令有表明犯罪內容的公訴事實，適用於犯罪的罪名和懲罰條款。參見「公訴事實」、「罪名」、「懲罰條款」。

21 起訴猶予　緩起訴
指檢察官訊問，偵查嫌疑人之後雖認定有犯罪行為，但根據情節不提訴。參見「起訴」、「情節」。

22 求刑　求刑
指檢察官就有關刑罰以及刑罰之輕重陳述意見。法律上雖沒有記述，但習慣上於論罪時陳述最終意見。法官於判決時可下令作出比檢察官的求刑更重的刑罰。參見「論罪」。

23 求釈明　要求解釋
指檢察官或者辯護律師或被告的主張含糊不清時，由法官提問要求解釋說明。另外由檢察官或辯護律師或被告提問對方時也是要求解釋。

24 恐喝罪　恐嚇罪
指以暴力或者威脅之手段恐嚇他人使之交付財物，取得不法利益或使第三者取得其利益之罪（刑法249條）。若其暴力行為或者威脅手段達到難以抑壓或反抗之程度時，非恐嚇罪而是強盜罪。參見「強盜罪」、「抑壓反抗」。

25 教唆犯　教唆犯
指唆使他人實行犯罪行為，或者是指實行如此唆使行為的人。是共犯的一種，原則上與實際實行行為的人同罪（刑法61條1項）。參見「共犯」。

26 供述調書　口供筆錄
指員警或檢察官把嫌疑人或者相關人員在受訊時的說詞記錄下來製成的書面。亦簡稱為筆錄。參見「員警筆錄」、「檢察官筆錄」。

27 強制わいせつ罪　強制猥褻罪
無論是同性或者異性以暴力或脅迫手段對他人實施猥褻行為之罪行。與強姦罪不一樣，暴力或者脅迫手段雖沒達到極為難以抵抗的程度也成立本罪。另外若對方未滿13歲時，雖非強迫但也要被問罪（刑法176條）。加之若對方未滿18歲時，不管互相有否同意也得以各都道府縣之青少年育成條款受懲罰。參見「強姦罪」、「致使極難反抗」。

28 強制わいせつ致死傷罪　強制猥褻致死傷罪
由於強制猥褻之既遂或者未遂而使他人死亡或受傷之罪（刑法181條1項）。參見「強制猥褻罪」。

29 共同正犯　共同正犯
指數人謀議（共謀）一起實施一個犯罪行為或指與別人謀議（共謀）之後一起實施犯罪行為的人。是共犯的一種。有時指實施共同正犯和共謀共同正犯兩種意思，有時單指實施共同正犯的意思。各人的實施行為就僅是其中之一部分也得以全體之罪行被問罪（刑法60條）。參見「共犯」、「共謀」、「共謀共同正犯」、「實行共同正犯」。

30 共犯　共犯
指數人參與一個犯罪行為或者指參與了一個犯罪行為的數人。根據參與的方法可分成共同正犯、唆使犯、從犯。參見「共同正犯」、「唆使犯」、「從犯」。

31 共謀　共謀
指與他人一起計劃決定犯罪。也包含暗中了解。參見「現場共謀」、「事前共謀」、「逐步共謀」。

32 共謀共同正犯　共謀共同正犯
指雖沒有親自實施犯罪行為，但主體性的參與犯罪之計劃並決定或者叫他人實施犯罪行為或者指叫他人實施犯罪行為的人。是共犯的一種，得與實際實施犯罪行為的人以同罪被問罪。例如，黑道組織的頭目下令叫手下的成員實行犯罪行為。參見「共同正犯」、「共犯」、「實行共同正犯」。

33 虛偽鑑定罪　虛偽鑑定罪
指依法宣誓的鑑定人作虛偽的鑑定之罪（刑法171條）。

34 虛偽通訳罪　虛偽口譯罪
指依法宣誓的口譯人作虛偽的口譯之罪（刑法171條）。

35 虛偽翻訳罪　虛偽筆譯罪
指依法宣誓的筆譯人作虛偽的筆譯之罪（刑法171條）。

挙証責任→179 立証責任

36 緊急避難　緊急避險
指為使本人或者他人的生命、財產免受危險不得已採取的行為，即使給他人甚至第三者造成損害，若該行為沒超過合理限度，則不違法（刑法37條1項）。參見「違法」、「避險過當」。

37 警察官調書　員警筆錄
指員警（司法警察或者司法巡查）訊問之後把嫌疑人或者相關人員的說詞由警察製成法律文書。參見「員警面前筆錄」、「巡警面前筆錄」。

38 刑の加重　刑罰加重
指判處比法律所規之刑罰（法定刑）更重的刑罰。例如，數罪併罰的場合（刑法47條），再犯或累犯的場合（刑法57條、59條）將會加重惩罰；但有期徒刑之加重，最長為30年（刑法14條）。參見「再犯」、「再犯加重」、「併合罪」、「法定刑」、「累犯」、「累犯加重」。

39 刑の減軽　刑罰減輕
指判處比法律上所規定之刑罰（法定刑）更輕的刑罰。例如，犯罪未遂（刑法43條）或者以酌量減輕（刑法66條）可以減輕刑罰。參見「酌定減輕」、「法定刑」、「未遂」。

40 刑の量定　酌定刑罰
指法官和陪審員決定刑罰的輕重。俗稱量刑。不服氣量刑時可以上訴或上告（刑事訴訟法381條、384條、411條2項）。參見「上訴」、「上告」。

41 検察官調書　檢察官筆錄
指檢察官訊問嫌疑人或者相關人員之後由檢察官把其人的說詞製成法律文書。亦稱為檢面筆錄，正式稱為檢察官面前供述筆錄。

検察官面前供述調書→41 検察官調書

42 現住建造物放火罪　現住建築物放火罪
指放火燒燬供人居住的建築物（當時有人或碰巧當時人不在）之罪。將被判比其他的放火罪更重的刑罰（刑法108條）。參見「非現住建築物放火罪」、「放火罪」。

43 検証　查證
指法官、檢察官、員警為查明案件調查必要的場所、物品、人物之后製成記錄（刑事訴訟法128條以下、218條以下）。檢察官或者員警查證時，原則上需要法官的令狀。所謂人身檢查是指檢查身體，出於隱私保護之觀點，法律特別規定了詳細的要件。參見「令狀」、「查證筆錄」。

44 検証調書　查證筆錄
指把查證的結果製成法律文書。參見「查證」。

45 現場共謀　現場共謀
指非事先商量犯罪計畫而是與偶然在場的人互相商量之後決定實施犯罪。參見「共謀」、「事前共謀」、「逐步共謀」。

検面調書→41 検察官調書

46 故意　故意
指犯罪意志。廣泛地包含著認識犯罪行為之結果並有接受其結果的意向。例如，積極性地想殺害他人或者認為就是他人死亡也不要緊。參見「確定性故意」、「未必故意（間接故意，不確定故意）」。

47 合意書面　合意書面
指由檢察官和辯護律師或者被告共同把有關證人將做證的內容和現場查證報告書之內容製成法律文書。其文書不受傳聞原則之限制而具有證據能力（傳聞例外）。根據該等文書可免除證人出庭（刑事訴訟法327條）。參見「現場查證報告書」、「證據能力」、「傳聞原則」、「傳聞原則例外」。

48 強姦罪　強姦罪
指施行極為難以反抗程度的暴力或威脅手段強迫女性與之性交之罪。若其女性未滿13歲時，即使不在於強迫之下也應被問罪（刑法177條）。另外對方未滿18歲時不管有無同意，依各都道府縣之青少年育成條款有可能將受懲罰。參見「致使極難反抗」。

49 強姦致死傷罪　強姦致死傷罪
指以強姦既遂或者未遂而致女性死亡或者負傷之罪（刑法181條2項）。參見「強姦罪」。

50 控訴　上訴
指對地方法院或者簡易法院的判決不服氣而往高等法院要求審理（裁判所法16條1號）。參見「上告」。

51 公訴事実　公訴事實
指檢察官於起訴書上記載相關於犯罪事實的內容。應盡量特定時間、場所以及方法並要明確具體的事實（刑事訴訟法256條3項）。但若有記載使法官懷有預先判斷之事實時，其起訴為違法（同條6項）。參見「違法」、「起訴」、「起訴書」。

拘置→61 勾留

52 拘置所　拘置所
指為拘留嫌疑人或者被告之設施。但是對於嫌疑人幾乎都被拘留在警察機關之拘留室（代用刑事設施）。參見「代用監管設施」、「扣留」。

53 強盜強姦罪　強盜強姦罪
指強盜時強姦女性之罪。若其女性死亡，該罪將更重（刑法241條）。參見「強姦罪」、「強盜罪」、「強盜致死傷罪」。

54 強盜罪　強盜罪
指使用抑壓反抗程度之暴力或者威脅手段勉強搶奪他人的財物取得不法利益或者使第三者取得其財物之罪（刑法236條）。沒有達到抑壓反抗程度之暴力或者威脅手段時，非強盜罪乃是恐嚇罪。參見「恐嚇罪」、「抑壓反抗」。

55 強盜殺人罪　強盜殺人罪
指搶劫時，故意殺人而構成強盜致死傷罪，為與非故意的情況區分，俗稱強盜殺人罪。參見「故意」、「強盜致死傷罪」、「殺人罪」。

56 強盜傷害罪　強盜傷害罪
搶劫時故意傷害他人時，為強盜致死傷罪，而為與非故意的情況區分，俗稱強盜傷害罪。參見「故意」、「強盜致死傷罪」、「傷害罪」。

57 強盜致死傷罪　強盜致死傷罪
指搶劫時，致死他人或者使他人負傷之罪（刑法240條）。但是於實際的公審中，罪名為強盜致死或強盜致傷，罰條以刑法第240條前段或者刑法第240條後段區分。是否只致傷或致死他人，另外是否有故意，量刑（刑罰量定）時將加以考慮。參見「酌定刑罰」、「故意」、「強盜殺人罪」、「強盜傷害罪」、「罪名」、「懲罰條款」。

58 公判期日　公審日期
指於法院進行公審之日期。不僅指進行公審之日期也包含宣判之日期。

公判請求→18 起訴

59 公判前整理手続　公審前準備程序
此程序是指在第一次公審期日之前，事先整理事件的論點和證據的採否等。若法官認為有必要時，可決定開始此程序(刑事訴訟法316條之2)。裁判員裁判(陪審團審判)時，一定要進行此準備程序。參見「公審日期」、「裁判員裁判(陪審團審判)」、「論點整理」。

60 合理的な疑い　合理性的懷疑
指為要認定被告有罪，一定要有一般人誰都不抱疑問的確實犯罪行為，要有其人是犯人的把握。也就是說，即使認為該人是犯人，可是例如，留有合理性的懷疑時為無罪。參見「訴訟疑點利益歸于被告」、「無罪推定之原則」。

61 勾留　扣留
指拘束嫌疑人或者被告(刑事訴訟法60條、207條)。一般也另稱為拘置或未決拘留。參見「罪證湮滅」、「拘置所」、「代用監管設施」、「折抵未決前羈押日數」。

62 拘留　拘留
指比徒刑或者禁錮更輕的刑罰。1天以上30天未滿的期間，被拘留在刑事設施(監獄或拘留所)的刑罰。參見「拘置所」、「法定刑」。

63 勾留狀　扣押證
指檢察官為扣押嫌疑人或者被告而取得法官的出面許可。參見「拘留」、「令狀」。

64 国選被害者参加弁護士　受害人參加制度國選辯護律師
指根據被害人參加公審之制度，國家為參加公審的被害人或者遺屬選任辯護律師。若無法支付辯護律師費用時，由國家支付並選任辯護律師。參見「受害人參加制度」、「受害人參加制度辯護律師」。

65 国選弁護人　國選辯護律師
指國家為被告選任辯護人(通常是律師)。在殺人等重大刑事案件時，一定要有辯護律師，若無法支付辯護律師費用時，由國家支付而選任辯護律師。參見「私選辯護律師」、「嫌疑人國選辯護律師」。

66 再現実況見分　重構現場查證
指使嫌疑人、被害人及目擊人等人臨場於犯案現場重構作案情景並作為記錄。現場

勘驗之一種。參見「現場查證」。

67 最終意見陳述　陳述最終意見
指調查完所有的證據之後，由被告陳述自己的最後意見（刑事訴訟法293條2項）。參見「最終辯論」、「論罪」。

68 最終弁論　最終辯論
指調查所有的證據之後，由辯護律師陳述最後的意見（刑事訴訟法293條2項）。亦單稱辯論。參見「陳述最終意見」、「論罪」。

69 罪証隠滅　罪證湮滅
指隱藏，變更或者銷毀犯罪證據。也包含推動使目擊人或者被害人變更供詞的行為。若嫌疑人有湮滅罪證之可能性時，可作為拘留之理由。參見「拘留」。

70 再犯　再犯
指出獄之後，在5年以內再度犯罪且定讞（刑法56條）。參見「再犯加重」、「累犯」。

71 裁判員　裁判員（陪審員）
指任意被選擇的國民與法官一起參加審理判決有罪或者無罪，若是有罪的話，決定其量刑（刑罰量定）之人員。美國的陪審員原則上只決定是否有罪，量刑則由法官決定，於是與日本的陪審員有很大區別。參見「酌定刑罰」、「裁判員裁判（陪審團審判）」。

72 裁判員裁判　裁判員裁判（陪審團審判）
指裁判員（陪審員）參加審理法庭。只以重大刑事犯罪案件為對象。原則上是被判處死刑或無期徒刑，禁錮等以及因故意犯罪而導致被害人死亡之案件等。參見「故意」、「公審前準備程序」、「裁判員（陪審員）」、「評審」。

73 再犯加重　再犯加重
再犯時原則上雖應被嚴懲，可是其範圍於法規所定的徒刑的2倍以下（刑法57條）。參見「刑罰加重」、「再犯」、「累犯加重」。

74 罪名　罪名
指殺人罪或者傷害罪等犯罪之名稱。刑法以外的法律所規定的犯罪，其法律名稱

之前將加上違反兩個字。例如，違反興奮劑取締法、違反所持槍砲刀劍類等取締法等。檢察官於起訴書上必須記載罪名(刑事訴訟法256條2項3號)。參見「起訴書」、「懲罰條款」。

75 作成の真正　製成之真實
指製成名義人事實有製成其文書。在製成名義人的同意之下，即使由他人製成的文書也可說是製成的真實。製成的真實是書面具有證據能力的必要條件(刑事訴訟法321條3項)。參見「文書製成人」、「證據能力」、「內容的真實」。

76 作成名義人　文書製成人
指被標明或者應該被標明的文書製成人。文書上即使沒有記載其姓名或者企業名也可從文書的性質上特定製成人。參見「製成之真實」。

77 殺人罪　殺人罪
指故意奪取他人生命之罪(刑法199條)。不給與需要受保護的人食物吃而致其死亡時，非保護責任者遺棄致死傷罪，也可能成為殺人罪。參見「故意」、「保護責任者遺棄致死傷罪」。

78 殺人未遂罪　殺人未遂罪
指故意想奪取他人生命而作出構成要件的行為(用刀具刺人或用槍射人等)時，雖然沒有致死對方也屬於殺人未遂罪(刑法203條)。參見「既遂」、「故意」、「未遂」。

79 自己矛盾供述　自相矛盾的供詞
指被告或者證人在審理之前接受偵訊時的說詞(員警和檢察官筆錄上記錄的內容)與審理開始之後於審理法庭的說詞互相有矛盾。參見「員警筆錄」、「檢察官筆錄」。

80 事前共謀　事前共謀
指於實際實行犯罪行為之前，事先與他人商量決定犯罪之計畫。參見「共謀」、「現場共謀」、「逐步共謀」。

81 私選弁護人　私選辯護律師
指由嫌疑人或者被告本身或其親屬(家屬)等人選任的辯護人(通常為律師)。參見「國選辯護律師」、「嫌疑人國選辯護律師」。

82 実況見分　現場查證
指與查證一樣是為了要查明案件而對必要的場所、物品和人物進行調查並記錄；但是與查證不一樣的地方是檢察官、檢察事務官、員警們在沒有令狀之下取得相關人員的同意實施的活動。參見「查證」、「重構現場查證」、「現場查證報告書」、「令狀」。

83 実況見分調書　現場查證報告書
指記錄現場勘驗結果的文書。大多不僅包括相關人員的說詞還包括相片和圖面等。參見「現場查證」、「重構現場查證」。

84 実行共同正犯　實行共同正犯
指共謀的人也參與實際的犯罪行為或指參與的人。與只參與共謀但是沒有實際參與犯罪行為(共謀共同正犯)區別使用。也單稱為共同正犯。參見「共同正犯」、「共謀」、「共謀共同正犯」。

85 執行猶予　緩刑
指宣判有罪時，暫時不執行原判的刑罰(刑法25條以下)。例如，「1年徒刑，3年緩刑」時，視其今後3年的情況，若於該期限內雖有犯新罪但是沒受到有罪的判決時，該1年懲役的判決將消滅。相反例如於緩刑期間因犯罪被判有罪時，原則上緩期執行將被取消而要服刑。

86 自動車運転過失致死傷罪　機動車駕駛過失致死傷罪
指由於機動車駕駛而引發人身事故，其原因出於駕駛員之不注意時之罪。若是輕傷時，有可能被免除刑罰(刑法211條2項)。參見「危險駕駛致死傷罪」。

87 自白　自白
指嫌疑人或者被告承認並供述犯罪行為之全部或主要部分。參見「自白之可信性」、「自白之任意性」、「承認不利益之事實」、「自認有罪」。

88 自白の信用性　自白之可信性
指有自白的任意性，認定其證據能力並且其自白內容是可信，即有證明力。參見「自白」、「自白之任意性」、「證據能力」、「證明力」。

89 自白の任意性　自白之任意性
指說詞是出於本人的意志。沒有任意性之自白，例如，在員警的嚴厲訊問之下強逼出的自白沒有證據能力（刑事訴訟法319條1項）。參見「自白」、「自白之可信性」、「證據能力」、「證明力」。

司法警察員面前供述調書→**8** 員面調書

司法巡查面前供述調書→**97** 巡面調書

90 酌量減輕　酌定減輕
指特別考慮情節而減輕刑罰（刑法66條）。參見「刑罰減輕」、「情節」、「酌量情節」。

91 集団強姦罪　集團強姦罪
指兩人以上協助一起實行強姦之罪（刑法178條之2）。參見「強姦罪」。

92 集団強姦致死傷罪　集團強姦致死傷罪
指因以集團強姦既遂或者未遂而致使女性死亡或受傷之罪（刑法181條3項）。參見「強姦致死傷罪」、「集團強姦罪」。

93 従犯　從犯
指以協助使他人容易犯罪或者協助人。亦稱為協助犯（刑法62條）。屬於共犯之一種，將比實際實施犯罪行為的人處以較輕的刑罰（刑法63條）。參見「共犯」。

94 銃砲刀剣類所持等取締法違反　違反持有槍砲刀劍類等取締法
指在無法規的許可之下持有凶器或即使有許可但是誤用時之罪。

95 主尋問　主詰問
指聲請證人訊問的檢察官或者辯護律師或者被告進行詰問。例如，檢察官所聲請的證人，一般先由檢察官進行主詰問，其次由辯護律師或者被告進行反詰問。檢察官進行覆主詰問之後由法官進行補充詰問。參見「反詰問」、「誘導詰問」。

96 順次共謀　逐步共謀
指首先A和B共謀，之後B和C共謀時，A、B、C之間將成立共謀。參見「共謀」。

97 巡面調書　巡警面前筆錄
指員警之中的司法巡查（巡查、巡查長）訊問嫌疑人或者相關人員時，把其人的說詞由司法巡查記錄下來的法律文書。正式稱為司法巡查面前口供筆錄。參見「員警筆錄」。

98 傷害罪　傷害罪
指故意傷害他人身體之罪（刑法204條）。通常因施暴所致，但是連續性的發出大聲使他人神經衰弱或者故意傳染疾病也可能成為傷害罪。另外，故意是只要認識施暴就足夠，即使無意傷害，也將成立傷害罪。參見「故意」。

99 傷害致死罪　傷害致死罪
指傷害的結果，致死他人之罪（刑法205條）。若有殺害的故意時屬於殺人罪。參見「殺人罪」、「傷害罪」。

100 障害未遂　妨礙未遂
指為與中止未遂對比，有時將一般的未遂稱為妨礙未遂。指非自己的意志而以其他之原因沒發生結果。參見「中止未遂」、「未遂」。

101 証拠開示　出示證據
指檢察官或者辯護律師或者被告將持有的證據，在於法官審理證據之前預先對對方開示。

102 上告　上告
指由於不服氣高等法院之判決而向最高法院聲請審理（裁判所法7條1號）。上告理由雖只限定於憲法違反或者對最高法院判決之違反等（刑事訴訟法405條），但是即使不該當於此限定而有法令違反時，最高法院可由自下判斷取消下級法院的判決（刑事訴訟法411條）。參見「上訴」。

103 証拠裁判主義　證據裁判主義
指唯根據有證據能力的證據才能認定犯罪行為或者犯人的規則（刑事訴訟法317條）。參見「證據能力」。

104 証拠能力　證據能力
指於審理法庭上可使用證據。法律規定證據能力成為問題的種種場合，例如，非法收集證據，傳聞證據等（刑事訴訟法319條以下）。參見「非法收集證據」、「非法收

集證據排除法則」、「傳聞證據」、「傳聞原則」。

105 情状　情節
指量刑（刑罰之量定）時考慮的各種相關的情況。不管對被告是否有利。在決定是否起訴嫌疑人時考慮的情況也稱為情節。參見「一般情節」、「起訴」、「緩起訴」、「酌定刑罰」、「酌量減輕」、「酌量情節」、「犯情」。

106 情状酌量　酌量情節
指考慮情節。一般而言，雖用於與其結果減輕刑罰（酌量減輕）相同的意思，但於法律上有分別。參見「刑罰減輕」、「酌定減輕」、「情節」。

107 上訴　上訴
將控訴與上告概括起來稱作上訴，但兩者之間大有分別。參見「上告」。

108 焼損　燒燬
指為成立放火罪，必須要能說建築物「燒毀了」。法律上稱為燒燬。參見「放火罪」。

109 証人威迫罪　脅迫證人罪
指對知道自己或者他人之犯罪行為的人或者其親人，要求見面或者進行威脅的犯罪（刑法105條之2）。

証明責任→179 立証責任

110 証明予定事實記載書　記載預定證明事實文書
指於準備程序庭上，為預先告知檢察官想預定證明的事實而提出的文書（刑事訴訟法316條之13）。以此開始整理論點以及採否的證據。參見「公審前準備程序」、「論點整理」。

111 証明力　證明力
指若於審理能使用證據時，即具有證據能力時，其證據有助於法官認定事實之程度。考慮證據本身之可信程度以及與將依其證據可證明的程度評估其證明力。參見「證據能力」、「補強證據」、「彈劾證據」。

112 職権　職權
指不依檢察官或者辯護律師或者被告之申述而由法官獨立判斷處分或下令。

113 心神耗弱　精神障礙
指因疾病，飲酒等引起一時性精神障礙或者酒精依賴症以及老化等致於慢性精神障礙而陷於無法分辨善惡或者極為難以正常判斷行動之狀。像其人之犯罪行為被評估是由於責任能力顯著減低而導致，將減輕刑罰（刑法39條2項）。參見「刑罰減輕」、「精神失常」、「精神失常者醫療觀察法」、「責任能力」。

114 心神喪失　精神失常
指比心神耗弱症狀更重，陷於完全無法分別善惡或者在失去判斷能力之下的犯罪行為。被評估為是沒有責任能力之狀（刑法39條1項）於是不能問罪。參見「精神障礙」、「精神失常者醫療觀察法」、「責任能力」。

115 心神喪失者医療観察法　精神失常者醫療觀察法
指針對雖是該當於重大犯罪行為者，但是以精神失常或者精神障礙為由不起訴或不罰，法律規定處置其人於精神病院加以治療等措施之義務。參見「精神障礙」、「精神失常」、「不起訴」。

116 人身売買罪　販賣人口罪
指買賣人口罪（刑法226條之2）。掠取或者誘拐不是構成要件。參見「綁架」、「拐騙」。

推定無罪→173 無罪推定の原則

正式起訴→18 起訴

117 正当防衛　正當防衛
對突然遭遇之違法行為，為保護自己或者他人之權力，在無法之下採取的防衛行為，若是沒超過合理性之程度時，不違法（刑法36條1項）。參見「違法」、「防衛過當」。

118 責任主義　責任主義
指原則上無故意者，不罰（刑法38條1項）。例外為過失犯。參見「過失犯」、「故意」。

119 責任能力　責任能力
指能承擔刑事責任能力。沒有責任能力者，不罰。例如，精神失常者(刑法39條1項)或者未滿14歲的兒童(刑法41條)等。責任能力不全者，減輕其刑(刑罰減輕)，例如，精神障礙者(刑法39條2項)。參見「刑罰減輕」、「精神障礙」、「精神失常」。

120 接見　會見
指與被拘留或者被逮捕的嫌疑人或者被告會面。尤其是與辯護律師接見，被認為是最重要最基本的權利。參見「扣留」、「禁止會見」。

121 接見禁止　禁止會見
指嫌疑人或者被告若有逃逸或湮滅證據之虞時，除辯護律師以外，法官禁止與嫌疑人或者被告接見或者受授物品(刑事訴訟法81條)。參見「罪證毀滅」、「會見」。

122 窃盗罪　盜竊罪
把他人的物品在沒有得到了解之下奪取作為自己的物品之犯罪行為(刑法235條)。屆時若有一定的程度以上的強暴、脅迫，非盜竊罪，是恐嚇罪或者盜罪。參見「恐嚇罪」、「強盜罪」。

123 前科　前科
指有受宣告有期徒刑以上之判決，有定罪之經歷。參見「再犯」、「前科記錄」、「前歷」、「累犯」。

124 前科調書　前科記錄
指記載被告的前科記錄。一般而言，由檢察事務官製成有記載前科之罪名及判決日期等。參見「罪名」、「前科」。

125 前歷　前歷
雖不該當於前科；但以往有以犯罪嫌疑接受偵訊或有被收容於少年院的經歷。於警察機關也有前歷的記錄，於刑事裁判時，往往以證據提出。參見「前科」、「前科記錄」。

126 訴因変更　訴之變更
指與起訴狀上所記載的犯罪(公訴事實)保持同一性同時追加、撤回、變更其重要

事實。在審理過程中，起訴狀上所記載的犯罪事實與可能在審理中被認定的犯罪事實之間有所不同時，將進行訴因變更。由檢察官提出聲請後由法官批準或法官憑職權下令等兩種情況（刑事訴訟法312條1項，2項）。參見「起訴書」、「公訴事實」、「職權」。

127 増強証拠　補強證據
指補強或擔保主證據證明力之其他證據。參見「證明力」、「彈劾證據」。

128 捜索・差押許可状　搜索、查封許可票
指員警或者檢察官為搜查建築物等處所或者查封證據而得取得法官的許可票。於藥物4法的違反事件，強行使用導尿管抽取嫌疑人之尿液時，需要搜索、查封許可票。參見「導尿管」、「藥物4法」、「令狀」。

129 争点整理　論點整理
指整理審理時爭論的要點。多半是在公審前的準備程序庭進行，但是另外也進行。參見「公審前準備程序」。

130 訴訟指揮　訴訟指揮
指為使審理程序能妥善進行而賦予審判長得採取適切處置之訴訟主宰的權能（刑事訴訟法294條）。

131 即決裁判　速決裁判
指重大犯罪以外於犯罪事實沒有爭論之事件，原則上在1次公審日期時就進行宣判的簡易審理程序。其特徵在於刑罰等判決一定要附有緩刑。多利用於被告是個外國人，其人所犯的逾期居留案件。參見「公審日期」、「緩刑」。

132 逮捕状　逮捕證
指員警為逮捕嫌疑人取得法官的許可票。參見「令狀」。

133 大麻取締法違反　違反大麻取締法
指未經法規之許可，栽培、販賣、購買、使用或者持有大麻的犯罪。參見「藥物4法」。

134 代用刑事施設　代用監管設施
指逮捕嫌疑人或者被告時，原本應拘留在拘置所裡，但是大部分情況尤其是嫌疑

人被拘留在警察機關裡面的代用刑事設施。俗稱為留置場或留置設施。參見「拘置所」、「拘留」。

135 弾劾証拠　彈劾證據
指證明對方的證據證明力稀薄的其他證據。參見「證明力」、「補強證據」。

136 中止未遂　中止未遂
即使未遂也要被懲罰時，若以自己的意志中止行為時，將減輕或者免除刑罰（刑法43條附言）。亦稱中止犯。參見「刑罰減輕」、「妨礙未遂」、「未遂」。

中止犯→136 中止未遂

調書→26 供述調書

137 通貨偽造罪　偽造貨幣罪
指為自己或者為他人以使用為目的偽造紙幣或者貨幣的罪行（刑法148條1項）。偽造外國貨幣時照常依日本国刑法懲罰（刑法149條1項）。參見「偽造通貨行使罪」。

138 伝聞供述　傳聞供述
指供述他人的説詞。例如，證人於審理法庭上作證説：「案發第二天，我聽被告説：『犯人是我』」。是傳聞證據之一種。參見「傳聞證據」、「傳聞原則」。

139 伝聞証拠　傳聞證據
指把於審判之外的説詞製成口供筆錄等文書或者供述於審判之外聽到的發言（傳聞口供）時，稱此些文書或者口供為傳聞證據。參見「口供筆錄」、「傳聞供述」、「傳聞原則」。

伝聞証拠禁止の原則→140 伝聞法則

140 伝聞法則　傳聞原則
指傳聞陳述等傳聞證據在傳聞之間大有錯誤之虞，於是原則上不能使用於審判即沒有證據能力的規則（刑事訴訟法320條）。另外也稱為傳聞證據禁止之原則。參見「證據能力」、「傳聞供述」、「傳聞證據」、「傳聞原則例外」。

141 伝聞例外　傳聞原則例外
指傳聞陳述等傳聞證據作為例外承認其證據能力的條件由法律明文規定（刑事訴訟法321條以下）。稱此樣的傳聞原則之例外為傳聞例外。參見「證據能力」、「傳聞供述」、「傳聞證據」、「傳聞原則」。

142 同意部分　同意部分
指檢察官聲請調查證據時，審判長得徵求辯護律師或者被告的意見。相反時也同樣。其證據是文書而對方只有同意其中之一部分時，稱該部分為同意部分。一般先調查同意部分。參見「不同意部分」。

143 導尿管　導尿管
指於藥物4法違反事件，嫌疑人拒絕提出尿液時，在取得搜索、扣押許可證，插入嫌疑人之尿道而強行抽取尿液的導管。參見「搜索、查封許可票」、「藥物4法」。

144 特信情況　特信情況
指有關員警筆錄或者檢察官筆錄等傳聞證據，例外性的以證據能力，即以認定為傳聞例外條件之一，有「應該信任之特別情況」（刑事訴訟法312條1項2號、同項3號）。俗稱為特信情況或者特信性。參見「員警筆錄」、「檢察官筆錄」、「傳聞證據」、「傳聞原則例外」。

特信性→144 特信情況

145 內容の真正　內容之真實
指文書上所記載的內容是真實。參見「製成之真實」。

146 罰条　懲罰條款
指對應罪名的法律條文，例如，殺人罪是刑法第199條、傷害罪是刑法第204條等。檢察官製成的起訴書上面得記載罪名與懲罰條款（刑事訴訟法256條4項）。參見「起訴書」、「罪名」。

147 反抗を著しく困難にする　致使極難反抗
指妨礙被害人之抵抗手段，而由強姦罪的加害人的施暴或威脅的程度。低於抑壓反抗的程度也好，但是一定要有相當強烈的意思將可以使用此詞語。參見「強姦罪」、「抑壓反抗」。

148 反抗を抑圧する　抑壓反抗
指妨礙被害人之抵抗手段而由強盜罪的加害人的施暴或威脅程度。以暴力或威脅強行奪取財物的行為中，若其暴力或者威脅已達到足以抑壓反抗之程度時為強盜罪，未達到其程度時，則為恐嚇罪。參見「恐嚇罪」、「強盜罪」、「致使極難反抗」。

149 犯情　犯情
指情節中，犯罪的動機或犯罪狀況等。參見「一般情節」、「情節」。

150 反対尋問　反詰問
指由非聲請證人詢問之方進行訊問。例如，由檢察官進行訊問檢方聲請的證人之後由辯護律師或者被告進行反詰問。參見「主詰問」、「誘導詰問」。

151 被害者参加制度　受害人參加制度
指一定的重大犯罪之被害人或者親屬等，依法官之決定於公審日期出席公審庭提問被告等，參加審理的制度。參見「公審日期」、「受害人參加制度國選辯護律師」、「受害人參加制度辯護律師」。

152 被害者参加弁護士　受害人參加制度辯護律師
指基於被害人或者遺族參加之制度，出席公審庭的被害人或者遺族選任的辯護律師。參見「受害人參加制度國選辯護律師」、「受害人參加制度」。

153 被疑者国選弁護人　嫌疑人國選辯護律師
指以國費為嫌疑人選任辯護律師（通常是律師）。但其要件規定要有一定程度以上的嚴重刑罰之犯罪嫌疑（刑事訴訟法37條之2）。參見「國選辯護律師」、「私選辯護律師」。

154 非現住建造物放火罪　非現住建築物放火罪
指放火燒毀現非供人居住而且實際現無人在內的建築物的罪行。雖比現住建築物等放火罪輕刑；但比除建築物以外的放火罪重刑。參見「現住建築物放火罪」、「放火罪」。

155 評議　評審
指在裁判員裁判（陪審團審判）審理程序中，根據於公審庭之結果，由3名法官與6名裁判員（陪審員）在別的房間進行議論，稱此為評審。法規禁止洩漏評審的秘密（禁止洩漏評審之秘密）(有關陪審員參加刑事裁判之法律70條)。參見「裁判員（陪

審員)」、「裁判員裁判(陪審團審判)」。

156 不起訴　不起訴
指雖以犯罪之嫌疑受偵訊，但是沒有被認定有犯罪或查明另有犯人或者被判斷為可成立正當防衛或者緊急避險時，檢察官決定不起訴即作出不起訴之決定。參見「起訴」、「緊急避險」、「正當防衛」。

157 不規則発言　不適當發言
指在刑事審理程序中，審判長(庭長)的訴訟指揮權限被廣泛認可。於是，若有影響審理進行之不妥善的發言時，有可能以訴訟指揮權限被制止。若不服從時，有可能被命令退出法庭。例如此樣的發言一般稱為不規則發言，但是也可對審判長(庭長)的處分提出異議。參見「提出異議」、「訴訟指揮」。

158 不同意部分　不同意部分
指檢察官要求調查證據時，法官得徵求辯護律師或者被告的意見。相反時也同樣。其證據是文書而只有其中之一部分未能得到對方的同意時，稱該部分為不同意部分。參見「同意部分」、「承認不利益之事實」。

159 不利益事実の承認　承認不利益之事實
指承認犯罪行為之全部或一部分，間接承認可以看出犯罪行為的事實。不僅包括自首或者自認有罪，還廣泛包括被告供述對自己不利的事實。被告的口供筆錄中含有不利事實的承認時，即使辯護律師提出不同意的意見，原則上被認為有證據能力(刑事訴訟法322條1項)。參見「口供筆錄」、「自白」、「證據能力」、「不同意部分」、「自認有罪」。

160 併合罪　併合罪
指裁判確定前犯數罪者，併合處罰之(刑法45條)。原則上併合之後以一刑罰定刑(刑法46條～53條)。參見「刑罰加重」。

161 弁護人　辯護律師
指為嫌疑人或者被告提供辯護的人。通常指律師(刑事訴訟法31條)。參見「受害人參加制度國選辯護律師」、「國選辯護律師」、「私選辯護律師」、「受害人參加制度辯護律師」、「嫌疑人國選辯護律師」。

162 放火罪　放火罪
ほう か ざい

指放火燒毀建築物或其他物品之罪。根據放火的對象之不同，其犯罪之要件、刑罰之輕重也不一樣。參見「現住建築物放火罪」、「燒毀」、「非現住建築物放火罪」。

幇助犯→93 從犯
ほうじょはん　　　じゅうはん

163 法定刑　法定刑
ほうていけい

指法律規定的刑罰。法定刑大多規定有多種類型，法官可從中選擇。另外懲役也有規定期間的幅度。法定刑之種類有死刑、懲役、監禁、罰金、拘留等（刑法9條）。懲役、監禁有無期或者有期（刑法12～14條）。

164 冒頭陳述　開庭陳述
ぼうとうちんじゅつ

指檢察官朗讀起訴書以後，在調查證據之開頭，陳述想要證明的內容（刑事訴訟法296條）。若辯護律師或者被告有爭議的時候，經法官之許可也可以進行開庭陳述（刑事訴訟規則198條）。參見「起訴書」。

165 法令違反　違反法令
ほうれい い はん

一般與違法之意思同樣，可是程序上沒有違反刑事訴訟法或者刑法等法律的適用或者解釋沒有錯誤時，很明顯判決的結果將會不同。該情況下可以上訴（控訴）（刑事訴訟法379條、380條）。另外即使不屬於上訴（上告）理由（刑事訴訟法405條），也可以以法令違反為理由而撤消高等法院之判決（刑事訴訟法411條）。參見「違法」、「上訴」、「上告」。

166 保護責任者遺棄罪　保護責任者遺棄罪
ほ ご せきにんしゃ い き ざい

把幼兒、老人、病人等需要加以保護的人遺棄或者故意不加以照顧時，要負保護義務的人要被問罪（刑法218條）。

167 保護責任者遺棄致死傷罪　保護責任者遺棄致死傷罪
ほ ご せきにんしゃ い き ち し しょうざい

保護責任者遺棄之結果使需要加以保護的人死亡或者負傷時，要負保護義務的人要被問罪。法律規定要判處比通常傷害罪或傷害致死罪判處更重的刑罰（刑法219條）。參見「傷害罪」、「傷害致死罪」、「保護責任者遺棄罪」。

168 麻藥及び向精神藥取締法違反　違反麻醉藥品及精神藥品取締法
ま やくおよ　こうせいしんやくとりしまりほう い はん

指未經法律規定的許可，生產、買賣、使用或者持有麻醉藥品以及向精神藥品（海洛因、可卡因、LSD等）之罪。參見「藥物4法」。

169 麻薬特例法違反　違反麻醉藥品特例法
指有關藥物4法，為符合國際條約之規定，強化規制內容而制定的法律。正式名稱為「在國際性的協力之下，策劃防止助長等有關規制藥物的不正行為之麻醉藥品以及有關精神藥品取締法等之特例等法律」。參見「藥物4法」。

未決勾留→61 勾留

170 未決勾留日数の算入　折抵未決前羈押日數
指宣判有罪判決時，把截至到宣判為止被拘留的日數之全部或一部分折抵懲役裡面（刑法21條）。例如，1年的懲役確定時，判決書上若有記載「折抵未決前羈押日數之中的60天於本刑」時，表示1年的懲役之中60天已服刑。參見「扣留」。

171 未遂　未遂
指雖著手犯罪行為，但沒發生結果。只在法律有特別規定時，才被處罰（刑法44條）。另外受罰時，將減輕或者免除刑罰（刑法43條）。例如，雖以殺人意志用刀具刺人家胸部，但是保住其性命時，不成立殺人罪，乃成立殺人未遂罪。以沒發生結果為由，將分為障礙未遂或中止未遂。參見「既遂」、「刑罰減輕」、「妨礙未遂」、「中止未遂」。

172 未必の故意　未必故意（間接故意，不確定故意）
指雖沒想到確實會招出某種結果；但認為即使招出結果也沒辦法。例如，雖沒想到對方一定會死亡；但一面認為萬一對方死亡也沒辦法，一面使用鈍器毆打對方時，雖沒有確定性的故意；但是由於有未必故意，因此若致死對方時，將成立殺人罪。參見「確定性故意」、「故意」。

173 無罪推定の原則　無罪推定之原則
此原則指僅是懷疑時為被告之利益，是以被告之立場所表現。其規定即無可容納合理性之懷疑程度，即無法證明有罪時，不問罪。也稱為推定無罪。參見「訴訟疑點利益歸于被告」、「合理性的懷疑」。

174 黙秘権　緘默權
指犯罪嫌疑人或者被告不被逼供（憲法38條1項、刑事訴訟法198條2項、311條1項）。可始終保持沉默，即使保持沉默也不成為被告之不利益。參見「承認不利益之事實」。

175 薬物４法　藥物４法
綜合鴉片法、興奮劑取締法、大麻取締法、麻醉藥品以及精神藥品取締法一般稱為藥物４法。參見「違反鴉片法」、「違反興奮劑取締法」、「違反大麻取締法」、「違反麻醉藥品以及精神藥品取締法」、「違反麻醉藥品特例法」。

176 誘拐　拐騙
指欺騙或者誘惑他人置於自己的支配下。參見「綁架」、「綁架拐騙罪」。

177 有罪の自認　自認有罪
指被告自認有罪。嚴格來說雖與自白不同；但法律上與自白同樣處理（刑事訴訟法319條3項）。參見「自白」、「承認不利益之事實」。

178 誘導尋問　誘導詰問
指包含在對證人發問或者對被告訊問時，訊問者的檢察官或者辯護律師或者被告明示或暗示期待可以得到想要的答案。原則上禁止在主詰問中進行誘導詰問（刑事訴訟規則199條之3），於是若例如此詰問或發問時，對方經常會提出異議。參見「提出異議」、「主詰問」、「反詰問」。

179 立証責任　舉證責任
指運用證據證明的責任。負有證明責任的一方面的當事人，若無法證明將承擔不利。犯罪之證明責任由檢察官負責，於是假若檢察官無法證明到不容合理性的懷疑程度時，將會承擔不利的結果即被判無罪。參見「合理性的懷疑」、「無罪推定之原則」。

180 略式起訴　簡易起訴
指檢察官訊問嫌疑人，其結果雖判斷認為有犯罪行為，但是不正式起訴而以書狀罰款。參見「起訴」。

181 略取　綁架
指以暴力或威脅的行為強力領走他人。參見「綁架」、「綁架拐騙罪」。

182 略取誘拐罪　綁架拐騙罪
指掠取或者誘拐他人之罪。若其對象是未成年的孩子即是未成年掠取誘拐罪（刑法224條）。若其對象是成人並以營利為目的（刑法225條）或者以贖金為目的（刑

法225條之2）或者以帶出海外為目的（刑法226條）即構成犯罪。參見「販賣人口罪」、「拐騙」、「綁架」。

留置施設→*134* 代用刑事施設

留置場→*134* 代用刑事施設

量刑→*40* 刑の量定

183 累犯　累犯
把再犯、3犯、4犯等，在前次之服刑以後，在一定期限內再度犯罪總稱為纍犯。參見「再犯」、「累犯加重」。

184 累犯加重　累犯加重
以纍犯為理由加重刑罰（刑法56～59條）。再犯時稱為再犯加重，可是包含3犯以上時則稱為纍犯加重。參見「刑罰加重」、「再犯」、「再犯加重」、「累犯」。

185 令狀　令狀
總稱員警或者檢察官為了執行逮捕、拘留、搜索以及查封等強制行為時取得法官的許可之書面為令狀。參見「扣押證」、「搜索、查封許可票」、「逮捕證」。

186 連日開廷　連日開庭
一般的刑事裁判，於第1次公審開庭之後，通常每間隔1～4週開一次審理法庭。對此裁判員裁判（陪審團審判），為了減輕裁判員（陪審員）的負擔，從第1次公審庭之後連日開庭。即稱此為連日開庭。參見「公審日期」、「裁判員（陪審員）」、「裁判員裁判（陪審団審判）」。

187 論告　論罪
指在調查完了所有的證據之後，由檢察官陳述最後的意見（刑事訴訟法293條1項）。參見「陳述最終意見」、「最終辯論」。

中国語［繁体字］索引

B

綁架　略取（りゃくしゅ）
綁架拐騙罪　略取誘拐罪（りゃくしゅゆうかいざい）
保護責任者遺棄致死傷罪　保護責任者遺棄致死傷罪（ほごせきにんしゃいきちししょうざい）
保護責任者遺棄罪　保護責任者遺棄罪（ほごせきにんしゃいきざい）
辯護律師　弁護人（べんごにん）
避險過當　過剰避難（かじょうひなん）
併合罪　併合罪（へいごうざい）
補強證據　増強証拠（ぞうきょうしょうこ）
不起訴　不起訴（ふきそ）
不適當發言　不規則発言（ふきそくはつげん）
不同意部分　不同意部分（ふどういぶぶん）

C

裁判員（陪審員）　裁判員（さいばんいん）
裁判員裁判（陪審團審判）　裁判員裁判（さいばんいんさいばん）
査證　検証（けんしょう）
査證筆錄　検証調書（けんしょうちょうしょ）
懲罰條款　罰条（ばつじょう）
承認不利益之事實　不利益事実の承認（ふりえきじじつのしょうにん）
陳述最終意見　最終意見陳述（さいしゅういけんちんじゅつ）
重構現場査證　再現実況見分（さいげんじっきょうけんぶん）
傳聞供述　伝聞供述（でんぶんきょうじゅつ）
傳聞原則　伝聞法則（でんぶんほうそく）
傳聞原則例外　伝聞例外（でんぶんれいがい）
傳聞證據　伝聞証拠（でんぶんしょうこ）
出示證據　証拠開示（しょうこかいじ）
從犯　従犯（じゅうはん）

D

逮捕證　逮捕状（たいほじょう）
代用監管設施　代用刑事施設（だいようけいじしせつ）
導尿管　導尿管（どうにょうかん）
盜竊罪　窃盗罪（せっとうざい）

F

法定刑　法定刑（ほうていけい）
妨礙未遂　障害未遂（しょうがいみすい）
放火罪　放火罪（ほうかざい）
防衛過當　過剰防衛（かじょうぼうえい）
販賣人口罪　人身売買罪（じんしんばいばいざい）
反詰問　反対尋問（はんたいじんもん）
犯情　犯情（はんじょう）
妨礙未遂　障害未遂（しょうがいみすい）
非法收集證據　違法収集証拠（いほうしゅうしゅうしょうこ）
非法收集證據排除法則　違法収集証拠排除法則（いほうしゅうしゅうしょうこはいじょほうそく）
非現住建築物放火罪　非現住建造物放火罪（ひげんじゅうけんぞうぶつほうかざい）

G

共犯　共犯（きょうはん）
共謀　共謀（きょうぼう）
共謀共同正犯　共謀共同正犯（きょうぼうきょうどうせいはん）
公審前準備程序　公判前整理手続（こうはんぜんせいりてつづき）
公審日期　公判期日（こうはんきじつ）
公訴事實　公訴事実（こうそじじつ）
共同正犯　共同正犯（きょうどうせいはん）
過失犯　過失犯（かしつはん）
國選辯護律師　国選弁護人（こくせんべんごにん）
故意　故意（こい）
拐騙　誘拐（ゆうかい）

H

合理性的懷疑　合理的な疑い（ごうりてきなうたがい）
合意書面　合意書面（ごういしょめん）
緩起訴　起訴猶予（きそゆうよ）

141

緩刑　執行猶予(しっこうゆうよ)
會見　接見(せっけん)

J

檢察官筆錄　検察官調書(けんさつかんちょうしょ)
緘默權　黙秘権(もくひけん)
簡易起訴　略式起訴(りゃくしききそ)
教唆犯　教唆犯(きょうさはん)
機動車駕駛過失致死傷罪　自動車運転過失致死傷罪(じどうしゃうんてんかしつちししょうざい)
精神失常　心神喪失(しんしんそうしつ)
精神失常者醫療觀察法　心神喪失者医療観察法(しんしんそうしつしゃいりょうかんさつほう)
精神障礙　心神耗弱(しんしんこうじゃく)
緊急避險　緊急避難(きんきゅうひなん)
禁止會見　接見禁止(せっけんきんし)
既遂　既遂(きすい)
集團強姦致死傷罪　集団強姦致死傷罪(しゅうだんごうかんちししょうざい)
集團強姦罪　集団強姦罪(しゅうだんごうかんざい)
記載預定證明事實文書　証明予定事実記載書(しょうめいよていじじつきさいしょ)
拘留　拘留(こうりゅう)
舉證責任　立証責任(りっしょうせきにん)
拘置所　拘置所(こうちしょ)

K

開庭陳述　冒頭陳述(ぼうとうちんじゅつ)
恐嚇罪　恐喝罪(きょうかつざい)
口供筆錄　供述調書(きょうじゅつちょうしょ)
扣留　勾留(こうりゅう)
扣押證　勾留状(こうりゅうじょう)

L

累犯　累犯(るいはん)
累犯加重　累犯加重(るいはんかじゅう)
連日開庭　連日開廷(れんじつかいてい)
令狀　令状(れいじょう)
論點整理　争点整理(そうてんせいり)

論罪　論告(ろんこく)

N

內容之真實　内容の真正(ないようのしんせい)

P

評審　評議(ひょうぎ)

Q

強盜強姦罪　強盗強姦罪(ごうとうごうかんざい)
強盜傷害罪　強盗傷害罪(ごうとうしょうがいざい)
強盜殺人罪　強盗殺人罪(ごうとうさつじんざい)
強盜致死傷罪　強盗致死傷罪(ごうとうちししょうざい)
強盜罪　強盗罪(ごうとうざい)
強姦致死傷罪　強姦致死傷罪(ごうかんちししょうざい)
強姦罪　強姦罪(ごうかんざい)
強制猥褻致死傷罪　強制わいせつ致死傷罪(きょうせいわいせつちししょうざい)
前科　前科(ぜんか)
前科記錄　前科調書(ぜんかちょうしょ)
前歷　前歴(ぜんれき)
強制猥褻罪　強制わいせつ罪(きょうせいわいせつざい)
情節　情状(じょうじょう)
起訴　起訴(きそ)
起訴書　起訴状(きそじょう)
求刑　求刑(きゅうけい)
確定性故意　確定的故意(かくていてきこい)

S

上告　上告(じょうこく)
傷害罪　傷害罪(しょうがいざい)
傷害致死罪　傷害致死罪(しょうがいちしざい)
上訴　控訴(こうそ)，上訴(じょうそ)
燒燬　焼損(しょうそん)
殺人罪　殺人罪(さつじんざい)
殺人未遂罪　殺人未遂罪(さつじんみすいざい)
事前共謀　事前共謀(じぜんきょうぼう)

實行共同正犯　実行共同正犯(じっこうきょうどうせいはん)
受害人參加制度國選辯護律師　国選被害者参加弁護士(こくせんひがいしゃさんかべんごし)
受害人參加制度　被害者参加制度(ひがいしゃさんかせいど)
受害人參加制度辯護律師　被害者参加弁護士(ひがいしゃさんかべんごし)
私選辯護律師　私選弁護人(しせんべんごにん)
搜索、查封許可票　捜索・差押許可状(そうさくさしおさえきょかじょう)
速決裁判　即決裁判(そっけつさいばん)
訴訟指揮　訴訟指揮(そしょうしき)
訴訟疑點利益歸於被告　疑わしきは被告人の利益に(うたがわしきはひこくにんのりえきに)
訴之變更　訴因変更(そいんへんこう)

T

彈劾證據　弾劾証拠(だんがいしょうこ)
特信情況　特信情況(とくしんじょうきょう)
提出異議　異議の申立て(いぎのもうしたて)
同意部分　同意部分(どういぶぶん)

W

未必故意(間接故意，不確定故意)　未必の故意(みひつのこい)
違法　違法(いほう)
違反大麻取締法　大麻取締法違反(たいまとりしまりほういはん)
違反持有槍砲刀劍類等取締法　銃砲刀剣類所持等取締法違反(じゅうほうとうけんるいしょじとうとりしまりほういはん)
違反法令　法令違反(ほうれいいはん)
違反麻醉藥品及精神藥品取締法　麻薬及び向精神薬取締法違反(まやくおよびこうせいしんやくとりしまりほういはん)
違反麻醉藥品特例法　麻薬特例法違反(まやくとくれいほういはん)
違反興奮劑取締法　覚せい剤取締法違反(かくせいざいとりしまりほういはん)

違反鴉片法　あへん法違反(あへんほういはん)
未遂　未遂(みすい)
危險駕駛致死傷罪　危険運転致死傷罪(きけんうんてんちししょうざい)
偽造貨幣行使罪　偽造通貨行使罪(ぎぞうつうかこうしざい)
偽造貨幣罪　通貨偽造罪(つうかぎぞうざい)
偽證罪　偽証罪(ぎしょうざい)
文書製成人　作成名義人(さくせいめいぎにん)
無罪推定之原則　無罪推定の原則(むざいすいていのげんそく)

X

現場共謀　現場共謀(げんばきょうぼう)
現場查證　実況見分(じっきょうけんぶん)
現場查證報告書　実況見分調書(じっきょうけんぶんちょうしょ)
嫌疑人國選辯護律師　被疑者国選弁護人(ひぎしゃこくせんべんごにん)
現住建築物放火罪　現住建造物放火罪(げんじゅうけんぞうぶつほうかざい)
脅迫證人罪　証人威迫罪(しょうにんいはくざい)
刑罰減輕　刑の減軽(けいのげんけい)
刑罰加重　刑の加重(けいのかじゅう)
巡警面前筆錄　巡面調書(じゅんめんちょうしょ)
虛偽筆譯罪　虚偽翻訳罪(きょぎほんやくざい)
虛偽鑑定罪　虚偽鑑定罪(きょぎかんていざい)
虛偽口譯罪　虚偽通訳罪(きょぎつうやくざい)

Y

要求解釋　求釈明(きゅうしゃくめい)
藥物4法　薬物4法(やくぶつよんほう)
一般情節　一般情状(いっぱんじょうじょう)
遺失物等侵佔罪　遺失物等横領罪(いしつぶつとうおうりょうざい)
抑壓反抗　反抗を抑圧する(はんこうをよくあつする)
誘導詰問　誘導尋問(ゆうどうじんもん)
員警筆錄　警察官調書(けいさつかんちょうしょ)
員警面前筆錄　員面調書(いんめんちょうしょ)

Z

再犯　再犯(さいはん)

再犯加重　再犯加重(さいはんかじゅう)

責任能力　責任能力(せきにんのうりょく)

責任主義　責任主義(せきにんしゅぎ)

折抵未決前羈押日數　未決勾留日数の算入(みけつこうりゅうにっすうのさんにゅう)

正當防衛　正当防衛(せいとうぼうえい)

證據裁判主義　証拠裁判主義(しょうこさいばんしゅぎ)

證據能力　証拠能力(しょうこのうりょく)

證明力　証明力(しょうめいりょく)

製成之真實　作成の真正(さくせいのしんせい)

職權　職権(しょっけん)

致使極難反抗　反抗を著しく困難にする(はんこうをいちじるしくこんなんにする)

中止未遂　中止未遂(ちゅうしみすい)

主詰問　主尋問(しゅじんもん)

酌定減輕　酌量減軽(しゃくりょうげんけい)

酌定刑罰　刑の量定(けいのりょうてい)

酌量情節　情状酌量(じょうじょうしゃくりょう)

自白　自白(じはく)

自白之可信性　自白の信用性(じはくのしんようせい)

自白之任意性　自白の任意性(じはくのにんいせい)

自認有罪　有罪の自認(ゆうざいのじにん)

自相矛盾的供詞　自己矛盾供述(じこむじゅんきょうじゅつ)

逐步共謀　順次共謀(じゅんじきょうぼう)

罪名　罪名(ざいめい)

罪證湮滅　罪証隠滅(ざいしょういんめつ)

最終辯論　最終弁論(さいしゅうべんろん)

中国語［繁体字］参考文献

江英居（1985）『中国刑法―原文読解と注釈』公論社

大阪弁護士会編（1992）『18言語の外国人人権ハンドブック』明石書店

川原祥史編著（2006）『中国語警察用語小辞典』国際語学社

呼美蘭（2006）『中国語の司法通訳―読んでわかる通訳の仕事』白帝社

最高裁判所事務総局家庭局監修（2008）『少年審判通訳ハンドブック【中国語】〔第3版〕』法曹会

最高裁判所事務総局刑事局監修（1997）『法廷通訳ハンドブック【中国語】〔補訂版〕』法曹会

最高裁判所事務総局刑事局監修（1998）『法廷通訳ハンドブック 実践編【中国語】』法曹会

最高裁判所事務総局刑事局監修（2010）『法廷通訳ハンドブック 実践編【中国語】〔改訂版〕』法曹会

ザウ=イーファー（2003）『中国語〈司法通訳〉ハンドブック―状況別よく使われる表現と基礎知識』明日香出版社

法務省刑事局外国法令研究会編（1991）『法律用語対訳集 中国語編』商事法務研究会

法務省刑事局外国法令研究会編（1999）『法律用語対訳集 中国語（広東語）編』商事法務研究会

畑中和夫・王家福・肖賢富・孫新編（1997）『国際比較法シリーズ別冊 中日・日中法律用語辞典』晃洋書房

张明楷訳（2006）『日本刑法典』法律出版社

吴之荣・李孙华・周蕴石编（1999）『详解日汉词典』北京初版社出版

魏游（2006）『日中・中日双解法律用语词典』法律出版社

韓国・朝鮮語

선　서

양심에 따라, 성실하게 통역하는 것을 맹세합니다.

통역인

1 あへん法違反　아편법위반

법률에 규정된 허가를 받지 않고 양귀비를 재배하거나 아편을 제조·판매·구입·사용·소지한 죄입니다.「약물4법」도 참조해 주십시오.

2 異議の申立て　이의신청

특히 증거조사(형사소송법309조1항)나 재판장의 처분(동조3항)에 대해 쓰이는 말입니다. 예컨대 검사의 유도신문에 대해 변호인이 이의신청을 제기하는 경우, 불규칙발언을 제지한 재판장의 처분에 대해 이의신청을 제기하는 경우 등이 있습니다.「불규칙발언」,「유도신문」도 참조해 주십시오.

3 遺失物等横領罪　유실물등횡령죄

유실물 또는 이와 같은 물건을 경찰에 신고하지 않은 채, 자기의 것으로 한 죄입니다(형법243조).

4 一般情状　일반정상

정상중에 범정 이외의 것을 가리킵니다. 평소의 생활상황이나 사회복귀를 가능케 하는 본인 주변의 환경, 나아가 피해자와의 합의, 손해배상, 피해자의 감정 등이 포함됩니다.「정상」,「범정」도 참조해 주십시오.

5 違法　위법

넓은 의미로 형사법령에 위반하는 일이지만, 누가 위법행위를 했는지에 따라서 그 결과가 다릅니다. 개인의 위법행위는 형사책임을 발생하게 하고 형벌이 부과되는 경우가 있습니다. 경찰관이나 검사가 위법수사를 한 경우는 증거가 위법수집증거로 간주되어 재판에서 주장되지 못할 수도 있습니다(위법수집증거배제법칙). 법원이 형사소송법에 위반되거나 형법의 적용·해석을 잘못했을 경우는 상소이유가 되지만, 이 경우에는 따로 법령위반이라는 말을 씁니다.「위법수집증거」,「위법수집증거배제법칙」,「상소」,「법령위반」도 참조해 주십시오.

6 違法収集証拠　위법수집증거

경찰관이나 검사가 위법한수단으로 수집한 증거입니다. 예컨대 영장 없이 압수(압류)한 증거물 등을 가리킵니다.「위법」,「위법수집증거배제법칙」,「영장」도 참조해 주십시오.

7 違法収集証拠排除法則　위법수집증거배제법칙

위법한 수단으로 수집된 증거(위법수집증거)를 재판에 채용할 수 있는지, 즉 증거능력이 있는지 여부에 관한 법칙입니다. 법률에는 규정이 없지만, 판례에 의하면 특히 위법성이 현저하고 향후의 위법수사를 억제하는데 필요할 경우에는 증거능력이 부정됩니다.「위법」,「위법수집증거」,「증거능력」도 참조해 주십시오.

8 員面調書 司法警察員面前供述調書 (사법경찰원면전공술조서)

경찰관 중에 사법경찰원(보통은 경사(순사부장) 이상)의 조사에서 피의자 또는 관계자가 한 말을 사법경찰원이 기록한 서면입니다. 일본에서는 정식으로 "司法警察員面前供述調書(사법경찰원면전공술조서)"라고 합니다.「경찰조서」도 참조해 주십시오.

疑わしきは罰せず→9 疑わしきは被告人の利益に

9 疑わしきは被告人の利益に 의심스러울 때는 피고인의 이익으로

무죄추정의 원칙을 법원의 입장에서 본 표현입니다. 즉 합리적인 의심을 할 수 없을 만큼 유죄가 증명되지 않는 한, 피고인에게 죄를 물을 수는 없다고 하는 원칙입니다. 의심스러울 때는 처벌하지 않는다고도 말합니다.「합리적인 의심」,「무죄추정의 원칙」도 참조해 주십시오.

10 覚せい剤取締法違反 각성제단속법위반

법률상 허가를 받지 않고 각성제나 그 원료를 제조하거나 판매, 구입, 사용 또는 소지한 죄입니다.「약물4법」도 참조해 주십시오.

11 確定的故意 확정적고의

적극적으로 죄를 저지를 의사가 있었다는 의미입니다. 예컨대 죽이려는 의사를 가지고 죽인 것을 말합니다.「고의」,「미필적고의」도 참조해 주십시오.

12 過失犯 과실범

죄를 범할 의사(고의)가 없이 부주의로 인한 행위가 범죄가 되는 것입니다. 또는 그 행위를 한 사람을 가리킵니다. 원칙적으로는 고의가 있어야 되며 과실범의 처벌은 예외적인 것입니다(형법38조1항).「고의」,「책임주의」도 참조해 주십시오.

13 過剰避難 과잉피난

자신이나 타인의 생명・재산 등의 위험을 피하기 위해 부득이하게 한 행위가, 그 타인이나 제3자에게 손해를 입히고, 그 행위가 합리적인 정도를 넘은 것입니다.

죄를 물을 수 있지만 형이 감경되거나 면제되는 경우가 있습니다 (형법 37조 1항 단서). 「긴급피난」, 「형의 감경」도 참조해 주십시오.

14 過剰防衛 과잉방위

돌발적인 위법행위에 대해 자신이나 타인의 권리를 지키기 위해 부득이하게 행한 방위행위가 합리적인 정도를 넘은 것입니다. 죄가 될 수 있지만 형이 감경되거나 면제되는 경우가 있습니다 (형법 36조 2항). 「형의 감경」, 「정당방위」도 참조해 주십시오.

15 危険運転致死傷罪 위험운전치사상죄

일반적으로 자동차 운전으로 인해 인신사고를 일으킨 가해자는 자동차운전과실치사상죄로 처벌되지만, 음주나 약물로 인해 정상적인 운전이 불가능했던 경우에는 보다 무거운 형벌이 부과됩니다. 비정상적인 속도위반이나 무면허운전, 끼어들기, 이상접근 등과 같은 난폭한 운전 또는 신호무시 행위 등이 있었던 경우도 마찬가지로 중형이 과해질 경우가 있습니다 (형법 208조의 2). 「자동차운전과실치사상죄」도 참조해 주십시오.

16 偽証罪 위증죄

법원에서 선서를 한 증인이 거짓증언을 한 죄입니다 (형법 169조).

17 既遂 기수

범죄에 착수해서 결과가 발생한 경우를 말합니다. 결과가 발생하지 않은 경우는 미수라고 하며 특별한 규정이 있는 경우에만 처벌을 받습니다 (형법 44조). 예컨대 사람을 죽이려는 의사를 가지고 찌른 결과 상대가 사망한 경우에는 살인죄이고, 상대가 사망하지 않은 경우에는 살인미수죄입니다. 「미수」도 참조해 주십시오.

18 起訴 기소

검사가 피의자를 조사한 결과나 수사결과 등을 바탕으로 법원에 처벌을 요청하는 것을 말합니다. 정식기소 또는 공판청구라고도 말합니다. 「기소유예」, 「불기소」, 「약식기소」도 참조해 주십시오.

19 偽造通貨行使罪 위조통화행사죄

위조지폐나 위조주화인 것을 알면서 사용한 죄입니다 (형법 148조 2항). 외국의 위조지폐나 위조주화를 사용한 경우도 일본 형법에 따라 처벌됩니다 (형법 149

제2항).「통화위조죄」도 참조해 주십시오.

20 起訴状　공소장
검사가 재판을 요청하기 위해 법원에 최초로 제출하는 서면입니다. 공소장에는 피고인의 주소・성명・생년월일 등의 정보, 범죄내용을 나타내는 공소사실, 범죄에 적용될 죄명과 적용법조가 기재됩니다.「공소사실」,「죄명」,「적용법조」도 참조해 주십시오.

21 起訴猶予　기소유예
검사가 피의자를 조사하거나 수사한 결과, 범죄행위가 있었다고 판단하였으나 정상으로 인해 기소를 하지 않는 것입니다.「기소」,「정상」도 참조해 주십시오.

22 求刑　구형
검사가 형벌이나 형벌의 경중에 대해 의견을 진술하는 것을 말합니다. 법률에는 규정되어 있지 않지만 최종논고에서 진술하는 것이 관행입니다. 판사는 판결로 구형보다 무거운 형벌을 내릴 수도 있습니다.「논고」도 참조해 주십시오.

23 求釈明　석명요구(구석명)
검사나 변호인(피고인)의 주장에 분명치 못한 점이 있을 경우, 판사가 질문을 하는 것을 말합니다. 검사나 변호인(피고인)이 상대에게 질문을 할 경우에도 석명요구라고 할 때가 있습니다.

24 恐喝罪　공갈죄
폭력이나 협박을 통해 상대방으로부터 물건을 받거나 부당한 이익을 얻거나 또는 제3자에게 이익을 얻게 한 죄입니다(형법249조). 폭력이나 협박이 반항을 억압할정도에 달한 경우는, 공갈죄가 아니라 강도죄가 됩니다.「강도죄」,「반항을 억압하다」도 참조해 주십시오.

25 教唆犯　교사범
다른 사람을 꾀거나 부추겨서 범죄행위를 하게 한 것입니다. 또는 그렇게 한 사람을 가리킵니다. 공범의 일종이며 원칙적으로 실제로 행위를 한 사람과 똑같은 죄를 묻게 됩니다(형법61조1항).「공범」도 참조해 주십시오.

26 供述調書　진술조서
피의자나 관계자가 조사에서 한 말을 경찰관 또는 검사가 기록한 서면입니다. 간단히 조서라고도 합니다.「경찰조서」,「검찰조서」도 참조해 주십시오.

27 強制わいせつ罪　강제추행죄
남녀불문하고 폭력이나 협박을 통해 강제로 다른 사람에게 외설스러운 행위를 한 죄입니다. 강간죄와 달리 폭력이나 협박이 반항을 현저히 어렵게 할 정도가 아닌 경우에도 이 죄는 성립됩니다. 또한 상대가 13세 미만일 경우는, 강제성이 없더라도 죄가 성립됩니다 (형법176조). 상대가 18세 미만일 경우에는 합의의 여부를 불문하고 각 都道府縣 (도도부현) 의 청소년육성조례에 따라 처벌되는 경우가 있습니다.「강간죄」,「반항을 현저히 어렵게 하다」도 참조해 주십시오.

28 強制わいせつ致死傷罪　강제추행치사상죄
강제외설의 기수 또는 미수로 인해, 다른 사람을 죽이거나 다치게 한 죄입니다 (형법181조1항).「강제추행죄」도 참조해 주십시오.

29 共同正犯　공동정범
복수의 사람들이 공모하여 함께 하나의 범죄행위를 한 것입니다. 또는 공모하여 다른 사람과 함께 죄를 지은 사람을 말합니다. 공범의 일종입니다. 실행공동정범과 공모공동정범 양쪽 모두를 의미하거나 실행공동정범만을 의미하는 경우가 있습니다. 각자가 저지른 행위가 전체의 일부에 불과한 경우에도 전체에 대해 죄를 묻게 됩니다 (형법60조).「공범」,「공모」,「공모공동정범」,「실행공동정범」도 참조해 주십시오.

30 共犯　공범
복수의 사람들이 하나의 범죄에 관여한 행위 또는 하나의 범죄행위에 관여한 복수의 사람을 말합니다. 관여 정도에 따라서 공동정범, 교사범, 종범으로 구분됩니다.「교사범」,「공동정범」,「종범」도 참조해 주십시오.

31 共謀　공모
다른 사람과 함께 범죄를 계획하여 결정한 것을 말합니다. 암묵의 양해가 있은 경우 등도 포함되는 경우가 있습니다.「현장공범」,「사전공모」,「순차공모」도 참조해 주십시오.

32 共謀共同正犯　공모공동정범
자신은 범죄행위에 참여하지 않지만 범죄계획 및 결정에 주체적으로 관여하여 타인에게 범죄행위를 하게 하는 것 또는 그러한 행위를 하게 한 사람을 말합니다.

공범의 일종이며 실제로 범죄를 저지른 사람과 똑같은 죄를 묻게 됩니다. 예컨대 폭력조직의 수장이 조직원들에게 명령해서 범죄행위를 시킨 경우입니다. 「공동정범」, 「공범」, 「실행공동정범」도 참조해 주십시오.

33 虚偽鑑定罪　허위감정죄
법원에서 선서를 한 감정인이 허위감정을 한 죄입니다(형법 171조).

34 虚偽通訳罪　허위통역죄
법원에서 선서를 한 통역인이 허위통역을 한 죄입니다(형법 171조).

35 虚偽翻訳罪　허위번역죄
법원에서 선서를 한 번역인이 허위번역을 한 죄입니다(형법 171조).

挙証責任→179 立証責任

36 緊急避難　긴급피난
자신이나 타인의 생명・재산 등에 대한 위험을 피하기 위해 부득이하게 저지른 행위는 그 타인이나 제3자에게 손해를 끼치게 되더라도, 그 행위가 합리적인 범위를 넘어서지 않는 한 위법이 아닙니다(형법 37조 1항). 「위법」, 「과잉피난」도 참조해 주십시오.

37 警察官調書　경찰조서
경찰관(사법경찰원이나 사법순사)의 조사 시, 피의자나 관계자가 한 말을 경찰관이 기록한 서면입니다. 「司法警察員面前供述調書(사법경찰원면전공술조서)」, 「司法巡査面前供述調書(사법순사면전공술조서)」도 참조해 주십시오.

38 刑の加重　형의 가중
법률로 규정된 형벌(법정형)보다도 무거운 형벌을 내리는 것입니다. 예컨대 복수의 범죄를 지은 병합죄의 경우(형법 47조), 재범이나 누범의 경우(형법 57, 59조)에 가중됩니다. 단, 유기형인 경우, 가중은 최고 30년입니다(형법 14조). 「재범」, 「재범가중」, 「병합죄」, 「법정형」, 「누범」, 「누범가중」도 참조해 주십시오.

39 刑の減軽　형의 감경
법률로 정해진 형벌(법정형)보다 가벼운 형벌을 내리는 것입니다. 예컨대 미수인 경우 (형법43조) 나 참작감경 (형법66조) 에 경우, 형벌이 가벼워질 경우가 있습니다. 「참작감경」, 「법정형」, 「미수」도 참조해 주십시오.

40 刑の量定　형의 양정
판사나 재판원이 형량을 정하는 것이며 양형이라고도 합니다. 양형에 불만이 있을 경우는, 항소또는 상고가 가능합니다 (형사소송법381조, 384조, 411조2호). 「항소」, 「상고」도 참조해 주십시오.

41 検察官調書　검찰조서
검사의 조사에서 피의자나 관계자가 한 말을 검사가 기록한 서면입니다. 검찰조서라고도 하지만 일본에서는 정식으로 "檢察官面前供述調書 (검찰관면전공술조서)" 라고 합니다,

検察官面前供述調書→41 検察官調書

42 現住建造物放火罪　현주건조물방화죄
현재 사람이 있거나 때마침 사람이 없더라도 거주용 건물에 방화한 죄입니다. 방화죄보다 무거운 형벌이 내려집니다 (형법108조). 「비현주건조물방화죄」, 「방화죄」도 참조해 주십시오.

43 検証　검증
판사・검사・경찰관이 사건을 해명하기 위해 필요한 장소와 물건 또는 사람을 조사・기록하는 것입니다 (형사소송법128조 이하, 218조 이하). 검사나 경찰관이 검증을 실행하기 위해서는 원칙적으로 판사의 영장이 필요합니다. 사람의 검증이란 신체검사를 일컫는 말이며 프라이버시 보호의 관점에서 특히 엄격한 요건이 규정되어 있습니다. 「검증조서」, 「영장」도 참조해 주십시오.

44 検証調書　검증조서
검증결과를 기록한 서면입니다. 「검증」도 참조해 주십시오.

45 現場共謀　현장공범
범죄의 계획을 사전에 상의해서 결정하는 것이 아니라 그 자리에서 우연히 만나게 된 사람들이 상의해서 범죄실행을 정하는 것을 말합니다. 「공모」, 「사전공모」, 「순차공모」도 참조해 주십시오.

検面調書→41 検察官調書
けんめんちょうしょ　けんさつかんちょうしょ

46 故意　고의
죄를 범하는 의사를 말합니다. 범죄행위의 결과를 인식하고 그것을 받아들일 의사가 있었을 경우를 널리 포함합니다. 예컨대 적극적으로 죽이려고 생각하고 있었거나 죽어도 어쩔수 없다고 생각하고 있었던 경우입니다.「확정적고의」,「미필적고의」도 참조해 주십시오.

47 合意書面　합의서면
증인이 증언할 내용이나 실황견분조서의 내용 등에 대해 검사와 변호인 (피고인) 이 공동으로 작성한 서면을 말합니다. 이 서면은 전문법칙의 제한을 받지 않아 증거능력을 가집니다 (전문예외). 따라서 증인이 법원에 오지 않아도 됩니다 (형사소송법 327조).「실황견분조서」,「증거능력」,「전문법칙」,「전문예외」도 참조해 주십시오.

48 強姦罪　강간죄
반항을 현저히 어렵게 할 정도의 폭력이나 협박을 통해 강제로 여성과 성교를 한 죄입니다. 여성이 13세 미만일 경우에는 강제가 아니더라도 범죄가 됩니다 (형법 177조). 상대가 18세 미만일 경우에는 합의의 여부를 불문하고 각 都道府縣 (도도부현) 에서 정해진 청소년육성조례에 따라 처벌될 경우가 있습니다.「반항을 현저히 어렵게 하다」를 참조해 주십시오.

49 強姦致死傷罪　강간치사상죄
강간의 기수 또는 미수로 인해 여성을 죽게 하거나 다치게 한 죄입니다 (형법 181조 2항).「강간죄」도 참조해 주십시오.

50 控訴　항소
지방법원이나 간이재판소 (簡易裁判所 (소액사건등을 취급하는 법원)) 가 내린 판결에 불복이 있어서 고등법원에 심리를 요청하는 것입니다 (재판소법 16조 1호).「상고」,「상소」도 참조해 주십시오.

51 公訴事実　공소사실
범죄사실에 대해 검사가 공소장에 기재한 내용입니다. 일시나 장소, 방법 등을 가능한 한 특정하여 구체적 사실을 명확히 해야 합니다 (형사소송법 256조 3항). 단, 판사에게 예단을 줄 수 있는 사실을 기재한 경우에는 기소가 위법이 됩니다

(동조6항).「위법」,「기소」,「공소장」도 참조해 주십시오.

拘置→61 勾留

52 拘置所　구치소
주로 피의자나 피고인을 구속하기 위한 시설입니다. 단, 피의자는 대부분의 경우 경찰서내의 유치장(代用刑事施設(대용형사시설))에 구속됩니다.「구속」,「代用刑事施設(대용형사시설)」도 참조해 주십시오.

53 強盗強姦罪　강도강간죄
강도를 실행하면서 여성을 강간한 죄입니다. 그 피해자 여성이 사망한 경우 죄가 더 무거워집니다(형법241조).「강간죄」,「강도죄」,「강도치사상죄」도 참조해 주십시오.

54 強盗罪　강도죄
반항을 억압할 정도의 폭력이나 협박으로 다른 사람의 물건을 강제로 빼앗거나 부당한 이익을 얻거나 제3자에게 그것을 취득시킨 죄입니다(형법236조). 폭력이나 협박이 반항을 억압할정도가 아닐 경우는, 강도죄가 아니라 공갈죄가 됩니다.「공갈죄」,「반항을 억압하다」도 참조해 주십시오.

55 強盗殺人罪　강도살인죄
강도를 하면서 고의로 사람을 죽인 경우는 강도치상죄가 되지만, 고의가 아닌 경우와 구별하기 위해 일반적으로 강도살인죄라는 말을 씁니다.「고의」,「강도치사상죄」,「살인죄」도 참조해 주십시오.

56 強盗傷害罪　강도상해죄
강도를 하면서 고의로 사람을 다치게 한 경우에는 강도치상죄가 적용되지만, 고의가 아닌 경우와 구별하기 위해 일반적으로 강도상해죄라는 말을 씁니다.「고의」,「강도치사상죄」,「상해죄」도 참조해 주십시오.

57 強盗致死傷罪　강도치사상죄
강도를 하면서 다른 사람을 죽게 하거나 다치게 한 죄입니다(형법240조). 단, 실제 재판에서는 죄명은 강도치사 또는 강도치상으로 구별하고, 적용법조는 형법제240조전단 또는 형법제240조후단을 구별해 적용합니다. 다치게만 한 것인지 죽게 한 것인지 또는 고의가 있었는지 여부는 양형(형의 양정) 시 고려하게 됩니다.「형의 양정」,「고의」,「강도살인죄」,「강도상해죄」,「죄명」,「적용법조」도 참조해 주십시오.

58 公判期日 공판기일
법원에서 재판을 실시하는 날을 말합니다. 심리기일 뿐만 아니라 판결선고일도 포함됩니다.

公判請求→18 起訴

59 公判前整理手続 공판준비절차
제1회 공판기일 전에 미리 사건의 쟁점정리나 증거채용 여부 등의 사전 준비를 하는 절차를 말합니다. 판사가 필요하다고 판단할 경우 이 절차의 시작을 결정하게 됩니다(형사소송법316조의2). 단, 재판원재판에서는 반드시 공판준비절차를 밟게 됩니다.「공판기일」,「재판원재판」,「쟁점정리」도 참조해 주십시오.

60 合理的な疑い 합리적인 의심
피고인을 유죄로 하기 위해서는 일반인이라면 누구도 의문을 가지지 않을 정도로 확실히 범죄행위가 존재하고, 그 사람이 범인이라는 확신이 있어야만 합니다. 즉, 그 사람이 범인일 가능성이 있다고 하더라도 합리적인 의심이 남을 경우에는 무죄가 됩니다.「의심스러울 때는 피고인의 이익으로」,「무죄추정의 원칙」도 참조해 주십시오.

61 勾留 구속
피의자나 피고인을 구속하는 행위입니다(형사소송법60조, 207조). 일반적으로 구치 또는 미결구류라고도 합니다.「죄증인멸」,「구치소」,「代用刑事施設(대용형사시설)」,「미결구금일수의 산입」도 참조해 주십시오.

62 拘留 구류
징역이나 금고보다 가벼운 형벌이며 1일 이상 30일 미만의 기간 동안 형사시설(교도소 또는 구치소)에 구치되는 형벌입니다.「구치소」,「법정형」도 참조해 주십시오.

63 勾留状 구속영장
검사가 피의자나 피고인을 구속하기 위해 판사의 허락을 받은 서면을 말합니다.「구속」,「영장」도 참조해 주십시오.

64 国選被害者参加弁護士　國選被害者参加弁護士 (국선피해자참가변호사)

被害者参加制度 (피해자참가제도) 에 의하여 재판에 참여하는 피해자나 유족을 위해 국가가 선임한 변호사를 말합니다. 변호사비용을 지불할 수 없을 경우, 국가가 대신 비용을 부담하여 변호사를 선임합니다.「被害者参加制度 (피해자참가제도)」,「被害者参加弁護士 (피해자참가변호사)」도 참조해 주십시오.

65 国選弁護人　국선변호인

피고인을 위하여 국가가 선임한 변호인 (보통은 변호사) 을 말합니다. 살인 등 중대한 형사사건에 있어서는 반드시 변호인이 필요하지만, 변호사 비용을 감당할 수 없을 경우 국가가 비용을 대신 부담하여 변호인을 선임합니다.「사선변호인」,「被疑者國選弁護人 (피의자국선변호인)」도 참조해 주십시오.

66 再現実況見分　再現實況見分 (재현실황견분)

피의자나 피해자, 목격자 등의 입회 하에 범행 시의 상황을 재현하여 기록하는 일입니다. 實況見分 (실황견분) 의 일종입니다.「實況見分」도 참조해 주십시오.

67 最終意見陳述　최종의견진술

증거조사가 모두 끝난 후에 피고인 자신이 최종 의견을 진술하는 행위입니다 (형사소송법 293 조 2 항).「최종변론」,「논고」도 참조해 주십시오.

68 最終弁論　최종변론

증거조사가 모두 끝난 후에 변호인이 최종의견을 진술하는 행위입니다 (형사소송법 293 조 2 항). 간단히 변론이라고도 말합니다.「최종의견진술」,「논고」도 참조해 주십시오.

69 罪証隠滅　죄증인멸

범죄의 증거를 감추거나 변경 또는 없애는 행위입니다. 목격자나 피해자에게 영향을 미쳐서 진술을 변경하게 하는 행위도 포함됩니다. 피의자에게 죄증인멸의 우려가 있는 것은 구속 이유가 됩니다.「구속」도 참조해 주십시오.

70 再犯　재범

교도소를 나온 사람이 5 년 이내에 다시 죄를 짓고 징역형이 확정된 것을 말합니다 (형법 56 조).「재범가중」,「누범」도 참조해 주십시오.

71 裁判員　裁判員(재판원)

일본국민들 중 무작위로 선정되어, 판사와 함께 심리에 참여하여, 유죄인가 무죄인가를 판단하고, 유죄인 경우는 양형(형의 양정)을 결정하는 사람을 말합니다. 미국의 배심원은 원칙적으로 유죄인가 무죄인가만을 결정하고, 판사가 양형을 결정하기 때문에, 일본의 재판원과는 크게 다릅니다.「형의 양정」,「재판원재판」도 참조해 주십시오.

72 裁判員裁判　裁判員裁判(재판원재판)

재판원이 참여하는 재판을 말합니다. 형사사건 중 중대한 범죄만 대상이 됩니다. 원칙적으로 사형 또는 무기징역・금고형이 적용될 사건이나 고의로 저지른 범죄로 인해 피해자가 사망한 사건 등이 해당됩니다.「고의」,「공판준비절차」,「裁判員(재판원)」,「평의」도 참조해 주십시오.

73 再犯加重　재범가중

재범을 저지른 경우 원칙적으로 무거운 형벌이 내려지지만 법률로 규정된 징역형의 2배 이하의 범위내로 정해져 있습니다(형법57조).「형의 가중」,「재범」,「누범가중」도 참조해 주십시오.

74 罪名　죄명

살인죄나 상해죄 등 범죄의 명칭을 말합니다. 형법 이외의 법률로 규정된 범죄는 그 법률명에 위반이라는 문자를 덧붙입니다. 예컨대 각성제단속법위반, 총도검류소지등단속법위반 등이 있습니다. 검사의 공소장에는 반드시 죄명을 명기해야 합니다(형사소송법256조2항3호).「공소장」,「적용법조」도 참조해 주십시오.

75 作成の真正　작성의 진정

작성명의인이 진정으로 해당 서면을 작성한 행위를 말합니다. 작성명의인의 양해하에 타인이 서면을 작성한 경우도 작성의 진정이 있다고 할 수 있습니다. 작성의 진정은 서면이 증거능력을 가지기 위해서 필요합니다(형사소송법321조3항 등).「작성명의인」,「증거능력」,「내용의 진정」도 참조해 주십시오.

76 作成名義人　작성명의인

문서작성자로 표시된 사람 또는 표시되어야 할 사람을 말합니다. 문서에 이름이나 회사명이 기재되어 있지 않아도 문서의 성질상 작성명의인이 특정되는 경우도 있습니다.「작성의 진정」도 참조해 주십시오.

77 殺人罪　살인죄
고의로 타인의 목숨을 빼앗은 죄입니다 (형법 199조). 보호를 필요로 하는 사람에게 음식물을 안 주어서 죽게 한 경우는 보호책임자유기치사상죄가 아니라 살인죄가 적용될 수도 있습니다. 「고의」, 「보호책임자유기치사상죄」도 참조해 주십시오.

78 殺人未遂罪　살인미수죄
고의로 타인의 목숨을 빼앗기 위해 필요한 행위 (칼로 찌르거나 권총을 쏘는 등)를 한 경우, 설사 상대가 죽지 않아도 살인미수죄가 적용됩니다 (형법 203조). 「기수」, 「고의」, 「미수」도 참조해 주십시오.

79 自己矛盾供述　자기모순진술
피고인이나 증인이 재판 전의 조사에서 진술한 내용 (경찰조서나 검찰조서에 쓰인 내용) 과 재판이 시작한 후의 공판에서 진술한 내용 사이에 상이점이 있는 것을 말합니다. 「경찰조서」, 「검찰조서」도 참조해 주십시오.

80 事前共謀　사전공모
범죄를 실제로 실행하기 전에 범죄계획을 다른 사람들과 상의해서 정해두는 행위입니다. 「공모」, 「현장공모」, 「순차공모」도 참조해 주십시오.

81 私選弁護人　사선변호인
피의자나 피고인이 스스로 선임하거나 그 친족 등이 선임한 변호인 (보통은 변호사) 을 말합니다. 「국선변호인」, 「被疑者國選弁護人 (피의자국선변호인)」도 참조해 주십시오.

82 実況見分　實況見分 (실황견분)
검증과 마찬가지로 사건해명을 위해 필요한 장소와 물건 및 인물을 조사하여 기록하는 것을 말하지만, 검사·검찰수사관·경찰관이 영장없이 관계자의 양해를 얻어서 행한다는 점이 다릅니다. 「검증」, 「再現實況見分 (재현실황견분)」, 「實況見分調書 (실황견분조서)」, 「영장」도 참조해 주십시오.

83 実況見分調書　實況見分調書 (실황견분조서)
실황견분의 결과를 기록한 서면을 말합니다. 관계자의 설명내용이 적혀진 문서뿐만 아니라 사진이나 도면도 포함될 수 있습니다. 「實況見分 (실황견분)」, 「再

現實況見分 (재현실황견분)」도 참조해 주십시오.

84 実行共同正犯　실행공동정범
공모한 사람들이 실제로 범죄행위에도 참가한 사실이나 그 참가자들을 말합니다. 공모에만 참여하고 실제로 범죄행위는 저지르지 않은 경우 (공모공동정범) 와 구별하기 위해서 사용합니다. 단순히 공동정범이라고도 합니다.「공동정범」, 「공모」, 「공모공동정범」도 참조해 주십시오.

85 執行猶予　집행유예
유죄판결을 선고할 때 형의 집행을 당분간 보류하는 것입니다 (형법 25조 이하). 예컨대「징역 1년, 집행유예 3년」의 경우, 향후 3년간은 상황을 지켜봐서 그 동안에 다시 죄를 지어 유죄판결을 받지 않으면 징역 1년의 선고는 소멸됩니다. 반대로 집행유예기간에 다시 죄를 짓고 유죄판결을 언도받은 경우는 원칙적으로 집행유예가 취소되어 형벌을 받게 됩니다.

86 自動車運転過失致死傷罪　자동차운전과실치사상죄
자동차운전으로 인해 인신사고를 일으키고, 그것이 운전자의 부주의로 인한 경우의 죄입니다. 경미한 부상일 경우는, 형이 면제될 수도 있습니다 (형법 211조 2항).「위험운전치사상죄」도 참조해 주십시오.

87 自白　자백
피의자 또는 피고인의 범죄행위의 전부 또는 주요부분을 인정하는 진술을 하는 것입니다.「자백의 신뢰성」, 「자백의 임의성」, 「불이익사실의 승인」, 「유죄의 자인」도 참조해 주십시오.

88 自白の信用性　자백의 신용성
자백의 임의성이 있어서 증거능력이 인정되는 경우, 더욱이 그 자백 내용을 신용할 수 있는 것, 즉 증명력이 있다는 것입니다.「자백」, 「자백의 임의성」, 「증거능력」, 「증명력」도 참조해 주십시오.

89 自白の任意性　자백의 임의성
자백이 본인의 자발적 의사에 의한 것이라는 것입니다. 임의성이 없는 자백, 예컨대 경찰관의 가혹한 조사에서 강제된 자백은 증거능력이 없습니다 (형사소송법 319조 1항).「자백」, 「자백의 신용성」, 「증거능력」, 「증명력」도 참조해 주십시오.

司法警察員面前供述調書→8 員面調書

司法巡査面前供述調書→97 巡面調書

90 酌量減軽　참작감경
정상을 특히 고려하여 형을 가볍게 하는 것을 말합니다(형법66조).「형의 감경」,「정상」,「정상참작」도 참조해 주십시오.

91 集団強姦罪　집단강간죄
2인 이상이 협력하여 함께 강간을 실행한 죄입니다(형법178조의2).「강간죄」도 참조해 주십시오.

92 集団強姦致死傷罪　집단강간치사상처죄
집단강간의 기수 또는 미수로 인하여, 여성을 죽게 하거나 다치게 한 죄입니다(형법181조3항).「강간치사상죄」,「집단강간죄」도 참조해 주십시오.

93 従犯　종범
다른 사람의 범죄를 용이하게 하기위해 도와준 행위 또는 그 행위를 한 사람을 말합니다. 방조범이라고도 합니다(형법62조). 공범의 일종이며 실제로 범행을 저지른 사람보다 가벼운 형벌에 처해집니다(형법63조).「공범」도 참조해 주십시오.

94 銃砲刀剣類所持等取締法違反　총도검류소지등단속법위반
법률상의 허가없이 무기를 소지하거나, 허가가 있더라도 잘못된 방법으로 취급한 죄입니다.

95 主尋問　주신문
증인신문을 청구한 검사 또는 변호인(피고인) 이 행하는 신문입니다. 예컨대 검사가 청구한 증인신문에서는 우선 검사가 주신문을 하고 다음에 변호인(피고인) 이 반대신문을 한 후에 검사가 다시 주신문을 하며 그 다음에 판사가 보충신문을 합니다.「반대신문」,「유도신문」도 참조해 주십시오.

96 順次共謀　순차공모
A와B가 먼저 공모하고, 이어서 B와 C가 공모한 경우에, A・B・C간에 공모가

성립하는 것을 말합니다.「공모」도 참조해 주십시오.

97 巡面調書 (じゅんめんちょうしょ)　巡面調書 (순면조서)
경찰관 중, 사법순사 (순경 (순사) 이나 경장 (순사장)) 가 실시하는 조사에서, 피의자나 관계자가 한 말을 사법순사가 기록한 서면입니다. 정식으로는 사법순사면전공술조서 (司法巡査面前供述調書) 라고 합니다.「경찰조서」도 참조해 주십시오.

98 傷害罪 (しょうがいざい)　상해죄
고의로 타인에게 부상을 입힌 죄입니다 (형법 204 조). 보통은 폭력에 의한 것이지만, 계속 큰 소음을 내어 다른 사람을 노이로제에 걸리게 하거나, 일부러 다른 사람에게 병을 옮기는 것도 상해죄가 될 수 있습니다. 또 고의라는 것은 폭행하는 생각만으로 족하기 때문에, 부상을 입히려는 의도가 없어도 상해죄는 성립합니다.「고의」도 참조해 주십시오.

99 傷害致死罪 (しょうがいちしざい)　상해치사죄
상해의 결과, 사람을 죽게 한 죄입니다 (형법 205 조). 죽이려는 마음이 있었던 경우에는 살인죄가 됩니다.「살인죄」,「상해죄」도 참조해 주십시오.

100 障害未遂 (しょうがいみすい)　장해미수
중지미수와 대비시켜서, 보통의 미수를 장해미수라고 할 경우가 있습니다. 자신의 의사와는 상관없는 원인으로 인해 결과가 발생하지 않았다는 것입니다.「중지미수」,「미수」도 참조해 주십시오.

101 証拠開示 (しょうこかいじ)　證據開示 (증거개시)
검사나 변호인 (피고인) 이 가지고 있는 증거를 법원이 실시하는 증거조사에 앞서 상대방에게 보여주는 것입니다.

102 上告 (じょうこく)　상고
고등법원등의 판결에 불복하여 대법원에 심리를 청하는 것을 말합니다 (재판소법 7 조 1 호). 상고이유는, 헌법위반이나 대법원 판결에 대한 위반등에 한정되어 있습니다만, 이것에 해당하지 않아도 법령위반등이 있을 경우에는, 대법원이 자기의 판단으로 하급재판소의 판결을 파기할 수 있습니다 (형사소송법 411 조).「항소」,「상소」도 참조해 주십시오.

103 証拠裁判主義　증거재판주의

범죄행위나 범인은 증거능력이 있는 증거에 의해서만 인정된다, 라는 원칙입니다(형사소송법317조).「증거능력」도 참조해 주십시오.

104 証拠能力　증거능력

재판에서 증거가 증명의 자료로 쓰이기 위하여 필요한 자격입니다. 위법수집증거나 전문증거 등, 증거능력이 문제되는 여러가지 경우들이 법률로 정해져 있습니다(형사소송법319조 이하).「위법수집증거」,「위법수집증거배제법칙」,「전문증거」,「전문법칙」도 참조해 주십시오.

105 情状　정상

양형(형의 양정)에 있어서 고려되는 여러가지 사정을 말합니다. 피고인에게 유리할지 여부는 관계가 없습니다. 피의자를 기소할지 말지를 결정할 때 고려되는 사정도 정상이라고 말합니다.「일반정상」,「기소」,「기소유예」,「형의 양정」,「참작감경」,「정상참작」,「범정」도 참조해 주십시오.

106 情状酌量　정상참작

정상을 고려하는 것입니다. 일반적으로 그 결과로서의 형의 감경(참작감경)과 같은 의미로 사용되는 경우가 있지만, 법률적으로는 구별할 필요가 있습니다.「형의 감경」,「참작감경」,「정상」도 참조해 주십시오.

107 上訴　상소

항소와 상고는 합쳐서 상소라고 하는데, 이 둘은 크게 다릅니다.「항소」,「상고」도 참조해 주십시오.

108 燒損　燒損(소손)

방화죄가 성립되기 위해서는 건물 등이「불탔다」고 말할 수 있는 상황이 필요합니다. 법률상 이것을 燒損(소손)이라고 말합니다.「방화죄」도 참조해 주십시오.

109 証人威迫罪　證人威迫罪(증인위박죄)

자신이나 타인의 범죄행위를 알고 있는 사람이나 그 친족에 대하여, 면회를 요구하거나 협박을 한 죄입니다(형법105조의2).

証明責任→179 立証責任

110 証明予定事実記載書　證明予定事實記載書 (증명예정사실기재서)

공판준비절차에 있어서 검사가 증명할 예정인 사실을 예고하기 위해서 제출하는 서면을 말합니다 (형사소송법316조의13). 이것을 시작으로 쟁점정리나 증거채택이 진행됩니다.「공판준비절차」,「쟁점정리」도 참조해 주십시오.

111 証明力　증명력

증거가 재판에서 사용 가능할 경우, 즉 증거능력이 있는 경우에 그 증거가 법관의 사실인정에 도움이 되는 정도를 말합니다. 증거 자체가 어느 정도 신용할 만한 것인지, 및 증거를 통해 증명하려고 하는 사실과 어느 정도 관계가 있는지를 고려하여 증명력이 평가됩니다.「증거능력」,「보강증거」,「탄핵증거」도 참조해 주십시오.

112 職權　직권

검사나 변호인(피고인)의 신청여부에 상관없이, 법관이 독단적 판단으로 처분을 실시하거나 명령을 내리는 것입니다.

113 心神耗弱　심신미약

질병이나 음주 등으로 인한 일시적인 정신장애 또는 알콜중독이나 노화 등으로 인한 만성적 정신장애의 결과, 선악의 판단이나 정상적인 판단에 바탕한 행동이 매우 곤란해지는 것입니다. 이러한 자의 범죄행위는 책임능력이 감소된 상태에 기인한 것이라고 평가되기 때문에 형이 가벼워집니다 (형법39조2항).「형의 감경」,「심신상실」,「심신상실자의료관찰법」,「책임능력」도 참조해 주십시오.

114 心神喪失　심신상실

심신미약보다도 증상이 심각하여, 선악의 판단이나 정상적인 판단에 바탕한 행동을 전혀 하지못하는 것입니다. 이러한 자의 행위는 책임능력이 없는 상태에서 한 것이라고 평가되기 때문에 죄를 물을 수 없습니다 (형법39조1항).「심신미약」,「심신상실자의료관찰법」,「책임능력」도 참조해 주십시오.

115 心神喪失者医療観察法　심신상실자의료관찰법

중대한 범죄에 해당하는 행위를 했으나, 심신상실이나 심신미약을 이유로 불기소나 무죄가 된 자에 대하여, 정신병원에서의 치료 등의 조치를 취하도록 의무화하는 법률을 말합니다.「심신미약」,「심신상실」,「불기소」도 참조해 주십시오.

116 人身売買罪　인신매매죄
사람을 매매한 죄입니다(형법226조의2). 약취 나 유괴 는 요건이 아닙니다.「유괴」,「약취」도 참조해 주십시오.

推定無罪→173 無罪推定の原則

正式起訴→18 起訴

117 正当防衛　정당방위
갑자기 당한 위법행위에 대하여 자기 또는 타인의 권리를 지키기 위하여, 어쩔 수 없이 실행한 방위행위는 합리적인 정도를 넘지 않으면, 위법이 아닙니다(형법36조1항).「위법」,「과잉방위」도 참조해 주십시오.

118 責任主義　책임주의
원칙적으로 고의가 없으면 처벌하지 않는 것입니다(형법38조1항). 그 예외는 과실범입니다.「과실범」,「고의」도 참조해 주십시오.

119 責任能力　책임능력
형사책임을 질 수 있는 능력을 말합니다. 책임능력이 없는 자는 형벌을 받지 않습니다. 예컨대, 심신상실자(형법39조1항) 나 14살 미만의 어린이(형법41조) 등이 있습니다. 책임능력이 불충분한 자는 형이 가벼워집니다(형의 감경). 예컨대 심신미약자 등이 있습니다(형법39조2항).「형의 감경」,「심신미약」,「심신상실」도 참조해 주십시오.

120 接見　접견
체포 또는 구속된 피의자나 피고인과 면회하는 것입니다. 특히 변호인의 접견은 가장 중요하고 기본적인 권리로 되어 있습니다.「구속」,「접견금지」도 참조해 주십시오.

121 接見禁止　접견금지
피의자나 피고인이 접견시에 도망이나 죄증인멸의 염려가 있을 경우, 법관이 변호인 이외의 인물과의 접견이나 물품수수를 금지하는 것입니다(형사소송법81조).「죄증인멸」,「접견」도 참조해 주십시오.

122 窃盗罪　절도죄
타인의 물건을 허락없이 자기 것으로 하려고 빼앗은 죄입니다 (형법 235조). 이 때, 일정 정도 이상의 폭력이나 협박을 가한 경우는 절도죄가 아니라 공갈죄나 강도죄가 됩니다.「공갈죄」,「강도죄」도 참조해 주십시오.

123 前科　전과
이전에 유죄선고를 받고 그것이 확정된 경력이 있는 것입니다.「재범」,「전과조서」,「전력」,「누범」도 참조해 주십시오.

124 前科調書　전과조서
피고인의 전과가 기재된 서면를 말합니다. 일반적으로 검찰수사관이 작성하고 전과의 죄명이나 선고일 등이 기재됩니다.「죄명」,「전과」도 참조해 주십시오.

125 前歴　전력
전과에는 해당되지 않으나, 이전에 범죄혐의로 조사를 받았거나, 소년원에 송치된 경력을 말합니다. 경찰에서는 전력도 기록하고 있고, 형사재판에서는 흔히 증거로 제출됩니다.「전과」,「전과조서」도 참조해 주십시오.

126 訴因変更　소인변경
공소장에 기재된 범죄(공소사실)의 동일성을 유지하면서, 중요한 사실을 추가・철회・변경하는 것을 말합니다. 재판 기간내에, 공소장에 기재된 범죄사실과 재판에서 인정될 만한 범죄사실이 다르다는 것이 밝혀진 경우에, 소인변경이 이루어집니다. 검사의 청구에 따라 법관이 허가하는 경우와 법관이 직권으로 명령하는 경우가 있습니다 (형사소송법 312조 1항, 2항).「공소장」,「공소사실」,「직권」도 참조해 주십시오.

127 増強証拠　보강증거
어떤 증거의 증명력을 높이기 위한 다른 증거를 말합니다.「증명력」,「탄핵증거」도 참조해 주십시오.

128 捜索・差押許可状　수색・압수영장
경찰관이나 검사가 건물 등의 수색이나 증거를 압수하기 위해서 법관의 허가를 얻은 서면을 말합니다. 약물 4법의 위반사건에 있어서 피의자의 소변을 강제적으로 카테테르(도뇨관)로 채취할 경우도 수색・압수영장이 필요합니다.「도뇨관」,「약물 4법」,「영장」도 참조해 주십시오.

129 争点整理　쟁점정리
재판에서 다투게 될 포인트를 정리하는 것입니다. 대체로 공판준비절차에서 하지만, 그 외에도 하는 경우가 있습니다.「공판준비절차」도 참조해 주십시오.

130 訴訟指揮　소송지휘
재판을 적절하게 진행시키기 위하여 필요한 모든 조치를 취하는 것입니다. 지휘에 관한 권한은 재판장에게 있습니다 (형사소송법 294조).

131 即決裁判　즉결심판
중대범죄 이외의 사실관계에 다툼이 없는 사건에 대하여, 원칙적으로 1회의 공판기일에서 판결언도까지 하는 간편한 재판절차입니다. 징역 등의 판결에는 반드시 집행유예를 선고하여야 한다는 점이 특징입니다. 외국인이 피고인이 되는, 이른바 초과체재사건에 자주 이용됩니다.「공판기일」,「집행유예」도 참조해 주십시오.

132 逮捕状　체포영장
경찰관이 피의자를 체포하기 위하여, 법관의 허가를 얻은 서면입니다.「영장」도 참조해 주십시오.

133 大麻取締法違反　대마단속법위반
법률상의 허가 없이 대마초를 재배하거나 판매・구입・사용・소지한 죄입니다.「약물 4법」도 참조해 주십시오.

134 代用刑事施設　代用刑事施設 (대용형사시설)
피의자나 피고인을 구속할 경우, 원래는 구치소에 가두나, 특히 피의자의 경우 대체로 경찰서내의 대용형사시설에 가두어집니다. 일반적으로 유치장 혹은 유치시설이라고도 말합니다.「구치소」,「구속」도 참조해 주십시오.

135 弾劾証拠　탄핵증거
어떤 증거의 증명력이 약하다는 것을 밝히는 다른 증거를 말합니다.「증명력」,「보강증거」도 참조해 주십시오.

136 中止未遂　중지미수
미수로서 처벌을 받는 경우라도, 자기 의사로 행위를 중지한 경우는 형이 가벼워지거나 면제됩니다(형법43조단서). 중지범이라고도 합니다.「형의 감경」,「장해미수」,「미수」도 참조해 주십시오.

中止犯→136 中止未遂

調書→26 供述調書

137 通貨偽造罪　통화위조죄
위조지폐나 위조주화 등을 자기가 사용하거나 타인으로 하여금 사용하게 하려고 제조한 죄입니다(형법148조1항). 외국통화를 제조한 경우도 일본의 형법에 의해 처벌됩니다(형법149조1항).「위조통화행사죄」도 참조해 주십시오.

138 伝聞供述　전문진술
어떤 자가 타인이 말한 내용을 진술하는 것입니다. 예컨대, 증인이 법정에서「사건이 일어난 다음 날에, 피고인이『범인은 나다』라고 말하고 있는 것을 들었습니다」라고 증언하는 것입니다. 전문증거의 일종입니다.「전문증거」,「전문법칙」도 참조해 주십시오.

139 伝聞証拠　전문증거
법정 외에서 한 진술을 진술조서 등의 서면에 기재하거나, 법정 외에서 한 발언을 들었다는 진술(전문진술)을 한 경우, 그러한 서면이나 진술들을 전문증거라고 말합니다.「전문조서」,「전문진술」,「전문법칙」도 참조해 주십시오.

伝聞証拠禁止の原則→140 伝聞法則

140 伝聞法則　전문법칙
전문진술 등의 전문증거는 전해듣는 과정에서 잘못된 내용이 끼어들 위험성이 높기 때문에, 원칙적으로 재판에서는 쓸 수 없다, 즉 증거능력이 없다고 하는 원칙을 말합니다(형사소송법320조). 전문증거금지의 원칙이라고도 합니다.「증거능력」,「전문진술」,「전문증거」,「전문예외」도 참조해 주십시오.

141 伝聞例外　전문예외
전문진술 등의 전문증거에 대하여, 예외적으로 증거능력을 인정하는 조건은 법률로 정해져 있습니다(형사소송법321조 이하). 이러한 전문법칙의 예외를 전문예외라고 합니다.「증거능력」,「전문진술」,「전문증거」,「전문법칙」도 참조해 주십시오.

142 同意部分　동의부분
검사가 증거조사를 청구한 경우, 법관은 변호인(피고인)의 의견을 물어봐야 합니다. 반대의 경우도 같습니다. 그 증거가 문서이며, 일부분에만 상대측이 동의한 경우, 그 부분을 동의부분이라고 말합니다. 일반적으로 동의부분을 먼저 조사합니다.「부동의부분」도 참조해 주십시오.

143 導尿管　도뇨관
약물4법의 위반사건에 있어서, 피의자가 소변 제출을 거부할 경우에 수색・압수영장을 받아서, 피의자의 요도에 삽입해 강제로 소변을 채취하는 의료기구인 카테테르를 말합니다.「수색・압수영장」,「약물4법」도 참조해 주십시오.

144 特信情況　特信情況(특신정황)
경찰조서 혹은 검찰조서 등의 전문증거에 있어서, 예외적으로 증거능력, 즉 전문예외를 인정하기 위한 조건의 하나로서「신용해야 할 특별한 정황」이 열거되어 있습니다(형사소송법321조1항2호, 동항3호). 이것을 줄여서 특신정황 혹은 특신성이라고 합니다.「경찰조서」,「검찰조서」,「전문증거」,「전문예외」도 참조해 주십시오.

特信性→144 特信情況

145 内容の真正　내용의 진정
서면에 기재된 내용이 진실이라는 것입니다.「작성의 진정」도 참조해 주십시오.

146 罰条　적용법조
살인죄이면 형법 제199조, 상해죄이면 형법 제204조라는 식으로, 죄명에 대응하는 법률의 조문을 말합니다. 검사의 공소장에는 죄명과 함께 적용법조를 적어야 합니다(형사소송법256조4항).「공소장」,「죄명」도 참조해 주십시오.

147 反抗を著しく困難にする　반항을 현저히 곤란하게 한다
강간죄의 가해자가 피해자의 저항을 막는 수단으로 가한 폭력이나 협박의 정도를 말합니다. 반항을 억압한다보다도 정도가 낮다고 볼 수 있으나, 어느 정도 강력해야 한다는 의미로 이 말이 사용됩니다.「강간죄」,「반항을 억압한다」도 참조해 주십시오.

148 反抗を抑圧する　반항을 억압한다
강도죄의 가해자가 피해자의 저항을 막는 수단으로 가한 폭력이나 협박의 정도를 말합니다. 폭력이나 협박을 가하여 억지로 재물을 빼앗는 행위는, 그 폭력이나 협박이 반항을 억압할 만한 정도에 달했다면 강도죄가 되지만, 그 정도에 달하지 않은 경우에는 공갈죄가 됩니다. 「공갈죄」, 「강도죄」, 「반항을 현저히 곤란하게 한다」도 참조해 주십시오.

149 犯情　범정
정상 중에, 범행의 동기나 범행의 양태 등을 말합니다. 「일반정상」, 「정상」도 참조해 주십시오.

150 反対尋問　반대신문
증인신문을 청구하지 않은 측이 실시하는 신문을 말합니다. 예컨대, 검사가 청구한 증인신문에서는 주신문 뒤에 변호인(피고인)이 반대신문을 실시합니다. 「주신문」, 「유도신문」도 참조해 주십시오.

151 被害者参加制度　被害者参加制度(피해자참가제도)
일정한 중대범죄의 피해자나 유가족 등이 법관의 결정에 따라 공판기일에 출두하여, 피고인에게 질문하는 등, 재판에 참가하는 제도입니다. 「공판기일」, 「國選被害者參加弁護士(국선피해자참가변호사)」, 「被害者參加弁護士(피해자참가변호사)」도 참조해 주십시오.

152 被害者参加弁護士　被害者参加弁護士(피해자참가변호사)
피해자참가제도에 따라 재판에 참가하는 피해자나 유가족들이 선임하는 변호사를 말합니다. 「國選被害者參加弁護士(국선피해자참가변호사)」, 「被害者參加制度(피해자참가제도)」도 참조해 주십시오.

153 被疑者国選弁護人　피의자국선변호인
피의자를 위하여 국가의 비용으로 선임하는 변호인(보통은 변호사)을 말합니다. 다만, 일정 이상의 무거운 형이 적용될 만한 범죄용의가 있어야 한다는 등의 요건이 있습니다(형사소송법 37조의 2). 「국선변호인」, 「사선변호인」도 참조해 주십시오.

154 非現住建造物放火罪　비현주건조물방화죄
거주용 이외의 건물로서 사람이 현존하지 않는 건물에 방화한 죄입니다. 현주건조물방화죄보다는 형이 가벼우나 건물 이외의 방화보다 무거운 형이 부과됩니다.「현주건조물방화죄」,「방화죄」도 참조해 주십시오.

155 評議　평의
재판원재판(裁判員裁判)에서는 법정에서의 심리 결과를 바탕으로, 별실에서 법관 3명과 재판원 6명이 의논합니다. 이것을 평의라고 합니다. 평의의 비밀을 유출시키는 것은 금지되어 있습니다(재판원의 참가하는 형사재판에 관한 법률 70조).「재판원(裁判員)」,「재판원재판(裁判員裁判)」도 참조해 주십시오.

156 不起訴　불기소
범죄혐의를 받아 조사를 받았으나, 범죄가 있었다고 인정되지 않았거나, 범인이 따로 있다는 것이 밝혀졌거나, 정당방위나 긴급피난이 성립한다고 판단된 경우에는 검사가 기소를 하지 않겠다고 하는 결정, 즉 불기소결정을 내립니다.「기소」,「긴급피난」,「정당방위」도 참조해 주십시오.

157 不規則発言　불규칙발언
형사재판에서는 재판장에게 소송지휘 권한이 널리 인정되어 있습니다. 그것으로 인해, 재판 진행에 영향을 미치는 형태로 부적절한 발언을 한 경우, 소송지휘 권한에 입각하여 제지될 수가 있으며, 그것에도 따르지 않는 경우는 퇴정명령을 받을 수가 있습니다. 이러한 발언을 일반적으로 불규칙발언이라고 합니다. 다만, 재판장이 내린 이러한 처분에 대해서는 이의신청을 할 수 있습니다.「이의신청」,「소송지휘」도 참조해 주십시오.

158 不同意部分　부동의부분
검사가 증거조사를 청구한 경우, 법관은 변호인(피고인)의 의견을 들어야 합니다. 반대의 경우도 같습니다. 그 증거가 문서이며 일부분에만 상대쪽이 동의하지 않은 경우, 그 부분을 부동의부분이라고 합니다.「동의부분」,「불이익사실의 승인」도 참조해 주십시오.

159 不利益事実の承認　불이익사실의 승인
범죄행위의 전부 혹은 일부를 시인하거나, 간접적으로 범죄행위를 짐작시킬 만한 사실을 시인하는 것입니다. 자백이나 유죄시인뿐이 아니라, 넓은 의미에서 피고인이 자신에게 불리한 사실을 인정하는 진술을 하는 경우도 포함됩니다. 피고인의 진술조서가 불이익사실의 승인을 포함할 경우는 변호인이 부동의의견을 제출해도, 원칙적으로 증거능력이 인정됩니다 (형사소송법 322조 1항).「진술조서」,「자백」,「증거능력」,「부동의부분」,「유죄시인」도 참조해 주십시오.

160 併合罪 병합죄
아직 판결이 확정되지 않은 복 수의 죄를 말합니다 (형법 45조). 원칙적으로 이것들이 병합되어 하나의 형이 정해집니다 (형법 46조~53조).「형의 가중」도 참조해 주십시오.

161 弁護人 변호인
피의자나 피고인의 변호를 하는 사람을 말합니다. 보통은 변호사입니다 (형사소송법 31조).「國選被害者參加弁護士 (국선피해자참가변호사)」,「국선변호인」,「사선변호인」,「被害者參加弁護士 (피해자참가변호사)」,「被疑者國選弁護人 (피의자국선변호인)」도 참조해 주십시오.

162 放火罪 방화죄
건물 또는 기타 물건에 불을 붙여서 燒損 (소손) 한 죄입니다. 방화 대상에 따라 범죄요건이나 형의 정도가 달라집니다.「현주건조물방화죄」,「燒損 (소손)」,「비현주건조물방화죄」도 참조해 주십시오.

幇助犯→93 從犯

163 法定刑 법정형
법률로 정해진 형을 말합니다. 법정형은 대체로 법관이 여러 종류에서 선택할 수 있도록 정해져 있습니다. 또한 유기형은 기간의 폭이 정해져 있습니다. 법정형의 종류에는 사형, 징역, 금고, 벌금, 구류 등이 있습니다 (형법 9조). 징역이나 금고는 무기 또는 유기로 나눠져 있습니다 (형법 12조~14조).

164 冒頭陳述 모두진술
검사가 공소장을 낭독한 뒤, 증거조사의 시작단계에서, 무엇을 증명하려고 하는지를 설명하는 것입니다 (형사소송법 296조). 변호인 (피고인) 도 이것을 다툴 경우에는 법관의 허가를 받아 모두진술을 할 경우가 있습니다 (형사소송규칙 198조).「공소장」도 참조해 주십시오.

165 法令違反　법령위반
일반적으로는 위법과 같은 의미로 사용되지만, 특히 절차가 형사소송법에 위반되거나, 형법 등의 법률의 적용·해석에 잘못이 있어서, 만일 그 잘못들이 없었다면 판결 결과가 확실하게 달라졌음을 말합니다. 이러한 경우는 항소할 수 있습니다(형사소송법379조, 380조). 또한 상고의 이유(형사소송법405조)에 해당하지 않는 경우에도 법령위반을 이유로 고등법원의 판결이 파기되는 경우가 있습니다(형사소송법411조1호).「위법」,「항소」,「상고」도 참조해 주십시오.

166 保護責任者遺棄罪　보호책임자유기죄
유아·노인·병자 등 보호를 필요로 하는 자를 어딘가에 두고 오거나, 일부러 돌봐주지 않았을 경우에, 보호의무를 진 사람이 받는 죄입니다(형법218조).

167 保護責任者遺棄致死傷罪　보호책임자유기치사상죄
유기의 결과, 보호를 필요로 하는 자를 죽게 하거나 부상당하게 한 경우에, 보호의무를 진 사람이 받는 죄입니다. 일반적인 상해죄나 상해치사죄보다도 법정형이 무겁습니다(형법219조).「상해죄」,「상해치사죄」,「보호책임자유기죄」도 참조해 주십시오.

168 麻薬及び向精神薬取締法違反　마약및향정신성의약품단속법위반
법률상의 허가없이, 마약이나 향정신성의약품(헤로인, 코카인, LSD 등)을 제조하거나·판매·구입·사용·소지한 죄입니다.「약물4법」도 참조해 주십시오.

169 麻薬特例法違反　마약특례법위반
약물4법에 관하여 국제조약의 규정에 맞추어, 규제내용을 강화하기 위한 법률을 말합니다. 정식명칭은「국제적 협력하에 규제약물에 관한 부정행위조장행위 등의 방지를 도모하기 위한 마약 및 향정신성의약품단속법 등의 특례 등에 관한 법률」입니다.「약물4법」도 참조해 주십시오.

未決勾留→61 勾留

170 未決勾留日数の算入　미결구금일수의 산입
유죄판결의 언도 시, 그때까지 구속되어 있었던 일수의 전부 또는 일부를 형에 산입하는 것입니다(형법21조). 예컨대, 징역1년의 형이 확정되어 판결문에「미결구금일수 중 60일을 이 형에 산입한다」라고 적어져 있은 경우는, 1년 중

벌써 60일은 징역형을 마친 것이 됩니다.「구속」도 참조해 주십시오.

171 未遂 미수
범죄행위에 착수했으나 결과가 발생하지 않았다는 것입니다. 특별한 규정이 있을 경우에만 처벌됩니다 (형법 44조). 또한 처벌받는 경우에도 형이 가벼워지거나 면제될 수가 있습니다 (형법 43조). 예컨대, 사람을 죽이려고 가슴을 칼로 찔렀으나 목숨을 건진 경우, 살인죄는 성립하지 않으나 살인미수죄는 성립합니다. 결과가 발생하지 않은 이유에 따라 장해미수 또는 중지미수로 나눠집니다.「기수」,「형의 감경」,「장해미수」,「중지미수」도 참조해 주십시오.

172 未必の故意 미필적고의
어떤 결과가 확실히 생긴다고는 생각하지 않았으나, 그 결과가 생겨도 할 수 없다고 생각하고 있었다는 것입니다. 예컨대, 상대가 틀림없이 죽을 것이라고까지는 생각하지 않았지만, 만에 하나 죽어도 할 수 없다는 생각으로 상대를 둔기로 친 경우입니다. 확정적고의는 없었으나. 미필적고의가 있었으므로 상대가 죽은 경우는 살인죄가 성립합니다.「확정적고의」,「고의」도 참조해 주십시오.

173 無罪推定の原則 무죄추정의 원칙
「의심스러운 때는 피고인의 이익으로」라는 원칙을 피고인측에서 본 표현입니다. 즉 합리적인 의심을 품을 수 없을 정도까지 유죄가 증명되지 않는 한, 피고인에게 죄를 묻지 않는다는 원칙입니다. 추정무죄라고도 합니다.「의심스러운 때는 피고인의 이익으로」,「합리적인 의심」도 참조해 주십시오.

174 黙秘権 묵비권
피의자나 피고인은 진술을 강요받는 일은 없습니다 (헌법 38조 1항, 형사소송법 198조 2항, 311조 1항). 계속 침묵하고 있어도 상관없으며, 말을 하지 않았던 것 자체가 불이익이 되는 것은 없습니다.「불이익사실의 승인」도 참조해 주십시오.

175 薬物 4 法 약물 4 법
아편법, 각성제단속법, 대마단속법, 마약및향정신약단속법을 합쳐서 흔히 약물 4법이라고 부릅니다.

176 誘拐 유괴
사람을 속이거나 유혹해서 자기 지배하에 두는 것입니다.「약취」,「약취유괴죄」

도 참조해 주십시오.

177 有罪の自認　유죄의 자인
피고인이 스스로 유죄를 인정하는 것입니다. 엄밀하게 말하면 자백과 다르나, 법률상 자백과 똑같이 다루어집니다(형사소송법 319조 3항).「자백」,「불이익사실의 승인」도 참조해 주십시오.

178 誘導尋問　유도신문
증인에 대한 신문이나 피고인에 대한 질문에 있어서, 검사나 변호인(피고인) 이 자신이 원하는 답을 명시적 또는 암시적으로 포함시키는 것을 말합니를 할 때가 많습니다.「이의신청」,「주신문」,「반대신문」도 참조해 주십시오.

179 立証責任　입증책임
증거에 의해서 증명할 책임을 말합니다. 입증책임이 있는 당사자가 증명하지 못하면 불리하게 됩니다. 범죄의 입증책임은 검사가 지기 때문에, 합리적인 의심을 품을 수 없을 정도까지 검사가 증명하지 못하면 검사측에 불리한 결과, 즉 무죄판결이 내려집니다.「합리적인 의심」,「무죄의 추정 원칙」도 참조해 주십시오.

180 略式起訴　약식기소
검사가 피의자를 조사한 결과, 범죄행위가 있었다고 판단했으나 정식으로 기소를 하지 않고 서면만으로 재판을 하여 벌금만 물게 하는 것을 말합니다.「기소」도 참조해 주십시오.

181 略取　약취
폭력이나 협박으로 억지로 사람을 데리고 가는 것을 말합니다.「유괴」,「약취유괴죄」을 참조해 주십시오.

182 略取誘拐罪　약취유괴죄
사람을 약취하든지 또는 유괴한 죄입니다. 상대가 미성년자일 경우는 미성년자약취유괴죄라고 합니다(형법 224조). 성년자일 경우는 영리목적이 있거나(형법 225조), 몸값을 목적으로 하거나(형법 225조의2), 국외이송을 목적으로 할 경우(형법 226조), 죄가 됩니다.「인신매매죄」,「유괴」,「약취」도 참조해 주십시오.

留置施設→134 代用刑事施設

留置場→134 代用刑事施設

量刑→40 刑の量定

183 累犯　누범
재범, 3범, 4범 등으로 칭하며, 전회의 복역후 일정기간내에 또다시 죄를 범하는 것을 말합니다.「재범」,「누범가중」도 참조해 주십시오.

184 累犯加重　누범가중
누범이라는 이유로 형을 무겁게 하는 것을 말합니다 (형법56조~59조). 재범일 경우를 재범가중이라고 하고, 3범이상의 경우를 포함하여 누범가중이라고 말합니다.「형의 가중」,「재범」,「재범가중」,「누범」도 참조해 주십시오.

185 令状　영장
경찰관이나 검사가 체포, 구속, 수색·압수 등 강제적인 행위를 하기 위하여 법관의 허가를 얻었다는 내용의 서면을 통틀어 영장이라고 합니다.「구속영장」,「수색·압수영장」,「체포영장」도 참조해 주십시오.

186 連日開廷　연일개정
일반적인 형사재판은 제1회공판기일이 열린 후 보통 1~4주 정도의 간격을 두고 다음 기일이 잡힙니다. 한편, 裁判員裁判 (재판원재판) 에서는 재판원의 부담을 덜기 위하여 제1회공판기일부터 연속해서 며칠에 걸쳐 기일을 잡게 됩니다. 이것을 연일개정이라고 합니다.「공판기일」,「裁判員 (재판원)」,「裁判員裁判 (재판원재판)」도 참조해 주십시오.

187 論告　논고
증거조사가 모두 끝난 후, 검사가 최종적인 의견을 진술하는 것입니다 (형사소송법293조1항).「최종의견진술」,「최종변론」도 참조해 주십시오.

韓国・朝鮮語索引

ㄱ

각성제단속법위반　覚せい剤取締法違反 (かくせいざいとりしまりほういはん)

강간죄　強姦罪 (ごうかんざい)

강간치사상죄　強姦致死傷罪 (ごうかんちししょうざい)

강도강간죄　強盗強姦罪 (ごうとうごうかんざい)

강도살인죄　強盗殺人罪 (ごうとうさつじんざい)

강도상해죄　強盗傷害罪 (ごうとうしょうがいざい)

강도죄　強盗罪 (ごうとうざい)

강도치사상죄　強盗致死傷罪 (ごうとうちししょうざい)

강제외설죄　強制わいせつ罪 (きょうせいわいせつざい)

강제외설치사상죄　強制わいせつ致死傷罪 (きょうせいわいせつちししょうざい)

거증책임→입증책임　挙証責任 (きょしょうせきにん) →立証責任 (りっしょうせきにん)

검면조서→검찰조서　検面調書 (けんめんちょうしょ) →検察官調書 (けんさつかんちょうしょ)

검증　検証 (けんしょう)

검증조서　検証調書 (けんしょうちょうしょ)

검찰관면전공술조서→검찰조서　検察官面前供述調書検 (けんさつかんめんぜんきょうじゅつちょうしょ) →検察官調書 (けんさつかんちょうしょ)

검찰조서　検察官調書 (けんさつかんちょうしょ)

경찰조서　警察調書 (けいさつかんちょうしょ)

고의　故意 (こい)

공갈죄　恐喝罪 (きょうかつざい)

공동정범　共同正犯 (きょうどうせいはん)

공모　共謀 (きょうぼう)

공모공동정범　共謀共同正犯 (きょうぼうきょうどうせいはん)

공범　共犯 (きょうはん)

공소사실　公訴事実 (こうそじじつ)

공소장　起訴状 (きそじょう)

공술조서　供述調書 (きょうじゅつちょうしょ)

공판기일　公判期日 (こうはんきじつ)

공판준비절차　公判前整理手続 (こうはんぜんせいりてつづき)

공판청구→기소　公判請求 (こうはんせいきゅう) →起訴 (きそ)

과실범　過失犯 (かしつはん)

과잉방위　過剰防衛 (かじょうぼうえい)

과잉피난　過剰避難 (かじょうひなん)

교사범　教唆犯 (きょうさはん)

구류　拘留 (こうりゅう)

구속　勾留 (こうりゅう)

구속영장　勾留状 (こうりゅうじょう)

구치→구속　拘置 (こうち) →勾留 (こうりゅう)

구치소　拘置所 (こうちしょ)

구형　求刑 (きゅうけい)

국선변호인　国選弁護人 (こくせんべんごにん)

국선피해자참가변호사　国選被害者参加弁護士 (こくせんひがいしゃさんかべんごし)

기소　起訴 (きそ)

기소유예　起訴猶予 (きそゆうよ)

기수　既遂 (きすい)

긴급피난　緊急避難 (きんきゅうひなん)

ㄴ

내용의 진정　内容の真正 (ないようのしんせい)

논고　論告 (ろんこく)

누범　累犯 (るいはん)

누범가중　累犯加重 (るいはんかじゅう)

ㄷ

대마단속법위반　大麻取締法違反 (たいまとりしまりほう)

대용형사시설　代用刑事施設 (だいようけいじしせつ)

도뇨관　導尿管 (どうにょうかん)

동의부분　同意部分 (どういぶぶん)

ㅁ

마약및향정신성의약품단속법위반　麻薬及び向精神薬取締法違反 (まやくおよびこうせいしんやくとりしまりほういはん)

마약특례법위반　麻薬特例法違反 (まやくとくれいほういはん)

179

모두진술　冒頭陳述(ぼうとうちんじゅつ)
무죄추정의 원칙　無罪推定の原則(むざいすいていのげんそく)
묵비권　黙秘権(もくひけん)
미결구금→구속　未決勾留(みけつこうりゅう)→勾留(こうりゅう)
미결구금 일수의 산입　未決勾留日数の算入(みけつこうりゅうにっすうのさんにゅう)
미수　未遂(みすい)
미필적고의　未必の故意(みひつのこい)

ㅂ

반대신문　反対尋問(はんたいじんもん)
반항을 억압한다　反抗を抑圧する(はんこうをよくあつする)
반항을 현저히 곤란하게 한다　反抗を著しく困難にする(はんこうをいちじるしくこんなんにする)
방조범→종범　幇助犯(ほうじょはん)→従犯(じゅうはん)
방화죄　放火罪(ほうかざい)
범정　犯情(はんじょう)
법령위반　法令違反(ほうれいいはん)
법정형　法定刑(ほうていけい)
변호인　弁護人(べんごにん)
병합죄　併合罪(へいごうざい)
보호책임자유기죄　保護責任者遺棄罪(ほごせきにんしゃいきざい)
보호책임자유기치사상죄　保護責任者遺棄致死傷罪(ほごせきにんしゃいきちししょうざい)
부동의부분　不同意部分(ふどういぶぶん)
불규칙발언　不規則発言(ふきそくはつげん)
불기소　不起訴(ふきそ)
불이익사실의 승인　不利益事実の承認(ふりえきじじつのしょうにん)
비현주건조물방화죄　非現住建造物放火罪(ひげんじゅうけんぞうぶつほうかざい)

ㅅ

사법경찰원면전공술조서→원면조서　司法警察員面前供述調書(しほうけいさついんめんぜんきょうじゅつちょうしょ)→員面調書(いんめんちょうしょ)
사법순사면전공술조서→순면조서　司法巡査面前供述調書(しほうじゅんさめんぜんきょうじゅつちょうしょ)→巡面調書(じゅんめんちょうしょ)
사선변호인　私選弁護人(しせんべんごにん)
사전공모　事前共謀(じぜんきょうぼう)
살인미수죄　殺人未遂罪(さつじんみすいざい)
살인죄　殺人罪(さつじんざい)
상고　上告(じょうこく)
상소　上訴(じょうそ)
상해죄　傷害罪(しょうがいざい)
상해치사　傷害致死罪(しょうがいちしざい)
석명요구　求釈明(きゅうしゃくめい)
소손　焼損(しょうそん)
소송지휘　訴訟指揮(そしょうしき)
소인의 변경　訴因変更(そいんへんこう)
수색・압수영장　捜索・差押許可状(そうさくさしおさえきょかじょう)
순명조서　巡面調書(じゅんめんちょうしょ)
순차공모　順次共謀(じゅんじきょうぼう)
실행공동정범　実行共同正犯(じっこうきょうどうせいはん)
실황견분　実況見分(じっきょうけんぶん)
실황견분조서　実況見分調書(じっきょうけんぶんちょうしょ)
심신미약　心神耗弱(しんしんこうじゃく)
심신상실　心神喪失(しんしんそうしつ)
심신상실자의료관찰법　心神喪失者医療観察法(しんしんそうしつしゃいりょうかんさつほう)

ㅇ

아편법위반　あへん法違反(あへんほういはん)
약물4법　薬物4法(やくぶつよんほう)
약식기소　略式起訴(りゃくしききそ)
약취　略取(りゃくしゅ)
약취유괴죄　略取誘拐罪(りゃくしゅゆうかいざい)
양형→형의 양정　量刑(りょうけい)→刑の量定(けいのりょうてい)
연일개정　連日開廷(れんじつかいてい)
영장　令状(れいじょう)

원면조서　員面調書(いんめんちょうしょ)
위법　違法(いほう)
위법수집증거　違法収集証拠(いほうしゅうしゅうしょうこ)
위법수집증거배제법칙　違法収集証拠排除法則(いほうしゅうしゅうしょうこはいじょほうそく)
위조통화행사죄　偽造通貨行使罪(ぎぞうつうかこうしざい)
위증죄　偽証罪(ぎしょうざい)
위험운전치사상죄　危険運転致死傷罪(きけんうんてんちししょうざい)
유괴　誘拐(ゆうかい)
유도신문　誘導尋問(ゆうどうじんもん)
유실물 등 횡령죄　遺失物等横領罪(いしつぶつとうおうりょうざい)
유죄의 자인　有罪の自認(ゆうざいのじにん)
유치시설→대용형사시설　留置施設(りゅうちしせつ)→代用刑事施設(だいようけいじしせつ)
유치장→대용형사시설　留置場(りゅうちじょう)→代用刑事施設(だいようけいじしせつ)
의심스러운 경우에는 처벌하지 않는다→의심스러울 때는 피고인의 이익으로　疑わしきは罰せず(うたがわしきはばっせず)→疑わしきは被告人の利益に(うたがわしきはひこくにんのりえきに)
의심스러울 때는 피고인의 이익으로　疑わしきは被告人の利益に(うたがわしきはひこくにんのりえきに)
이의신청　異議の申立て(いぎのもうしたて)
인신매매죄　人身売買罪(じんしんばいばいざい)
일반 정상　一般情状(いっぱんじょうじょう)
입증책임　立証責任(りっしょうせきにん)

ㅈ

자기모순진술　自己矛盾供述(じこむじゅんきょうじゅつ)
자동차운전과실치사상죄　自動車運転過失致死傷罪(じどうしゃうんてんかしつちししょうざい)
자백　自白(じはく)

자백의 신용성　自白の信用性(じはくのしんようせい)
자백의 임의성　自白の任意性(じはくのにんいせい)
작성명의인　作成名義人(さくせいめいぎにん)
작성의 진정　作成の真正(さくせいのしんせい)
장해미수　障害未遂(しょうがいみすい)
재범　再犯(さいはん)
재범가중　再犯加重(さいはんかじゅう)
재판원　裁判員(さいばんいん)
재판원재판　裁判員裁判(さいばんいんさいばん)
재현실황견분　再現実況見分(さいげんじっきょうけんぶん)
쟁점정리　争点整理(そうてんせいり)
적용법조　罰条(ばつじょう)
전과　前科(ぜんか)
전과조서　前科調書(ぜんかちょうしょ)
전력　前歴(ぜんれき)
전문법칙　伝聞法則(でんぶんほうそく)
전문예외　伝聞例外(でんぶんれいがい)
전문증거　伝聞証拠(でんぶんしょうこ)
전문증거 금지의 원칙→전문법칙　伝聞証拠禁止の原則(でんぶんしょうこきんしのげんそく)→伝聞法則(でんぶんほうそく)
전문진술　伝聞供述(でんぶんきょうじゅつ)
절도죄　窃盗罪(せっとうざい)
접견　接見(せっけん)
접견금지　接見禁止(せっけんきんし)
정당방위　正当防衛(せいとうぼうえい)
정상　情状(じょうじょう)
정상참작　情状酌量(じょうじょうしゃくりょう)
정식기소→기소　正式起訴(せいしききそ)→起訴(きそ)
조서→진술조서　調書(ちょうしょ)→供述調書(きょうじゅつちょうしょ)
종범　従犯(じゅうはん)
죄명　罪名(ざいめい)
죄증인멸　罪証隠滅(ざいしょういんめつ)
주심문　主尋問(しゅじんもん)
중지미수　中止未遂(ちゅうしみすい)
중지범→중지미수　中止犯(ちゅうしはん)→中止未遂(ちゅうしみすい)

즉결재판　即決裁判 (そっけつさいばん)
증강증거　増強証拠 (ぞうきょうしょうこ)
증거개시　証拠開示 (しょうこかいじ)
증거능력　証拠能力 (しょうこのうりょく)
증거재판주의　証拠裁判主義 (しょうこさいばんしゅぎ)
증명력　証明力 (しょうめいりょく)
증명예정사실기재서　証明予定事実記載書 (しょうめいよていじじつきさいしょ)
증명책임→입증책임　証明責任 (しょうめいせきにん)→立証責任 (りっしょうせきにん)
증인위박죄　証人威迫罪 (しょうにんいはくざい)
직권　職権 (しょっけん)
집단강간죄　集団強姦罪 (しゅうだんごうかんざい)
집단강간치사상죄　集団強姦致死傷罪 (しゅうだんごうかんちししょうざい)
집행유예　執行猶予 (しっこうゆうよ)

ㅊ

참작감경　酌量減軽 (しゃくりょうげんけい)
책임능력　責任能力 (せきにんのうりょく)
책임주의　責任主義 (せきにんしゅぎ)
체포영장　逮捕状 (たいほじょう)
총도검류 소지 등 단속법위반　銃砲刀剣類所持等取締法違反 (じゅうほうとうけんるいしょじとうとりしまりほういはん)
최종변론　最終弁論 (さいしゅうべんろん)
최종의견진술　最終意見陳述 (さいしゅういけんちんじゅつ)
추정무죄→무죄추정의 원칙　推定無罪 (すいていむざい)→無罪推定の原則 (むざいすいていのげんそく)

ㅌ

탄핵증거　弾劾証拠 (だんがいしょうこ)
통화위조죄　通貨偽造罪 (つうかぎぞうざい)
특신성→특신정황　特信性 (とくしんせい)→特信情況 (とくしんじょうきょう)
특신정황　特信情況 (とくしんじょうきょう)

ㅍ

평의　評議 (ひょうぎ)

피해자국선변호인　被疑者国選弁護人 (ひぎしゃこくせんべんごにん)
피해자참가변호사　被害者参加弁護士 (ひがいしゃさんかべんごし)
피해자참가제도　被害者参加制度 (ひがいしゃさんかせいど)

ㅎ

합리적인 의심　合理的な疑い (ごうりてきなうたがい)
합의서면　合意書面 (ごういしょめん)
항소　控訴 (こうそ)
허위감정죄　虚偽鑑定罪 (きょぎかんていざい)
허위번역죄　虚偽翻訳罪 (きょぎほんやくざい)
허위통역죄　虚偽通訳罪 (きょぎつうやくざい)
현장공범　現場共謀 (げんばきょうぼう)
현주건조물방화죄　現住建造物放火罪 (げんじゅうけんぞうぶつほうかざい)
형의 가중　刑の加重 (けいのかじゅう)
형의 감경　刑の減軽 (けいのげんけい)
형의 양정　刑の量定 (けいのりょうてい)
확정적고의　確定的故意 (かくていてきこい)

韓国・朝鮮語参考文献

大阪弁護士会編（1992）『18言語の外国人人権ハンドブック』明石書店

最高裁判所事務総局家庭局監修（2008）『少年審判通訳ハンドブック【韓国語】〔第3版〕』法曹会

最高裁判所事務総局刑事局監修（1992）『法廷通訳ハンドブック【韓国・朝鮮語】』法曹会

最高裁判所事務総局刑事局監修（2011）『法廷通訳ハンドブック 実践編【韓国・朝鮮語】〔改訂版〕』法曹会

法務省刑事局外国法令研究会編（1991）『法律用語対訳集 韓国語編』商事法務研究会

モンゴル語

Тангараг

Чин сэтгэлээсээ шударга үнэнээр орчуулахаа тангараглаж байна.

Орчуулагч

1 あへん法違反　Хар тамхины тухай хууль
Хуулиар олгогдсон зөвшөөрөлгүйгээр кэйш тарьж, хар тамхи үйлдвэрлэж, худалдан борлуулж, худалдан авч, хэрэглэж, авч явж байсан гэмт хэрэг. "Эмийн бүтээгдэхүүний 4 хууль"-ийг үзнэ үү.

2 異議の申立て　Эсэргүүцэл гаргах
Ялангуяа, нотлох баримтыг шалгах (Эрүүгийн хэргийн байцаан шийтгэх хуулийн 309 зүйлийн 1 заалт) болон хурал даргалагч шүүгчийн шийтгэл (дээр дурьдсан хуулийн 3 заалт) зэрэгт хэрэглэгдэх тусгай нэрс. Жишээлбэл, прокурорын хөтлөж асуухад өмгөөлөгчөөс эсэргүүцэл гаргах тохиолдол болон, дүрэм бус үг хэллэгийг зогсоосон хурал даргалагч шүүгчийн шийтгэлд эсэргүүцэл гаргах тохиолдол зэрэгийг хэлнэ. "Зүй зохисгүй үг хэллэг", "Хөтлөж асуух"-ыг үзнэ үү.

3 遺失物等横領罪　Гээгдэл эд зүйлийг завших гэмт хэрэг
Гээгдсэн эд зүйл бас үүнтэй адилтгах зүйлийг цагдаагийн газарт мэдүүлэхгүйгээр, өөрийн болгох гэмт хэрэг. (Эрүүгийн хуулийн 254 зүйл).

4 一般情状　Нийтлэг нөхцөл байдал
Нөхцөл байдал дотроос, гэмт хэргийн байдлаас бусад зүйлийг заана. Ердын үеийн амьдралын байдал, засрах шинжтэй тус хүний хүмүүжих орчин, түүнчлэн хохирогчын саналыг сонсож ярилцах, хохиролын төлбөр, хохирогчийн түүнд хандах хандлага зэрэг багтана. "Нөхцөл байдал", "Гэмт хэргийн нөхцөл байдал"-ыг үзнэ үү.

5 違法　Хууль зөрчих
Эрүүгийн хууль тогтоолыг зөрчсөн олон хэргүүд багтах боловч, хэн нэгэн хүн хуулийг зөрчсөн гэдгээс шалтгаалж үр дүн нь адилгүй байдаг. Хувь хүний хууль бус үйлдлээс болж эрүүгийн хариуцлага үүсэж, эрүүгийн шийтгэл оногдуулах тохиолдол байдаг. Цагдаа болон прокурор хууль бус байцаалт хийсэн тохиолдолд, нотлох баримт нь хууль бусаар цуглуулсан нотлох баримт болж, шүүх дээр хэрэглэх боломжгүй тохиолдол байдаг. (Хууль бусаар цуглуулсан нотлох баримтыг хэрэгсэхгүй байх хуулийн заалт). Шүүх эрүүгийн хэргийн байцаан шийтгэх хуулийг зөрчих, эрүүгийн хуулийн тохирох тайлбар нь буруу бол давж заалдах шалтгаан болно. Энэ тохиолдолд, ялангуяа хууль тогтоомжийг зөрчих гэдэг үг хэллэгийг хэрэглэдэг. "Хууль бусаар цуглуулсан нотлох баримт", "Хууль бусаар цуглуулсан нотлох баримтыг хэрэгсэхгүй байх хуулийн заалт", "Дээд шатны шүүхэд давж заалдах гомдол гаргах", "Хууль тогтоомж зөрчих"-ийг үзнэ үү.

6 違法収集証拠　Хууль бусаар цуглуулсан нотлох баримт
Цагдаа болон прокурор хууль зөрчих аргаар цуглуулсан нотлох баримтыг хэлнэ. Тухайлбал, захирамжгүйгээр нотлох баримт болох зүйлийг

хураан авах. "Хууль зөрчих", "Хууль бусаар цуглуулсан нотлох баримтыг хэрэгсэхгүй байх хуулийн заалт", "Захирамж"-ийг үзнэ үү.

7 違法収集証拠排除法則　Хууль бусаар цуглуулсан нотлох баримтыг хэрэгсэхгүй байх хуулийн заалт

Хууль зөрчих аргаар цуглуулсан нотлох баримт нь (Хууль бусаар цуглуулсан нотлох баримт) шүүх ажиллагаанд хэрэглэгдэх эсэх, өөрөөр хэлбэл нотлох баримтын чадвар байх эсэхтэй холбоотой дүрэм. Хуулинд заасан тогтоолгүй боловч, шүүхийн жишээгээр харвал, хууль зөрчих хэмжээг чангатгах, эсвэл цаашдын хууль бус байцаалтыг багасгах шаардлагатай үед нотлох баримтын чадвар нь үгүйсгэгдэнэ. "Хууль зөрчих", "Хууль бусаар цуглуулсан нотлох баримт", "Нотлох баримтын чадвар"-ыг үзнэ үү.

8 員面調書　Шүүх эрх бүхий цагдаагийн тэмдэглэл

Цагдаа дотроос, шүүх эрх бүхий цагдаа (ер нь эргүүлийн цагдаагийн хэлтэсийн даргаас дээш албан тушаал бүхий)-гийн хийсэн байцаалтанд сэжигтэн ба холбоо бүхий этгээдийн мэдүүлсэн мэдүүлэгийг тэмдэглэсэн тэмдэглэлийг хэлнэ. Албан ёсоор бол, шүүх эрх бүхий цагдаагийн өмнө мэдүүлсэн мэдүүлэгийн тэмдэглэл гэж хэлдэг. "Цагдаагийн ажилтны тэмдэглэл"-ийг үзнэ үү.

疑わしきは罰せず→9 疑わしきは被告人の利益に

9 疑わしきは被告人の利益に　Эргэлзээ нь яллагдагч талд ашигтай

Гэм буруугүйд тооцох зарчмыг шүүхийн талаас харсан хэллэг юм. Өөрөөр хэлбэл, давуу тал бүхий эргэлзээг авч хэлэлцэх боломжгүй хэмжээнд хүртэл гэм буруутайг нотлож чадахгүй л бол, сэжигтэнийг яллах боломжгүй гэсэн дүрэм. Эргэлзээтэйн улмаас яллаагүй гэж ч бас хэлдэг. "Давуу тал бүхий эргэлзээ, сэжиг", "Гэм буруугүйд тооцох зарчим"-ийг үзнэ үү.

10 覚せい剤取締法違反　Сэргээшийн эм бэлдмэлийн тухай хуулийг зөрчих

Хуулиар олгосон зөвшөөрөлгүйгээр, сэргээшийн эм бэлдмэл болон түүний орц найрлагыг бэлдэж, худалдан борлуулж, худалдаж авч, хэрэглэж, авч явж байсан гэмт хэрэг. "Эмийн бүтээгдэхүүний 4 хууль"-ыг үзнэ үү.

11 確定的故意　Урьдаас шийдсэн санаатай үйлдэл

Идэвхитэй байдлаар, зориуд санаатайгаар гэмт хэрэг үйлдэхийг хэлнэ. Жишээлбэл, алъя гэж бодож, хүн алсан явдал. "Санаатай үйлдэл", "Далд санаатай үйлдэл"-ийг үзнэ үү.

12 過失犯　Болгоомжгүйгээс болсон гэмт хэрэг

Гэмт хэрэг үйлдэх санаа (санаатай үйлдэл) байгаагүй боловч, болгоомжгүйгээсээ болж хийсэн үйлдэл нь гэмт хэрэг болох. Эсхүл, иймэрхүү үйлдэл хийсэн хүнийг хэлнэ. Хуулинд санаатай үйлдэл байсан үгүй эсэх нь чухал бөгөөд, болгоомжгүйгээс болсон гэмт хэргийн шийтгэл өөр байдаг. (Эрүүгийн хуулийн 38 зүйлийн 1 заалт). "Санаатай үйлдэл", "Хариуцлагын зарчим"-ийг үзнэ үү.

13 過剰避難　Зайлшгүй авах арга хэмжээний хэр хэмжээг хэтрүүлэх

Өөрт болон бусдын амь нас, эд хөрөнгөд учирсан аюулыг зайлуулахын тулд, зайлшгүй шаардлагаар хийсэн үйлдэл нь нөгөө хүндээ болон мөн өөр бусад этгээдэд хор хөнөөл учруулж, тэрхүү үйлдэл нь боломжит хэр хэмжээнээс хэтрэхийг хэлнэ. Гэмт хэрэгт тооцогдох боловч, ялыг нь хөнгөрүүлэх, ялаас хэлтрүүлэх зэрэг тохиолдол байдаг. (Эрүүгийн хуулийн 37 зүйлийн 1 заалт). "Яаралтай тохиолдолд авах зайлшгүй арга хэмжээ", "Ял хөнгөрүүлэх"-ийг үзнэ үү.

14 過剰防衛　Аргагүй хамгаалалтын хэр хэмжээг хэтрүүлэх

Гэнэт тулгарсан хууль бус үйлдлээс өөрийгөө болон бусад хүмүүсийн эрхийг хамгаалах зорилгоор аргагүй хамгаалалтын хэмжээ нь хэтэрсэн байдал. Ялд тооцогдвол шийтгэлийг хөнгөлөх буюу шийтгэлээс хэлтрүүлж болно. (Эрүүгийн хуулийн 36 зүйлийн 1 заалт). "Ял хөнгөрүүлэх", "Аргагүй хамгаалалт"-ийг үзнэ үү.

15 危険運転致死傷罪　Аюултай жолоодлогийн улмаас бусдын амь насыг хохироосон, гэмтэл учруулсан гэмт хэрэг

Авто машин жолоодож хүний амьтай холбоотой хэрэг үйлдсэн хүнийг авто машин жолоодож болгоомжгүйгээс болж хүний амь насыг хохироох хэргээр шийтгэдэг ч архи болон эм ууж ердийн жолоодлого хийх боломжгүй байдлаас болсон бол хүнд шийтгэл оногдуулна. Хэт их хурд хэтрүүлэх болон жолооны үнэмлэхгүйгээр жолоодлого хийх, машины эгнээ байр эзлэсэн үед шахаж орох, тогтсон урсгалын шугмыг хэтрүүлж давхих зэрэг замбараагүй жолоодлого, гэрлэн дохиог зөрчих зэрэг тохиолдолд ч дээрхтэй адил хүндээр шийтгэнэ. (Эрүүгийн хуулийн 208 зүйлийн 2 заалт). "Хайхрамжгүй машин жолоодлогын улмаас бусдын амь насыг хохироосон, гэмтэл учруулсан гэмт хэрэг"-ийг үзнэ үү.

16 偽証罪　Худал гэрчлэх хэрэг

Шүүхийн танхимд тангараг өргөсөн гэрч худал гэрчлэх гэмт хэрэг. (Эрүүгийн хуулийн 169 зүйл).

189

17 既遂　Төгссөн гэмт хэрэг

Гэмт хэрэг үйлдсэнээс болж түүнтэй холбоотой үр дүн бий болох. Үр дүн гараагүй тохиолдолд завдах гэмт хэрэг болох бөгөөд, зөвхөн онцгой заалттай тохиолдолд л ял оногдуулна. (Эрүүгийн хуулийн 44 зүйл). Тухайлбал, хүн алахаар хутгалж, хохирогч нас барсан тохиолдолд хүн алсан ялд орно. Хэрвээ хохирогч амьд үлдсэн бол хүн алахаар завдсан гэмт хэрэг болно. "Завдах"-ийг үзнэ үү.

18 起訴　Эрүүгийн хэрэг үүсгэх

Прокурор сэжигтэнийг байцаан шалгасан үр дүн болон мөрдөн байцаалтын үр дүнг үндэслэн, шүүхэд ял оноохыг шаардахыг хэлнэ. Албан ёсоор эрүүгийн хэрэг үүсгэх, мөн прокурорын шүүхэд шилжүүлэх нэхэмжлэх ч гэж бас хэлдэг. "Эрүүгийн хэрэг үүсгэхийг түдгэлзэх", "Эрүүгийн хэрэг үл үүсгэх", "Хялбаршуулсан эрүүгийн хэрэг үүсгэх" зэргийг үзнэ үү.

19 偽造通貨行使罪　Хуурамч мөнгөн тэмдэгт ашигласан гэмт хэрэг

Хуурамч тэмдэгт болон мөнгөн зоосийг хуурамч гэдгийг мэдсээр байтал үүнийг ашигласан гэмт хэрэг. (Эрүүгийн хуулийн 148 зүйл 2 заалт). Гадаад улсын хуурамч мөнгөн тэмдэгт болон мөнгөн зоосыг хэрэглэсэн тохиолдолд ч япон улсын эрүүгийн хуулиар шийтгэгдэнэ. (Эрүүгийн хуулийн 149 зүйл 2 заалт). "Хуурамч мөнгөн тэмдэгт үйлдсэн гэмт хэрэг"-ийг үзнэ үү.

20 起訴状　Яллах дүгнэлт

Прокурорын шүүх хурал явуулахыг шаардсан шүүхэд явуулж буй албан бичгийг хэлнэ. Яллах дүгнэлтэнд, яллагдагчийн гэрийн хаяг, нэр, төрсөн, он, сар, өдөр зэрэг мэдээлэл, гэмт хэргийн агуулгыг тусгасан эрүүгийн хэрэг үүсгэх нөхцөл байдал, уг гэмт хэргийн нэр, шийтгэлийг бичдэг. "Эрүүгийн хэрэг үүсгэх нөхцөл байдал", "Гэмт хэргийн нэр", "Ялын зүйл анги" зэргийг үзнэ үү.

21 起訴猶予　Эрүүгийн хэрэг үүсгэхийг түдгэлзэх

Прокурор сэжигтэнийг байцаан шалгасан болон мөрдөн байцаалтын үр дүнд, сэжигтэнийг гэмт хэрэг үйлдсэн гэж үзсэн боловч, нөхцөл байдлаас болж эрүүгийн хэрэг үүсгэхгүй байхыг хэлнэ. "Эрүүгийн хэрэг үүсгэх", "Нөхцөл байдал"-ийг үзнэ үү.

22 求刑　Яллахыг шаардах

Прокурор ялын тухай болон ялын хүнд хөнгөний талаар саналаа хэлэх. Хуулинд бичигдээгүй боловч, хамгийн сүүлд нь прокурорын дүгнэлтээр үүнийг хэлэх заншил тогтсон байдаг. Шүүгч ял оноохдоо, прокурорын яллахыг шаардсан шийдвэрээс хүндээр ялыг тогтоож болно. "Прокурорын дүгнэлт"-ыг үзнэ үү.

23 求釈明　Нэмэлт тайлбар шаардах
Прокурор болон өмгөөлөгчийн хэлсэн зүйлд тодорхой бус эргэлзээтэй зүйл байна гэж үзсэн тохиолдолд, шүүгч асуулт тавихыг хэлнэ. Прокурор болон өмгөөлөгч хоорондоо асуулт тавих тохиолдолыг ч нэмэлт тайлбар шаардах гэж хэлнэ.

24 恐喝罪　Айлган сүрдүүлэх хэрэг
Хүчирхийлэл болон сүрдүүлэг хэрэглэн, бусдын эд зүйлсийг авах, зүй бусаар ашиг олох, гуравдагч этгээдэд ашиг олох боломж олгох зэргийг хэлнэ. (Эрүүгийн хуулийн 249 зүйл). Хүчирхийлэл болон сүрдүүлэг нь хохирогчийг эсэргүүцэл үзүүлэх чадваргүй хэмжээнд хүргэсэн бол айлган сүрдүүлэх хэрэг бус дээрмийн хэрэг болно. "Дээрмийн хэрэг", "Эсэргүүцэл үзүүлэх чадваргүй болгох"-ыг үзнэ үү.

25 教唆犯　Гэмт хэргийн хатгагч
Бусдыг уруу татан гэмт хэрэгт татан оролцуулахыг хэлнэ. Эсвэл иймэрхүү уруу татах үйлдэл хийсэн хүнийг хэлнэ. Хам хэрэгтэний нэг төрөл бөгөөд, зарчмын хувьд, гэмт хэрэг үйлдсэн хүнтэй адил ялаар шийтгэнэ. (Эрүүгийн хуулийн 61 зүйл 1 заалт). "Хам хэрэгтэн"-ийг үзнэ үү.

26 供述調書　Хэрэгтэний тэмдэглэл
Сэжигтэн буюу холбоо бүхий этгээдийг байцаан шалгаж тэдгээрийн яриаг цагдаа болон прокурор бичиж авсан тэмдэглэл. Хялбараар бол тэмдэглэл гэнэ. "Цагдаагийн тэмдэглэл", "Прокурорын тэмдэглэл"-ийг үзнэ үү.

27 強制わいせつ罪　Албадлагаар садар самуун үйлдэл хийлгэх гэмт хэрэг
Ижил хүйстэн байна уу, эсрэг хүйстэн байна уу хамааралгүйгээр, хүчирхийлэл болон сүрдүүлэг хэрэглэж, хүсээгүй байхад нь бусадтай садар самуун үйлдэл хийх гэмт хэрэг. Бэлгийн хүчирхийлэлээс ялгаатай нь, хүчирхийлэл болон сүрдүүлэг нь эсэргүүцэл үзүүлэх чадваргүй болгох хэмжээнд тулаагүй боловч уг гэмт хэрэг үйлдэгдсэн нөхцөл байдлыг хэлнэ. Мөн, хохирогч 13 хүрээгүй бол албадлагагүйгээр ч гэмт хэрэгт тооцогдоно. (Эрүүгийн хуулийн 176 зүйл). Цаашилбал, хохирогч нь 18 нас хүрээгүй бол, санаа нэгдсэн эсэх нь хамаарахгүй тухайн муж, орон нутгийн захиргааны залуучуудын хүмүүжлийн хуулийн заалтын дагуу шийтгэл оногдуулна. "Бэлгийн хүчирхийлэл", "Эсэргүүцэл үзүүлэх чадваргүй болгох"-ийг үзнэ үү.

28 強制わいせつ致死傷罪　Албадлагаар садар самуун үйлдэл хийлгэх гэмт хэргийн улмаас амь насыг хохироох, гэмтээх хэрэг
Албадлагаар садар самуун үйлдэл хийлгэх гэмт хэрэг үйлдэгдсэн, эсвэл

тухайн гэмт хэргийг үйлдэхийг завдсаны улмаас бусдын амь насыг хохироосон, шархдуулсан гэмт хэрэг. (Эрүүгийн хуулийн 181 зүйл 1 заалт). "Албадлагаар садар самуун үйлдэл хийлгэх гэмт хэрэг"-ийг үзнэ үү.

29 共同正犯   Гэмт хэргийн хамсаатан
Олон хүн үгсэж, хамтдаа гэмт хэргийг үйлдэх. Эсвэл үгсэн хуйвалдаж бусадтай хамт гэмт хэрэг үйлдсэн этгээдүүдийг хэлнэ. Хам хэргийн нэгэн төрөл юм. Гэмт хэргийн хамсаатан тухайн хэрэгт гар бие оролцох, гэмт хэргийн хамсаатнууд үгсэн хуйвалдах гэсэн хоёрын хоёулангийнх нь утгийг заадаг боловч, зөвхөн гэмт хэргийн хамсаатан тухайн хэрэгт гар бие оролцох гэсэн утгаар ч хэрэглэгдэх тохиолдол байдаг. Тухайн этгээдүүдийн, өөрийнх нь үйлдсэн хэрэг нь уг гэмт хэргийн нэг хэсгээс хэтрээгүй байсан ч, тухайн хэргийн бүхэлд нь авч үзсэн ялаар шийтгэгдэнэ. (Эрүүгийн хуулийн 60 зүйл). "Хам хэрэгтэн", "Үгсэн" хуйвалдах, "Гэмт хэргийн хамсаатнууд үгсэн хуйвалдах", "Гэмт хэргийн хамсаатан тухайн хэрэгт гар бие оролцох" зэргийг үзнэ үү.

30 共犯   Хам хэрэг, Хам хэрэгтэн
Хэд хэдэн хүн нэг гэмт хэрэгт холбогдохыг хэлнэ. Эсвэл, нэг гэмт хэрэгт холбоотой хэд хэдэн хүнийг хэлнэ. Ямар үүргээр оролцож байгаагаас хамааран хэрэгтнүүдийг гэмт хэргийн хамсаатан, гэмт хэргийн хатгагч, гэмт хэргийн хамжигч гэж ангилдаг. "Гэмт хэргийн хамсаатан", "Гэмт хэргийн хатгагч", "Гэмт хэргийн хамжигч" зэргийг үзнэ үү.

31 共謀   Үгсэн хуйвалдах
Бусадтай хамтран гэмт хэрэг төлөвлөж, үгсэхийг хэлнэ. Дохио зангаагаар ойлголцсон тохиолдол зэрэг ч мөн үүнд хамаарна. "Хэргийн газар дээр үгсэн хуйвалдах", "Урьдчилан үгсэн хуйвалдах", "Зохион байгуулалттайгаар үгсэн хуйвалдах" зэргийг үзнэ үү.

32 共謀共同正犯   Гэмт хэргийн хамсаатнууд үгсэн хуйвалдах
Өөрөө гэмт үйлдэл хийхгүй боловч, гэмт хэргийг төлөвлөж, шийдвэр гаргахад гол үүрэг гүйцэтгэж оролцохыг хэлнэ. Эсвэл, иймэрхүү гэмт хэрэгт татан оролцуулахыг хэлнэ. Хам хэргийн нэг төрөл бөгөөд гэмт хэрэг үйлдсэн хүнтэй адилхан шийтгэгдэнэ . Жишээлбэл, гэмт бүлэглэлийн толгойлогч нь доод тушаалын гэмт бүлэглэлийн гишүүддээ үүрэг өгч гэмт хэрэг үйлдүүлэх тохиолдол. "Гэмт хэргийн хамсаатан", "Хам хэрэг", "Гэмт хэргийн хамсаатан тухайн хэрэгт гар бие оролцох" зэргийг үзнэ үү.

33 虚偽鑑定罪   Санаатай худал дүгнэлт гаргах хэрэг
Шүүхийн өмнө тангараг өргөсөн шинжээч нь худал дүгнэлт гаргаж өгөхийг хэлнэ. (Эрүүгийн хуулийн 171-р зүйл).

34 虚偽通訳罪　Хуурамч аман орчуулга хийсэн хэрэг
Шүүхийн өмнө тангараг өргөсөн орчуулагч хуурамч аман орчуулга хийхийг хэлнэ. (Эрүүгийн хуулийн 171-р зүйл).

35 虚偽翻訳罪　Хуурамч бичгийн орчуулга хийсэн хэрэг
Шүүхийн өмнө тангараг өргөсөн орчуулагч шүүхэд хуурамч бичгийн орчуулга өгөхийг хэлнэ. (Эрүүгийн хуулийн 171-р зүйл).

挙証責任→179 立証責任

36 緊急避難　Яаралтай тохиолдолд авах зайлшгүй арга хэмжээ
Өөрийнхөө болон бусдын амь нас, эд хөрөнгөд учирсан аюулыг холдуулахын тулд, зайлшгүй хийсэн үйлдэл нь бусдад болон нөгөө талдаа аюул учруулсан байсан ч гэсэн, тэрхүү үйлдэл нь аргагүй хэм хэмжээнээс хэтрээгүй бол хууль зөрчих үйлдэл гэж үзэхгүй. (Эрүүгийн хуулийн 37-н 1-р зүйл). "Хууль зөрчих", "Зайлшгүй авах арга хэмжээний хэр хэмжээг хэтрүүлэх" зэргийг нэмж үзнэ үү.

37 警察官調書　Цагдаагийн ажилтны тэмдэглэл
Цагдаагийн ажилтны (Хууль ёсны цагдаагийн ажилтан ба хууль ёсны эргүүлийн цагдаа) байцаалтын үед сэжигтэн болон холбогдогчийн ярьсан яриаг, цагдаагийн ажилтан бичиж тэмдэглэсэн бичиг баримтыг хэлнэ. "Шүүх эрх бүхий цагдаагийн тэмдэглэл", "Эргүүлийн цагдаагийн тэмдэглэл" зэргийг нэмж үзнэ үү.

38 刑の加重　Ял хүндрүүлэх
Хуулиар тогтоосон ялнаас (Хуульд заасан ял шийтгэл) хүнд ял онооxыг хэлнэ. Жишээ нь, хэд хэдэн гэмт хэрэгт холбогдсон давхар гэмт хэргээс болж ял нь хүндэрдэг. (Эрүүгийн хуулийн 47-р зүйл). Давтан хэрэг, удаа дараагийн давтан хэрэг (Эрүүгийн хуулийн 57-р зүйл, 59-р зүйл,) хийсэн үед ял хүндрүүлдэг. Гэхдээ, хугацаатай ялын үеийн ял хүндрүүлэх шийтгэл нь дээд тал нь 30 жил байдаг. (Эрүүгийн хуулийн 14-р зүйл). "Давтан хэрэг", "Давтан хэргийн ял хүндрүүлэх", "Нийлмэл гэмт хэрэг", "Хуульд заасан ял шийтгэл", "Удаа дараагийн давтан хэрэг", "Удаа дараагийн давтан хэргийн ял хүндрүүлэх" зэргийг үзнэ үү.

39 刑の減軽　Ял хөнгөрүүлэх
Хуулиар тогтоосон ялнаас (Хуульд заасан ял шийтгэл) хөнгөн ял онооxыг хэлнэ. Жишээ нь, завдахаар төгссөн тохиолдолд (Эрүүгийн хуулийн 43-р зүйл) болон ял хөнгөрүүлэх нөхцөл байдлыг харгалзан үзэх (Эрүүгийн хуулийн 66-р зүйл)-ийг харгалзан, хэргийн ялын хөнгөрүүлэх тохиолдол байдаг. "Ял хөнгөрүүлэх нөхцөл байдлыг харгалзан үзэх", "Хуульд заасан ял шийтгэл", "Завдах" зэргийг үзнэ үү.

193

40 刑の量定　Ялын хэмжээ тогтоох
Шүүгч болон шүүхээс сонгогдсон энгийн иргэн шүүгч ялын хэмжээг тогтоохыг хэлнэ. Ялын хэмжээ ч гэж бас хэлдэг. Хэрвээ яллагдагч нь шийтгэлдээ сэтгэл дундуур байвал анхан шатны шүүхэд давж заалдах гомдол гаргах болон дээд шатны шүүхэд давж заалдах гомдол гаргах эрхтэй. (Эрүүгийн хуулийн 381-р зүйл, 384-р зүйл, 411-р зүйлийн 2). "Анхан шатны шүүхэд давж заалдах гомдол гаргах", "Дээд шатны шүүхэд давж заалдах гомдол гаргах" зэргийг нэмж үзнэ үү.

41 検察官調書　Прокурорын тэмдэглэл
Прокурорын байцаалтын үед сэжигтэн болон холбогдогчийн ярьсан яриаг, прокурор бичиж тэмдэглэсэн бичиг баримтыг хэлнэ. "Прокурорын тэмдэглэл" ч гэж хэлэх ба албан ёсоор "Прокурорын нүүр тулсан мэдүүлэгийг тэмдэглэсэн тэмдэглэл" гэж хэлдэг.

検察官面前供述調書→41 検察官調書

42 現住建造物放火罪　Оршин суугчтай барилга байшинд гал тавьсан хэрэг
Гэрт нь хүн байсан байгаагүйг үл харгалзан, орон сууцны зориулалттай байшинд гал тавих гэмт хэргийг хэлнэ. Бусад төрлийн гал тавьсан хэргээс илүү хүнд ял оноогдоно. (Эрүүгийн хуулийн 108-р зүйл). "Хүн оршин суудаггүй барилга байшинд гал тавьсан хэрэг", "Гал тавьсан хэрэг" зэргийг нэмж үзнэ үү.

43 検証　Үзлэг шалгалт хийх
Шүүгч, прокурор, цагдаагийн ажилтан, хэргийг тодруулах зорилгоор шаардлагатай газрыг, эд зүйлсийг, хүнийг шалгаж тэмдэглэхийг хэлнэ. (Эрүүгийн байцаан шийтгэх хуулийн 128-р зүйл, 218-р зүйл). Прокурор болон цагдаа үзлэг шалгалт хийхийн тулд, зарчмийн хувьд шүүгчийн захирамж шаардлагатай байдаг. Хүнд үзлэг хийхдээ, хүний биед нэгжлэг хийх болон хувь хүний эрхэнд халдахгүй байхыг хамгаалах талаасаа бодолцсон ч илүү нарийвчилсан нөхцөлтэй байдаг. "Захирамж", "Шалгаж нотолсон тэмдэглэл" зэргийг нэмж үзнэ үү.

44 検証調書　Шалгаж нотолсон тэмдэглэл
Үзлэг шалгалт хийсэн үр дүнгээ бичиж тэмдэглэсэн тэмдэглэлийг хэлнэ. "Үзлэг шалгалт хийх" зэргийг нэмж үзнэ үү.

45 現場共謀　Хэргийн газар дээр үгсэн хуйвалдах
Гэмт хэргийн төлөвлөгөөгөө урьдчилан ярилцаж шийдвэрлэсэн биш, тухайн хэргийн газар дээр санамсаргүй таарсан хүмүүс зөвлөлдөж, гэмт

хэрэг үйлдэхээр шийдсэнийг хэлнэ. "Үгсэн хуйвалдах", "Урьдчилан үгсэн хуйвалдах", "Зохион байгуулалтайгаар үгсэн хуйвалдах" зэргийг нэмж үзнэ үү.

検面調書→41 検察官調書

46 故意　Санаатай үйлдэл

Гэмт хэрэг санаатайгаар үйлдэхийг хэлнэ. Гэмт үйлдэлийнхээ үр дүнг нь мэдсээр байж, гэмт хэрэг санаатайгаар үйлдэхийг хэлнэ. Жишээ нь, зориудын сэдэлтэйгээр амь насыг нь бүрэлгэх, үхчихсэн ч хамаагүй гэсэн сэдэлтэйгээр гэмт хэрэг үйлдсэн тохиолдолд үүнийг санаатай үйлдсэн гэмт хэрэг гэж үзнэ. "Урьдаас шийдсэн санаатай үйлдэл", "Далд санаатай үйлдэл" зэргийг нэмж үзнэ үү.

47 合意書面　Санал нэгдсэн бичиг

Гэрчийн мэдүүлгийн агуулга болон хэргийн газрын үзлэгийн протокол, тэмдэглэлийн агуулгын тухай, прокурор болон (яллагдагчийн) өмгөөлөгчийн хамтран бэлтгэсэн баримт бичгийг хэлнэ. Энэ баримт бичиг нь дам сонссон зүйлийн хуулийн заалтын хязгаарлалтыг үл хамааран, нотлох чадвартай гэж үзнэ. (Дам сонссон зүйлийг ашиглах). Үүний төлөө гэрч шүүх дээр ирэхгүй ч байж болох юм. (Эрүүгийн байцаан шийтгэх хуулийн 327-р зүйл). "Хэргийн газрын үзлэгийн протокол, тэмдэглэл", "Нотлох чадвар", "Дам сонссон зүйлийн хуулийн заалт", "Дам сонссон зүйлийг ашиглах" зэргийг нэмж үзнэ үү.

48 強姦罪　Бэлгийн хүчирхийлэл

Хохирогчийг эсэргүүцэл үзүүлэх чадваргүй болох хэмжээнд хүртэл зодож, айлган сүрдүүлээд, хүч хэрэглэн эмэгтэй хүнтэй бэлгийн харилцаанд орох гэмт хэргийг хэлнэ. Хэрвээ хохирогч нь 13-аас доош насных бол хүч хэрэглэн хүчиндээгүй байсан ч гэсэн гэмт хэрэгт тооцно. (Эрүүгийн хуулийн 177-р зүйл). Хэрвээ хохирогч нь 18-аас доош насных бол 2 талын зөвшилцлийг үл харгалзан, муж, орон нутгийн захиргааны залуучуудын хүмүүжлийн хуулийн заалтын дагуу шийтгэх тохиолдол байдаг. "Эсэргүүцэл үзүүлэх чадваргүй болгох"-ыг нэмж үзнэ үү.

49 強姦致死傷罪　Үхэл болон гэмтэлд хүргэсэн бэлгийн хүчирхийлэл

Бэлгийн хүчирхийлэл үйлдсэн, эсвэл бэлгийн хүчирхийлэл үйлдэхээр завдсаны улмаас хохирогчийг үхэлд хүргэсэн, эсвэл гэмтэл учруулсан гэмт хэргийг хэлнэ. (Эрүүгийн хуулийн 181-р зүйлийн 2). "Бэлгийн хүчирхийлэл"-ийг нэмж үзнэ үү.

50 控訴 Давж заалдах гомдол
こう そ

Орон нутгийн шүүх болон доод шатны шүүхийн тогтоолд гомдолтой байгаа бол тэр тухайгаа дээд шатны шүүхэд өргөдөл гаргахыг хэлнэ. (Эрүүгийн тухай хуулийн 16-р зүйлийн 1). "Дээд шатны шүүхэд давж заалдах", "Дээд шатны шүүхэд гаргах давж заалдах гомдол" зэргийг нэмж үзнэ үү.

51 公訴事実 Эрүүгийн хэрэг үүсгэх нөхцөл байдал
こう そ じ じつ

Гэмт хэрэг үйлдэгдсэн нөхцөл байдлын тухай, прокуророн яллах дүгнэлтэд бичигдсэн агуулгыг хэлнэ. Гэмт хэргийн өдөр, цаг, газар, арга барилыг аль болох тодорхой зааж, улмаар бодит нөхцөл байдлыг тодруулах хэрэгтэй. (Эрүүгийн байцаан шийтгэх хуулийн 256-р зүйлийн 3). Гэвч, шүүхчид урьдчилан мэдэх боломж бүхий нөхцөл байдал тоочиж бичсэн тохиолдолд, яллах дүгнэлтийг хууль зөрчсөн үйлдэл гэж үзнэ. (Дээрхи зүйлийн 6-р заалт). "Хууль зөрчих", "Эрүүгийн хэрэг үүсгэх", "Яллах дүгнэлт" зэргийг нэмж үзнэ үү.

拘置→61 勾留
こう ち　　こうりゅう

52 拘置所 Албадан саатуулах байр
こう ち しょ

Ихэвчлэн сэжигтэн болон яллагдагчийг цагдан хорих зорилготой байгууламжийг хэлнэ. Гэвч, сэжигтний тухайд, ихэнх тохиолдолд, цагдаагийн байран дахь цагдан хорих байранд (Хорих газрыг орлох байр) саатуулагддаг. "Хорих газрыг орлох байр", "Цагдан хорих" зэргийг нэмж үзнэ үү.

53 強盗強姦罪 Дээрэм хийх үеийн бэлгийн хүчирхийлэл
ごう とう ごう かん ざい

Дээрэм хийх үеийн бэлгийн хүчирхийлэл үйлдэх гэмт хэргийг хэлнэ. Хохирогч нь үхсэн тохиолдолд, ял нь илүү хүндрэх болно. (Эрүүгийн хуулийн 241-р зүйл). "Бэлгийн хүчирхийлэл", "Дээрмийн гэмт хэрэг", "Үхэл болон гэмтэлд хүргэсэн бэлгийн хүчирхийлэл" зэргийг нэмж үзнэ үү.

54 強盗罪 Дээрмийн гэмт хэрэг
ごう とう ざい

Хохирогчийн эсэргүүцэлийг дарах хэмжээнд хүртэл хүчирхийлэл сүрдүүлэг хэрэглэж, бусдын эд зүйлсийг нь хүчээр булаан авах, хууль бусаар ашиг олох, 3 дахь этгээдэд ашиг олох боломж олгох зэргийг хэлнэ. (Эрүүгийн хуулийн 236-р зүйл). Хүчирхийлэл болон сүрдүүлэг нь хохирогчийн эсэргүүцэл үзүүлэх чадваргүй болгох хэмжээнд хүргээгүй тохиолдолд, дээрмийн гэмт хэрэг биш айлган сүрдүүлэх хэрэг гэнэ. "Айлган сүрдүүлэх хэрэг", "Эсэргүүцэлийг дарах" зэргийг нэмж үзнэ үү.

55 強盗殺人罪 Дээрмийн үед гарсан хүн амины хэрэг
ごう とう さつ じん ざい

Дээрэм хийх үед, санаатайгаар хүний амь нас хохироосон тохиолдолыг дээрмийн үед гарсан хүн амины хэрэг гэх ба, үүнийг санаатай бус

196

тохиолдолоос ялгахын тулд, ерөнхийд нь дээрмийн үед гарсан хүн амины хэрэг гэдэг үгийг хэрэглэдэг. "Санаатай үйлдэл", "Дээрмийн үед гэмтэл учруулсан гэмт хэрэг", "Хүн амины хэрэг" зэргийг нэмж үзнэ үү.

56 強盗傷害罪　Дээрмийн үед гэмтэл учруулсан гэмт хэрэг

Дээрэм хийх үед, санаатайгаар хүнийг гэмтээж бэртээсэн тохиолдолыг дээрмийн үед гэмтэл учруулсан гэмт хэрэг гэх ба, үүнийг санаатай бус тохиолдолоос ялгахын тулд, ерөнхийд нь дээрмийн үед гэмтэл учруулсан гэмт хэрэг гэдэг үгийг хэрэглэдэг. "Санаатай үйлдэл", "Дээрмийн үед гэмтэл учруулсан гэмт хэрэг", "Бусдын бие махбодид гэмтэл учруулсан гэмт хэрэг" зэргийг нэмж үзнэ үү.

57 強盗致死傷罪　Үхэл болон гэмтэлд хүргэсэн дээрмийн хэрэг

Дээрэм хийх үедээ бусдыг үхэлд хүргэсэн, эсвэл гэмтэл учруулсан гэмт хэргийг хэлнэ. (Эрүүгийн хуулийн 240-р зүйл). Гэвч, шүүх хурал дээр гэмт хэргийн нэрийг үхэлд хүргэсэн дээрмийн хэрэг, мөн гэмтэл учруулсан дээрмийн хэрэг гэж хэлэх ба ялын зүйл ангийн тухайд, эрүүгийн хуулийн 240-р зүйлийн өмнөх, ба эрүүгийн хуулийн 240-р зүйлийн хойдох гэж ялгадаг. Зөвхөн гэмтэл учруулсан уу, үхэлд хүргэсэн үү, мөн санаатай үйлдэл байсан эсэх зэргийг харгалзан ялын хэмжээг (Ялын хэмжээг тогтоох) тогтооно. "Ялын хэмжээг тогтоох", "Санаатай үйлдэл", "Дээрмийн үед гарсан хүн амины хэрэг", "Дээрмийн үед гэмтэл учруулсан гэмт хэрэг", "Гэмт хэргийн нэр", "Ялын зүйл анги" зэргийг нэмж үзнэ үү.

58 公判期日　Эрүүгийн байцаан шийтгэх үйл ажиллагаа явуулах өдөр/ Шүүх хурлын өдөр

Шүүхийн танхимд шүүх хурал явуулах өдрийг хэлнэ. Шүүх хуралдаан явуулах төдийгүй шүүхийн шийдвэр гаргаж ял оноох өдрийг ч мөн ингэж хэлнэ.

公判請求→18 起訴

59 公判前整理手続　Эрүүгийн байцаан шийтгэх үйл ажиллагааны өмнөх журам

Эхний шүүх хурал болох өдрөөс өмнө, урьдаас хэргийн маргааныг зохицуулах тухай болон нотлох баримт цуглуулах тухай гэх мэт бэлтгэлийг хэрхэн хийх журмыг хэлнэ. Шүүгч шаардлагатай гэж үзсэн тохиолдолд, энэхүү журмыг хэзээнээс гаргахыг шийддэг. (Эрүүгийн байцаан шийтгэх хуулийн 316-р зүйлийн 2). Гэвч, шүүх хуралдаанд иргэдийн төлөөлөгчид оролцсон шүүх хурлын үед энэ үйл ажиллагааг заавал байх ёстой гэж үздэг. "Эрүүгийн байцаан шийтгэх үйл ажиллагаа явуулах өдөр", "Иргэдийн төлөөлөгчид оролцсон шүүх хурал", "Маргааныг зохицуулах" зэргийг нэмж үзнэ үү.

60 合理的な疑い　Давуу тал бүхий эргэлзээ, сэжиг

Яллагдагчийг гэм буруутай гэж үзэн яллахын тулд, энгийн хүний нүдээр ч тухайн үйлдэл нь гарцаагүй гэмт үйлдэл болох нь тодорхой, гэмт хэргийг энэ хүн үйлдсэн гэсэн бат итгэл төрөлхүйц байх шаардлагатай. Өөрөөр хэлбэл, тэр хүн гэмт хэрэгтэн байх магадлалтай гэж бодсон ч, давуу тал бүхий эргэлзээ, сэжиг үлдэх тохиолдолд, гэм буруугүй гэж үзнэ. "Эргэлзээ нь яллагдагч талд ашигтай", "Гэм буруугүйд тооцох зарчим" зэргийг нэмж үзнэ үү.

61 勾留　Цагдан хорих

Сэжигтэн эсвэл яллагдагчийг баривчлан цагдан хорихыг хэлнэ. (Эрүүгийн байцаан шийтгэх хуулийн 60-р зүйл, 207-р зүйл). Ерөнхийд нь албадан саатуулах болон түр цагдан хорих гэж хэлдэг. "Гэмт хэргийн нотлох баримтыг нуун дарагдуулах", "Албадан саатуулах байр", "Хорих газрыг орлох байр", "Түр цагдан хорьсон хугацааг ялын хугацаанд оруулж тооцох" зэргийг нэмж үзнэ үү.

62 拘留　Баривчлах ял

Шоронд ял эдлүүлэх, мөн албан бусаар болон албадан ажиллуулах ялыг бодвол хөнгөн шийтгэл бөгөөд, нэгээс гуч хүртэлх өдрөөр хорих байгууламжинд (Шорон эсвэл албадан саатуулах байр) саатуулан хорихыг хэлнэ. "Албадан саатуулах байр", "Хуульд заасан ял шийтгэл" зэргийг нэмж үзнэ үү.

63 勾留状　Цагдан хорих ордер

Прокурор сэжигтэн болон яллагдагчийг цагдан хорихын тулд, шүүгчийн зөвшөөрөл авсан баримт бичгийг хэлнэ. "Цагдан хорих", "Захирамж" зэргийг нэмж үзнэ үү.

64 国選被害者参加弁護士　Улсаас томилогдсон хохирогчийн өмгөөлөгч

Шүүх хуралд хохирогч оролцох тогтолцооны дагуу, шүүх хуралд оролцох хохирогч болон хохирогчийн ар гэрийнхэний төлөө, улсаас өмгөөлөгч томилж өгөхийг хэлнэ. Өмгөөлөгчийн төлбөр төлөх чадваргүй тохиролдолд, улсаас төлбөрийг төлж, өмгөөлөгч томилдог. "Шүүх хуралд хохирогч оролцох тогтолцоо", "Хохирогчийн өмгөөлөгч" зэргийг нэмж үзнэ үү.

65 国選弁護人　Улсаас томилогдсон өмгөөлөгч

Яллагдагчид улсаас томилсон өмгөөлөгчийг (ерөнхий нэр өмгөөлөгч) хэлнэ. Хүн амины хэрэг гэх мэт томоохон эрүүгийн гэмт хэргийн үед, яллагдагч заавал өмгөөлөгчтэй байх ёстой. Хэрвээ яллагдагч нь өмгөөлөгчийн төлбөр төлөх чадваргүй тохиролдолд, улсаас төлбөрийг төлж, өмгөөлөгч томилдог. "Хувийн өмгөөлөгч", "Яллагдагчид улсаас томилогдсон өмгөөлөгч" зэргийг нэмж үзнэ үү.

66 再現実況見分 Хэргийн газрын үзлэг, шалгалтыг дахин хийх
Сэжигтэн болон хохирогч, гэрчийн оролцоотойгоор, хэргийн үйл явдлыг хуулбарлан дахин тэмдэглэхийг хэлнэ. Энэ нь хэргийн газрын үзлэг, шалгалтын нэг хэлбэр юм. "Хэргийн газрын үзлэг, шалгалт"-ыг нэмж үзнэ үү.

67 最終意見陳述 Яллагдагчийн сүүлчийн мэдүүлэг
Нотлох баримтыг хянан шалгах үйл ажиллагаа бүрэн дууссаны дараах, яллагдагчийн сүүлчийн мэдүүлэгийг хэлнэ. (Эрүүгийн байцаан шийтгэх хуулийн 293-р зүйлийн 2-р заалт). "Шүүх хуралдааны шүүмжлэл", "Прокурорын дүгнэлт" зэргийг нэмж үзнэ үү.

68 最終弁論 Шүүх хуралдааны шүүмжлэл
Нотлох баримтыг хянан шалгах үйл ажиллагаа бүрэн дууссаны дараах, өмгөөлөгч хамгийн сүүлийн саналаа хэлэхийг хэлнэ. (Эрүүгийн байцаан шийтгэх хуулийн 293-р зүйлийн 2-р заалт). Энгийнээр үүнийг, шүүх хуралдааны хэлэлцүүлэг ч гэж хэлдэг. "Яллагдагчийн сүүлийн мэдүүлэг", "Прокурорын дүгнэлт" зэргийг нэмж үзнэ үү.

69 罪証隠滅 Гэмт хэргийн нотлох баримтыг нуун дарагдуулах
Гэмт хэргийн баримт нотолгоог нуун далдалж, өөрчлөн засч мөн устгахыг хэлнэ. Гэрч болон хохирогчийг тулган шаардаж, мэдүүлэгийн агуулгыг өөрчлүүлэх үйлдэл гэх мэт зүйл ч үүнд багтана. Хэрвээ сэжигтэн гэмт хэргийнхээ баримт нотолгоог устгаж болзошгүй гэж үзвэл, цагдан хорих гол нөхцөл болно. "Цагдан хорих"-ийг нэмж үзнэ үү.

70 再犯 Давтан гэмт хэрэг
Шоронгоос гараад 5 жилийн дотор дахин гэмт хэрэг үйлдэж, хорих ялаар шийтгүүлэхийг хэлнэ. (Эрүүгийн хууль 56-р зүйл). "Давтан хэргийн ял хүндрүүлэх", "Удаа дараагийн давтан хэрэг" зэргийг нэмж үзнэ үү.

71 裁判員 Иргэдийн төлөөлөл болох иргэн шүүгч
Энгийн иргэдээс санамсаргүйгээр сонгогдож, шүүгчидтэй зэрэгцэн шүүх хуралдаанд оролцуж, яллагдагчийн гэм буруутай эсэхийг тогтоож, хэрвээ гэм буруутай нь тогтоогдсон бол, ялын хэмжээг (Ялын хэмжээг тогтоох) тогтоох хүнийг хэлнэ. Америкийн Нэгдсэн Улс дахь тангарагтаны шүүх нь, зарчмийн хувьд, зөвхөн гэм буруутай, гэм буруугүй гэдгийг тогтоож, шүүгч ялын хэмжээг тогтоодог тул, Японы иргэдийн төлөөлөл болох иргэн шүүгчээс их том ялгаатай. "Ялын хэмжээг тогтоох", "Иргэдийн төлөөлөгчид

199

оролцсон шүүх хурал" зэргийг нэмж үзнэ үү.

72 裁判員裁判（さいばんいんさいばん）　Иргэдийн төлөөлөгчид оролцсон шүүх хурал

Иргэдийн төлөөлөл болох иргэн шүүгч оролцож байгаа шүүх хурлыг хэлнэ. Эрүүгийн гэмт хэргийн дотроос, зөвхөн хүнд гэмт хэрэг л үүнд хамаарагдана. Зарчмийн хувьд, цаазаар авах ял болон насаар нь шоронд хорьж, албан бусаар болон албадан ажиллуулах ял шийтгэгдсэн хэрэг, мөн санаатай үйлдлийн улмаас хохирогч амь насаа алдсан хэргүүд үүнд багтана. "Санаатай үйлдэл", "Эрүүгийн байцаан шийтгэх үйл ажиллагааны өмнөх журам", "Иргэдийн төлөөлөл болох иргэн шүүгч", "Шүүгчдийн зөвлөлдөөн" зэргийг нэмж үзнэ үү.

73 再犯加重（さいはんかじゅう）　Давтан хэргийн ял хүндрүүлэх

Давтан хэргийн тухайд, зарчмийн хувьд хүнд ял оноох заалттай боловч, хуулиар тогтоосон хорих ялыг 2 дахин ихэсгэснээс бага байхаар гэсэн хязгаартай байдаг. (Эрүүгийн хууль 57-р зүйл). "Ял хүндрүүлэх", "Давтан гэмт хэрэг", "Удаа дараагийн давтан хэргийн ял хүндрүүлэх" зэргийг нэмж үзнэ үү.

74 罪名（ざいめい）　Гэмт хэргийн нэр

Хүн амины хэрэг, бусдын бие махбодид гэмтэл учруулсан гэмт хэрэг гэх мэтээр гэмт хэргийг нэрлэх нэрийг хэлнэ. Эрүүгийн хуулиас бусад хуулинд заасан гэмт хэргийн тухайд, тухайн хуулийн нэрийн ард хууль зөрчих гэдэг үгийг нэмж хэрэглэдэг. Жишээ нь, сэргээшийн эм бэлдмэлийн тухай хууль зөрчих, буу хутганы төрлийн зэвсэг эзэмших тухай хууль зөрчих гэх мэт. Прокурорын яллах дүгнэлтэнд хэргийн нэрийг зайлшгүй бичих шаардлагатай. (Эрүүгийн байцаан шийтгэх хуулийн 256-р зүйл 2, 3-р заалт). "Яллах дүгнэлт", "Ялын зүйл анги" зэргийг нэмж үзнэ үү.

75 作成の真正（さくせいのしんせい）　Үнэн зөвөөр баримт бичиг боловсруулах

Баримт бичиг үйлдэгч, боловсруулж буй бичиг баримтаа үнэн зөв боловсруулсныг хэлнэ. Баримт бичиг үйлдэгчийн зөвшөөрлийн дагуу, өөр бусад хүн материал боловсруулсан тохиолдолд ч, үнэн зөвөөр баримт бичиг боловсруулах шаардлагатай. Үнэн зөвөөр баримт боловсруулсан бол, тухайн баримт бичиг нотлох чадвартай баримт болгон ашиглахад хэрэгтэй. (Эрүүгийн байцаан шийтгэх хуулийн 321-р зүйлийн 3-р заалт). "Баримт бичиг үйлдэгч", "Нотлох чадвар", "Агуулгын үнэн зөв байдал" зэргийг нэмж үзнэ үү.

76 作成名義人（さくせいめいぎにん）　Баримт бичиг үйлдэгч

Баримт бичиг боловсруулсан гэж бичигдэх хүн, эсвэл баримтан дээр бичигдэх хүнийг хэлнэ. Зарим тохиолдолд, тухайн албан байгуулага хувь хүний нэр бичигдээгүй байдаг ч, баримт бичгийн чанараас нь баримт бичиг үйлдэгчийг мэдэх тохиолдол ч гардаг. "Үнэн зөвөөр баримт бичиг боловсруулах"-ыг нэмж харна уу.

77 殺人罪(さつじんざい)　Хүн амины хэрэг
Санаатайгаар хүний амь насыг бүрэлгэсэн гэмт хэргийг хэлнэ. (Эрүүгийн хуулийн 199-р зүйл). Асрамж шаардлагатай хүнд хоол өгөлгүй үхүүлсэн тохиолдолд, асран хамгаалах үүрэг бүхий этгээд асран хамгаалалтанд байгаа этгээдийг орхисноос үхэлд хүргэсэн гэмт хэрэгт бишь, хүн амины хэрэгт тооцно. "Санаатай үйлдэл", "Асран хамгаалах үүрэг бүхий этгээд асран хамгаалалтанд байгаа этгээдийг орхисноос үхэлд хүргэсэн гэмт хэрэг" зэргийг нэмж үзнэ үү.

78 殺人未遂罪(さつじんみすいざい)　Бусдын амь насыг бүрэлгэхийг завдах гэмт хэрэг
Санаатайгаар бусдын амь насыг бүрэлгэх гэж оролдсон үйлдэл (хутгалах, буудах гэх мэт) хийсэн тохиолдолд, жишээлбэл, хохирогч нь нас бараагүй байсан ч гэсэн хүний амь насыг бүрэлгэх гэсэн завдах гэмт хэрэгт тооцно. (Эрүүгийн хуулийн 203-р зүйл). "Төгссөн гэмт хэрэг", "Санаатай үйлдэл", "Завдах" зэргийг нэмж үзнэ үү.

79 自己矛盾供述(じこむじゅんきょうじゅつ)　Өөрийн урьд мэдүүлсэн мэдүүлэгээс зөрөх
Яллагдагч болон гэрчийн шүүх хурлын өмнөх байцаалтаар өгсөн мэдүүлэг нь (Цагдаагийн тэмдэглэл болон прокурорын тэмдэглэлд бичигдсэн мэдүүлэг) шүүх хуралдаан дээрх мэдүүлэгтэйгээ илт зөрүүтэй байхыг хэлнэ. "Цагдаагийн тэмдэглэл", "Прокурорын тэмдэглэл" зэргийг нэмж авч үзнэ үү.

80 事前共謀(じぜんきょうぼう)　Урьдчилан үгсэн хуйвалдах
Гэмт хэрэг үйлдэхээсээ өмнө, гэмт хэргийнхээ төлөвлөгөөг бусадтай зөвшилцөн шийдэхийг хэлнэ. "Үгсэн хуйвалдах", "Хэргийн газар дээр үгсэн хуйвалдах", "Зохион байгуулалттайгаар үгсэн хуйвалдах" зэргийг нэмж үзнэ үү.

81 私選弁護人(しせんべんごにん)　Хувийн өмгөөлөгч
Сэжигтэн болон яллагдагч өөрсдөө, эсвэл тэдний гэр бүлийнхэний сонгосон өмгөөлөгчийг (ерөнхий нэр өмгөөлөгч) хэлнэ. "Улсаас томилогдсон өмгөөлөгч", "Яллагдагчид улсаас томилогдсон өмгөөлөгч" зэргийг нэмж үзнэ үү.

82 実況見分(じっきょうけんぶん)　Хэргийн газрын үзлэг, шалгалт
Үзлэг шалгалт хийхтэй нэгэн адил, хэргийг тодруулахын тулд шаардлагатай газрыг, эд зүйлсийг, хүнийг шалгаж тэмдэглэхийг хэлэх боловч, прокурор, прокурорын туслах ажилтан, цагдаагийн захирамжгүйгээр холбогдох хүмүүсийн зөвшөөрлийг авч, явуулдгаараа ялгаатай. "Хэргийн газрын үзлэг,

201

шалгалт", "Хэргийн газар дахин үзлэг шалгалт хийх", "Хэргийн газрын үзлэгийн протокол, тэмдэглэл", "Захирамж" зэргийг нэмж үзнэ үү.

83 実況見分調書 (じっきょうけんぶんちょうしょ)   Хэргийн газрын үзлэгийн протокол, тэмдэглэл
Хэргийн газрын үзлэгийн үр дүнг бичиж тэмдэглэсэн баримт бичгийг хэлнэ. Ихэнх тохиолдолд, холбогдох хүмүүсийн тайлбарыг бичсэн бичвэр төдийгүй, фото болон схем зураг зэргийг хавсаргасан байдаг. "Хэргийн газрын үзлэг, шалгалт", "Хэргийн газар дахин үзлэг шалгалт хийх" зэргийг нэмж үзнэ үү.

84 実行共同正犯 (じっこうきょうどうせいはん)   Гэмт хэргийн хамсаатан тухайн хэрэгт гар бие оролцох
Үгсэн хуйвалдсан хүмүүс, гэмт хэрэг үйлдэхдээ өөрсдөө гар бие оролцохыг хэлнэ. Эсвэл тиймэрхүү маягаар оролцсон хүмүүсийг хэлнэ. Зөвхөн үгсэн хуйвалдахад нь оролцож, гэмт хэрэг хийхэд нь гар бие оролцоогүй бол (Гэмт хэргийн хамсаатнууд үгсэн хуйвалдах) гэж ялган хэлдэг. Энгийнээр гэмт хэргийн хамсаатан ч гэж хэлдэг. "Гэмт хэргийн хамсаатан", "Үгсэн хуйвалдах", "Гэмт хэргийн хамсаатнууд үгсэн хуйвалдах" зэргийг нэмж үзнэ үү.

85 執行猶予 (しっこうゆうよ)   Ял тэнсэх
Шүүхийн тогтоол унших үед, ял эдлэхийг түр хугацаагаар харзнахыг хэлнэ. (Эрүүгийн хуулийн 25-р зүйл). Жишээ нь, "1 жилийн хорих ялыг 3 жилээр тэнсэх" гэсэн тохиолдолд, 3 жил байр яллагдагчийн байдлыг нь харж, энэ хугацаанд дахин өөр гэмт хэрэгт холбогдож, гэмт хэрэг үйлдсэн нь шүүхээр тогтоогдоогүй бол, 1 жилийн хорих ялыг хүчингүйд тооцох юм. Харин, тэнсэн харгалзах хугацаанд ямар нэг гэмт үйлдэж, гэмт хэрэг үйлдсэн нь шүүхээр тогтоогдсон тохиолдолд, зарчмийн хувьд, тэнсэх ял нь хүчингүй болж, яллагдагч нь эрүүгийн хуулиар шийтгэгдэх болно.

86 自動車運転過失致死傷罪 (じどうしゃうんてんかしつちししょうざい)   Хайхрамжгүй машин жолоодлогын улмаас бусдын амь насыг хохироосон, гэмтэл учруулсан гэмт хэрэг
Тээврийн хэрэгслийг анхаарал болгоомжгүй жолоодсоны улмаас зам тээврийн осол гаргахыг хэлнэ. Хэрвээ хохирогч нь хөнгөн гэмтсэн тохиолдолд, ялаас хэлтрэх тохиолдол байдаг. (Эрүүгийн хуулийн 211-р зүйлийн 2). "Аюултай жолоодлогын улмаас бусдын амь насыг хохироосон, гэмтэл учруулсан гэмт хэрэг"-ийг нэмж үзнэ үү.

87 自白 (じはく)   Хэргээ өөрөө хүлээх
Сэжигтэн болон яллагдагч гэмт хэргийнхээ талаар бүгдийг, эсвэл гол хэсгийг өгүүлэхийг хэлнэ. "Хэргээ өөрөө хүлээхэд итгэх нөхцөл", "Сайн дураараа хэргээ хүлээх", "Ашиггүй фактыг хүлээн зөвшөөрөх", "Гэм буруутай үйлдэлээ хүлээн зөвшөөрөх" зэргийг нэмж үзнэ үү.

88 自白の信用性　Хэргээ өөрөө хүлээхэд итгэх нөхцөл

Хэргээ өөрөө хүлээх нь сайн дурын шинжтэй бөгөөд, нотлох чадвар нь хүлээн зөвшөөрөгдсөн тохиолдолд, улмаар тэрхүү хэргээ өөрөө хүлээж байгаа агуулгыг нь итгэх боломжтой гэж үзэхийг, товчхондоо батлах чадвартай байна гэж үзэхийг хэлнэ. "Хэргээ өөрөө хүлээх", "Сайн дураараа хэргээ хүлээх", "Нотлох чадвар", "Батлах чадвар" зэргийг нэмж үзнэ үү.

89 自白の任意性　Сайн дураараа хэргээ хүлээх

Сэжигтэн өөрийн хүсэлтээр хэргээ хүлээхийг хэлнэ. Сайн дурын шинжтэй бус байдлаар хэргээ өөрөө хүлээх, жишээ нь, цагдаагийн хатуу ширүүн байцаалтын явцад хүчинд автсаны улмаас өөрөө хэргээ хүлээхийг нотлох чадваргүй гэж үзнэ. (Эрүүгийн байцаан шийтгэх хуулийн 319-р зүйлийн 1-р заалт). "Хэргээ өөрөө хүлээх", "Хэргээ өөрөө хүлээхэд итгэх нөхцөл", "Нотлох чадвар", "Батлах чадвар" зэргийг нэмж үзнэ үү.

司法警察員面前供述調書→8 員面調書
司法巡査面前供述調書→97 巡面調書

90 酌量減軽　Ял хөнгөрүүлэх нөхцөл байдлыг харгалзан үзэх

Нөхцөл байдлыг бодолцон, ял хөнгөрүүлэхийг хэлнэ. (Эрүүгийн хуулийн 66-р зүйл). "Ял хөнгөрүүлэх", "Нөхцөл байдал", "Нөхцөл байдлыг харгалзан үзэх" зэргийг нэмж үзнэ үү.

91 集団強姦罪　Бүлэглэсэн бэлгийн хүчирхийлэл

Хоёр ба түүнээс олон хүн хамтран, бэлгийн хүчирхийлэл үйлдэхийг хэлнэ. (Эрүүгийн хуулийн 178 зүйлийн 2). "Бэлгийн хүчирхийлэл"-ийг нэмж үзнэ үү.

92 集団強姦致死傷罪　Үхэл болон гэмтэлд хүргэсэн бүлэглэсэн бэлгийн хүчирхийлэл

Бүлэглэсэн бэлгийн хүчирхийлэл үйлдсэн, эсвэл бүлэглэсэн бэлгийн хүчирхийлэл үйлдэхээр завдсаны улмаас хохирогчийг үхэлд хүргэсэн, эсвэл гэмтэл учруулсан гэмт хэргийг хэлнэ. (Эрүүгийн хуулийн 181-р зүйлийн 3). "Үхэл болон гэмтэлд хүргэсэн бэлгийн хүчирхийлэл", "Бүлэглэсэн бэлгийн хүчирхийлэл" зэргийг нэмж үзнэ үү.

93 従犯　Гэмт хэргийн хамжигч

Хэн нэгэн хүн өөр хүнд гэмт хэрэг үйлдэхэд нь туслахыг хэлнэ. Эсвэл, иймэрхүү туслалцаа үзүүлсэн хүнийг хэлнэ. (Эрүүгийн хууль 62-р зүйл). Хам хэргийн нэг төрөл ба, өөрөө гэмт хэргийг гардан үйлдсэн хүнийг бодвол, арай хөнгөх ял оноодог. (Эрүүгийн хууль 63-р зүйл). "Хам хэрэг"

-ийг нэмж үзнэ үү.

94 銃砲刀剣類所持等取締法違反　Буу хутганы төрлийн зэвсэг эзэмших тухай хууль зөрчих

Хуулиар тогтоосон зөвшөөрөлгүйгээр, зэвсэг хэрэглэл эзэмших, зөвшөөрөлтэй боловч өөр зорилгоор ашигласан гэмт хэргийг хэлнэ.

95 主尋問　Гэрчид тэргүүн ээлжид тавих асуулт

Прокурор бус яллагдагчийн өмгөөлөгчийн гэрчид тавьж буй асуултыг хэлнэ. Жишээбэл, прокурорын гэрчээс асуух асуултын ердийн дэс дараалал бол, эхлээд прокурор гэрчинд тэргүүн ээлжид тавих асуултаа асууж, дараа нь яллагдагчийн өмгөөлөгч эсрэг асуулт тавьж, улмаар прокурор дахин гэрчид тэргүүн ээлжид тавих асуултаа тавьсаны дараа, шүүгч нэмэлт асуулт явуулдаг. "Эсрэг асуулт", "Хөтлөх асуулт" зэргийг нэмж үзнэ үү.

96 順次共謀　Зохион байгуулалттайгаар үгсэн хуйвалдах

Эхлээд А, В үгсэн хуйвалдаад, дараа нь В, С хоёр үгсэн хуйвалдсан тохиолдолд, А, В, С 3-ын хооронд үгсэн хуйвалдаан гарахыг хэлнэ. "Үгсэн хуйвалдах"-ыг нэмж үзнэ үү.

97 巡面調書　Эргүүлийн цагдаагийн тэмдэглэл

Цагдаагийн ажилтны дотор, хууль ёсны эргүүлийн цагдаа (эргүүлийн цагдаа, эргүүлийн цагдаагийн дарга)-ийн байцаалтын үед холбогдох талууд болон сэжигтнээс авсан мэдүүлэгийг, хууль ёсны эргүүлийн цагдаа бичиж тэмдэглэсэн баримт бичгийг хэлнэ. Албан ёсны хэллэг нь эргүүлийн цагдаагийн нүүр тулсан мэдүүлэгийг тэмдэглэсэн тэмдэглэл гэж хэлдэг. "Цагдаагийн ажилтны тэмдэглэл"-ийг нэмж үзнэ үү.

98 傷害罪　Бусдын бие махбодид гэмтэл учруулсан гэмт хэрэг

Санаатайгаар бусдын биед гэмтэл учруулсан гэмт хэргийг хэлнэ. (Эрүүгийн хуулийн 204-р зүйл). Ер нь бол, хүчирхийлэлийн хэв шинжээс хамаарах боловч, дэндүү их чимээ шуугиан тасралтгүй гаргаж хохирогчийг мэдрэлийн ядаргаанд оруулах, санаатайгаар бусдад өвчин халдаах зэргийг ч бусдын бие махбодид гэмтэл учруулсан хэрэгт тооцно. Мөн, санаатайгаар хүчирхийлэл үйлдэх сэдэлтэй байсан, гэхдээ биед нь гэмтэл учруулах санаагүй байсан гэсэн тохиолдолд ч, бусдын бие махбодид гэмтэл учруулсан гэмт хэрэг гэж үзнэ. "Санаатай үйлдэл"-ийг нэмж үзнэ үү.

99 傷害致死罪　Бусдын бие махбодид гэмтэл учруулан үхэлд хүргэсэн хэрэг

Бусдын бие махбодид гэмтэл учруулсаны улмаас, хохирогчийг үхэлд хүргэсэн гэмт хэргийг хэлнэ. (Эрүүгийн хуулийн 205-р зүйл). Анхнаасаа алах сэдэлтэй байсан бол, хүн амины хэрэгт тооцно. "Хүн амины хэрэг",

"Бусдын бие махбодид гэмтэл учруулсан гэмт хэрэг" зэргийг нэмж үзнэ үү.

100 障害未遂　Гадны нөхцөл байдлаас шалтгаалан, гэмт хэрэг туйлдаа хүрээгүй байдал
Завдах үйлдлээ таслан зогсоохтой харьцуулахад, ердийн завдахыг гадны нөхцөл байдлаас шалтгаалан, гэмт хэрэг туйлдаа хүрээгүй байдал гэж хэлэх тохиолдол байдаг. Ямар нэгэн шалтгааны улмаас болж, хэрэгтний төлөвлөсөн хэрэг бүтэлгүйтэхийг хэлнэ. "Завдах үйлдлээ таслан зогсоох", "Завдах" зэргийг нэмж үзнэ үү.

101 証拠開示　Нотлох баримтыг үзүүлэх
Прокурор болон яллагдагчийн өмгөөлөгч нь өөрт байгаа нотлох баримтаа, шүүгчид үзүүлэхээс өмнө өрсөлдөгч талдаа үзүүлэхийг хэлнэ.

102 上告　Дээд шатны шүүхэд давж заалдах
Дээд шатны шүүх зэргийн гаргасан шийдвэрт сэтгэл дундуур байгаа бол, дээд шатны шүүхэд ахин шалгаж өгөх хүсэлт гаргахыг хэлнэ. (Шүүхийн тухай хуулийн 7-р зүйлийн 1 дэхь заалт). Дээд шатны шүүхэд давж заалдах үндэслэл нь, үндсэн хуулийг зөрчсөн болон дээд шатны шүүхийн шийдвэрийг зөрчсөн гэх мэт, маш хязгаарлагдмал байх боловч, (Эрүүгийн байцаан шийтгэх хуулийн 405-р зүйл) эдгээрийг зөрчөөгүй боловч хууль зөрчсөн гэж үзвэл, дээд шатны шүүхийн тогтоолоор доод шатны шүүхийн шийдвэрийг хүчингүй болгох боломжтой. (Эрүүгийн байцаан шийтгэх хуулийн 411-р зүйл). "Давж заалдах гомдол", "Дээд шатны шүүхэд давж заалдах гомдол гаргах" зэргийг нэмж үзнэ үү.

103 証拠裁判主義　Нотлох баримтаар шүүх зарчим
Гэмт хэрэг болон гэмт хэрэгтэн, нотлох чадвар бүхий баримт нотолгоотой гэсэн тохиолдолд л нотлох баримтаар шүүх зарчим баримтлахыг хүлээн зөвшөөрсөн дүрмийг хэлнэ. (Эрүүгийн байцаан шийтгэх хуулийн 317-р зүйл). "Нотлох чадвар"-ыг нэмж үзнэ үү.

104 証拠能力　Нотлох чадвар
Нотлох баримтыг шүүх хурал дээр ашиглахыг хэлнэ. Хууль бусаар цуглуулсан нотлох баримт, дам нотлох баримт гэх мэтчилэн, нотлох чадвар нь асуудалтай байх тохиолдолд, хуулиар зохицуулагдахаар заагдсан байдаг. (Эрүүгийн байцаан шийтгэх хуулийн 319-р зүйл). "Хууль бусаар цуглуулсан нотлох баримт", "Хууль бусаар цуглуулсан нотлох баримтыг хэрэгсэхгүй байх хуулийн заалт", "Дам нотлох баримт", "Дам сонссон зүйлийн хуулийн заалт" зэргийг нэмж үзнэ үү.

105 情状　Нөхцөл байдал
Ялын хэмжээ тогтоох (Ялын хэмжээ тогтоох) үед хяналж үзэх шаардлагатай

янз бүрийн нөхцөл байдлыг хэлнэ. Сэжигтэн нь яллагдах ёстой юу үгүй юу? гэдгийг шийдэхгүй. Сэжигтэнд эрүүгийн хэрэг үүсгэх үү, үгүй юу? гэдгийг шийдэх үед, хянаж үзэх шалтгааныг ч нөхцөл байдал гэж хэлдэг. "Нийтлэг нөхцөл байдал", "Эрүүгийн хэрэг үүсгэх", "Эрүүгийн хэрэг үүсгэхийг түдгэлзэх", "Ялын хэмжээ тогтоох", "Ял хөнгөрүүлэх нөхцөл байдлыг харгалзан үзэх", "Нөхцөл байдлыг нь харгалзан үзэх", "Гэмт хэргийн нөхцөл байдал" зэргийг нэмж үзнэ үү.

106 情状酌量　Нөхцөл байдлыг нь харгалзан үзэх

Нөхцөл байдлыг харгалзан үзэхийг хэлнэ. Ерөнхийдөө, нөхцөл байдлыг нь харгалзан үзсэний үндсэн дээр, ял хөнгөрүүлэх (Ял хөнгөрүүлэх нөхцөл байдлыг харгалзан үзэх)-тэй адилхан утгаар хэрэглэгдэх боловч, хуулийн нэр томъёоны хувьд, ялгах хэрэгтэй болдог. "Ял хөнгөрүүлэх", "Ял хөнгөрүүлэх нөхцөл байдлыг харгалзан үзэх", "Нөхцөл байдал" зэргийг нэмж үзнэ үү.

107 上訴　Дээд шатны шүүхэд давж заалдах гомдол гаргах

Давж заалдах гомдол, дээд шатны шүүхэд давж заалдах гэсэн хоёрыг нэгтгээд, дээд шатны шүүхэд давж заалдах гомдол гаргах гэж хэлэх боловч, эдгээр нь хоорондоо маш том ялгаатай. "Давж заалдах гомдол", "Дээд шатны шүүхэд давж заалдах" зэргийг нэмж үзнэ үү.

108 焼損　Гал тавьсаны улмаас учирсан хохирол

Гал тавьсан хэрэг гарсан гэдэг нь, барилга байшин шатсан нөхцөл байдалтай байхыг хэлнэ. Үүнийг хуулиар гал тавьсаны улмаас учирсан хохирол гэж хэлдэг. "Гал тавьсан хэрэг"-ийг нэмж үзнэ үү.

109 証人威迫罪　Гэрчийг айлган сүрдүүлэх

Өөрийнх нь болон өөр бусад хүний гэмт үйлдэлийн талаар мэдэж байгаа хүнийг болон түүний гэр бүл, ойр дотны хүмүүсийг уулзахыг шаардах зэргээр айлган сүрдүүлж дарамтласан хэргийг хэлнэ. (Эрүүгийн хуулийн 105-р зүйлийн 2).

証明責任→179 立証責任

110 証明予定事実記載書　Нотолгоо болгох фактыг бичиж тэмдэглэсэн баримт бичиг

Эрүүгийн байцаан шийтгэх үйл ажиллагааны өмнөх журамд прокурор нотолгоо болгохоор төлөвлөж байгаа фактыг мэдээлэх зориулалтаар өргөн мэдүүлэх баримт бичгийг хэлнэ. (Эрүүгийн байцаан шийтгэх хуулийн 316-р зүйлийн 13). Үүний дараагаар, маргааныг зохицуулах болон нотолгоог авч хэлэлцэх болно. "Эрүүгийн байцаан шийтгэх үйл ажиллагааны өмнөх журам", "Маргааныг зохицуулах" зэргийг нэмж үзнэ үү.

111 証明力　Батлах чадвар

Нотлох баримтыг шүүх хурал дээр ашиглах үед, тодруулбал, нотлох чадвартай тохиолдолд, тэрхүү нотолгоо нь шүүгчид үнэнийг тогтооход нэмэр болохуйц хэмжээнд байхыг хэлнэ. Нотлох баримт нь хэр хэмжээний итгэл үнэмшилтэй байж чадах вэ? мөн нотлох баримтаар баталгаажуулъя гэх үндэслэл нь хэр хэмжээгээр холбогдож байна вэ? гэдгийг хянан үзсэнээр, батлах чадвар нь үнэлэгдэнэ. "Нотлох чадвар", "Баталгаажсан нотолгоо", "Шүүхэд татах баримт нотолгоо" зэргийг нэмж үзнэ үү.

112 職権　Албан тушаалын эрх

Прокурор болон яллагдагчийн өмгөөлөгчөөс гаргасан хүсэлтээс үл хамааран, шүүгч бие даан, өөрийнхөө шийдвэрээр шийтгэл оноох гэх мэтээр зарлиг гаргахыг хэлнэ.

113 心神耗弱　Оюуны хомсдолтой

Өвчний улмаас эсвэл архи уухнаас болж, сэтгэцэд нь түр зуурын өөрчлөлт гарах, түүнчлэн архинд донтох өвчин, хөгшрөлт зэргээс үүдсэн сэтгэцийн эмгэгийн улмаас зөв буруугаар ялган салгах чадваргүй болох, хэвийн шийдвэр дүгнэлт гаргах нь туйлын хүнд хэцүү байхыг. Ийм байдалтай хүн хэрэг үйлдсэн бол, хариуцлага хүлээх чадвар буурчнаас болсон гэж үзээд, ял хөнгөрдөг. (Эрүүгийн хуулийн 39-р зүйлийн 2). "Ял хөнгөрүүлэх", "Сэтгэл мэдрэлийн өвчтэй", "Сэтгэл мэдрэлийн өвчний эмчилгээний ажиглах арга", "Хариуцлага хүлээх чадвар" зэргийг нэмж үзнэ үү.

114 心神喪失　Сэтгэл мэдрэлийн өвчтэй

Оюуны хомсдолтой гэдгээс өвчний шинж тэмдэг нь илүү хүнд, зөв буруугаар ялган салгах чадвар болон хэвийн шийдвэр дүгнэлт гаргах ямар ч чадваргүй байхыг хэлнэ. Ийм байдалтай хүн үйлдсэн бол, хариуцлага хүлээх чадвар байхгүй гэж үзээд, ял оноодоггүй. (Эрүүгийн хуулийн 39-р зүйлийн 1). "Оюуны хомсдолтой", "Оюуны хомсдолтой өвчтөний эмчилгээний ажиглах арга", "Хариуцлага хүлээх чадвар" зэргийг нэмж үзнэ үү.

115 心神喪失者医療観察法　Сэтгэл мэдрэлийн өвчтөний эмчилгээний ажиглах арга

Томоохон хэрэгт тооцогдох гэмт хэрэг үйлдсэн боловч, сэтгэл мэдрэлийн өвчтэй болон оюуны хомсдолтой гэдэг шалтгааны улмаас эрүүгийн хэрэг үл үүсгэх болон гэм буруугүй гэж тооцогдсон хүнд сэтгэл мэдрэлийн эмнэлэгт эмчлүүлэх гэх мэт арга хэмжээ авах үүрэгтэй гэж хуулинд заасан байдаг. "Оюуны хомсдолтой", "Сэтгэл мэдрэлийн өвчтэй", "Эрүүгийн хэрэг үл үүсгэх" зэргийг нэмж үзнэ үү.

116 人身売買罪　Хүн худалдаалах гэмт хэрэг
Хүнийг худалдан авч, худалдах гэмт хэргийг хэлнэ. (Эрүүгийн 226-р зүйлийн 2). Хүчээр албадан авч явах болон барьцаалах гэмт хэрэг нь энэ гэмт хэрэгт орохгүй. "Хүчээр албадан авч явах", "Барьцаалах гэмт хэрэг" зэргийг нэмж үзнэ үү.

推定無罪→173 無罪推定の原則

正式起訴→18 起訴

117 正当防衛　Аргагүй хамгаалалт
Гэнэтийн хууль бус үйлдэлээс өөрийнхөө эсвэл бусдын эрхийг хамгаалах тулд, аргагүй хамгаалах үйлдэл нь зохих хэр хэмжээг хэтрүүлээгүй бол, хууль бус үйлдэл гэж үзэхгүй. (Эрүүгийн хуулийн 36-р зүйлийн1). "Хууль зөрчих", "Аргагүй хамгаалалтын хэр хэмжээг хэтрүүлэх" зэргийг нэмж үзнэ үү.

118 責任主義　Хариуцлагын зарчим
Зарчмийн хувьд, санаатай үйлдэл биш бол ял шийтгэхгүй байхыг хэлнэ. (Эрүүгийн хуулийн 38-р зүйлийн 1). Үүний эсрэг жишээ нь, болгоомжгүйгээс болсон гэмт хэрэг юм. "Болгоомжгүйгээс болсон гэмт хэрэг", "Санаатай үйлдэл" зэргийг нэмж үзнэ үү.

119 責任能力　Хариуцлага хүлээх чадвар
Эрүүгийн хариуцлагаа хүлээж чадах чадварыг хэлнэ. Хариуцлагын чадваргүй хүнд ял шийтгэл оноохгүй. Жишээ нь, сэтгэл мэдрэлийн өвчтэй хүн (Эрүүгийн хуулийн 31-р зүйлийн 1) болон 14-өөс доош насны хүүхдэд (Эрүүгийн хуулийн 41-р зүйл) ял оноодоггүй. Хариуцлага хүлээх чадвар хангалтгүй хүний ялыг хөнгөрүүлдэг. (Ял хөнгөрүүлэх). Жишээ нь, оюуны хомсдолтой хүний ялыг хөнгөрүүлдэг. (Эрүүгийн хуулийн 39-р зүйлийн 2). "Ял хөнгөрүүлэх", "Оюуны хомсдолтой", "Сэтгэл мэдрэлийн өвчтэй" зэргийг нэмж үзнэ үү.

120 接見　Уулзалт (эрхээ хязгаарлуулсан этгээдтэй)
Баривчлагдсан мөн цагдан хоригдсон хэрэгтэн болон сэжигтэнтэй хийх уулзалтыг хэлнэ. Ялангуяа, өмгөөлөгчтэй хийх уулзалт нь, хамгийн чухал ба үндсэн эрх гэж үздэг. "Цагдан хорих", "Уулзалт хийхийг хориглох" зэргийг нэмж үзнэ үү.

121 接見禁止　Уулзалт хийхийг хориглох
Сэжигтэн эсвэл хэрэгтэн нь уулзалтын үед, оргон зайлах, эсвэл гэмт хэргийн нотолгоог устгах аюултай байх магадлалтай гэж үзсэн тохиолдолд, шүүгч өмгөөлөгчгүйгээр уулзалт хийх, эд зүйлс өгч авахыг хориглохыг

хэлнэ. (Эрүүгийн байцаан шийтгэх хууль 81-р зүйл). "Гэмт хэргийн нотлох баримтыг нуун дарагдуулах", "Уулзалт" зэргийг нэмж үзнэ үү.

122 窃盗罪　Хулгайн хэрэг
Бусдын эд зүйлсийг зөвшөөрөлгүйгээр, өөрийн эд болгохоор авсан хэргийг хэлнэ. (Эрүүгийн хуулийн 235-р зүйл). Хэрвээ хулгай хийж байх үедээ, хэрэгтэн нь ямар нэгэн байдлаар хүч хэрэглэн, айлган сүрдүүлж авсан тохиолдолд, үүнийг хулгайн хэрэг биш айлган сүрдүүлэх хэрэг, эсвэл дээрмийн гэмт хэрэг гэж үздэг. "Айлган сүрдүүлэх хэрэг", "Дээрмийн гэмт хэрэг" зэргийг нэмж үзнэ үү.

123 前科　Ял шийтгэгдсэн байдал
Урьд нь ял сонсож, тэр ялаа эдлэж байсан түүхтэй байхыг хэлнэ. "Давтан гэмт хэрэг", "Ял шийтгэгдсэн байдлын тэмдэглэл", "Гэмт хэргийн намтар түүх", "Удаа дараагийн давтан хэрэг" зэргийг нэмж үзнэ үү.

124 前科調書　Ял шийтгэгдсэн байдлын тэмдэглэл
Яллагдагчийн ял шийтгэгдсэн байдлыг бичиж тэмдэглэсэн тэмдэглэлийг хэлнэ. Ерөнхийдөө, уг тэмдэглэлийг прокурорын туслах ажилчин бичиж гаргах ба, ял шийтгэгдсэн байдал, гэмт хэргийн нэр болон шүүхийн тогтоол гарсан өдөр зэргийг бичиж тэмдэглэнэ. "Гэмт хэргийн нэр", "Ял шийтгэгдсэн байдал" зэргийг нэмж үзнэ үү.

125 前歴　Гэмт хэргийн намтар түүх
Ял шийтгэгдсэн байдлаас өөр бөгөөд, урьд нь гэмт хэрэгт сэжиглэдэн шалгагдаж байсан болон хүүхдийн засан хүмүүжүүлэх газарт хүмүүжиж байсан гэх мэт хэргийн түүхтэй байхыг хэлнэ. Цагдаа дээр, гэмт хэргийн намтар түүх тэмдэглэгдэн үлдсэн байх ба эрүүгийн шүүх дээр нотлох баримт болон хэрэглэгдэх нь олонтаа. "Ял шийтгэгдсэн байдал", "Ял шийтгэгдсэн байдлын тэмдэглэл" зэргийг нэмж үзнэ үү.

126 訴因変更　Яллах үндэслэлийг өөрчлөх
Яллах дүгнэлтэнд бичигдсэн гэмт хэрэг (Эрүүгийн хэрэг үүсгэх нөхцөл байдал)-тай ижил төстэй байдлуудыг хадгалж үлдэх боловч, чухал шаардлагатай бодит байдлуудыг нэмж бичиж өөрчлөхийг хэлнэ. Шүүх хурлын үед, яллах дүгнэлтэнд бичигдсэн гэмт хэргийн баримтуудтай шүүх дээр хүлээн зөвшөөрөгдөх магадлалтай гэмт хэргийн баримтууд өөр байна гэдгийг мэдсэн тохиолдолд, яллах үндэслэлийг өөрчлөх болдог. Прокурорын нэхэмжлэлд шүүгч зөвшөөрөл олгох тохиолдолд, мөн шүүгч өөрт олгогдсон албан тушаалын эрх мэдлийнхээ дагуу зарлиг гаргасан тохиолдолд, яллах үндэслэлийг өөрчилдөг. (Эрүүгийн байцаан шийтгэх хуулийн 312-р зүйлийн 1, 2-р заалт). "Яллах дүгнэлт", "Эрүүгийн хэрэг үүсгэх нөхцөл байдал", "Албан тушаалын эрх" зэргийг нэмж үзнэ үү.

127 増強証拠　Баталгаажсан нотолгоо
Тодорхой нэгэн баримт нотолгооны батлах чадварыг нэмэгдүүлэх зорилго бүхий нотолгоог хэлнэ. "Батлах чадвар", "Шүүхэд татах баримт нотолгоо" зэргийг нэмж үзнэ үү.

128 捜索・差押許可状　Нэгжлэг хийх, битүүмжлэх зөвшөөрлийн бичиг
Цагдаа болон прокурор барилга байшин гэх мэт газарт нэгжлэг хийх, мөн нотлох баримтыг битүүмжлэхийн тулд, шүүгчийн зөвшөөрөл авсан бичиг баримтыг хэлнэ. Эмийн бүтээгдэхүүнтэй холбоотой 4 хуулийг зөрчсөн хэргийн тухайд, сэжигтний шээсний шинжилгээг хүчээр авахаар катетер суулгах тохиолдолд ч, нэгжлэг хийх, битүүмжлэх зөвшөөрөлийн бичиг хэрэгтэй. "Катетер", "Эмийн бүтээгдэхүүнтэй холбоотой 4 хууль", "Захирамж" зэргийг нэмж үзнэ үү.

129 争点整理　Маргааныг зохицуулах
Шүүх хурал дээр гарах маргаантай асуудлуудыг хэлнэ. Ихэнхдээ, эрүүгийн байцаан шийтгэх үйл ажиллагааны өмнөх журмаар зохицуулдаг боловч, түүнээс өөрөөр зохицуулах ч тохиолдол байдаг. "Эрүүгийн байцаан шийтгэх үйл ажиллагааны өмнөх журам"-ыг нэмж үзнэ үү.

130 訴訟指揮　Шүүх хуралдааныг даргалах
Шүүх хуралдааныг цэгцтэй явуулахад шаардлагатай бүхий л арга хэмжээнүүдийг авахыг хэлнэ. Даргалах бүх эрх мэдэл шүүх хурлыг даргалагчид олгогдсон байдаг. (Эрүүгийн байцаан шийтгэх хуулийн 294-р зүйл).

131 即決裁判　Дор нь шийдвэрлэх шүүх хурал
Томоохон гэмт хэргээс бусад үед, гэмт хэрэгтэй холбоотойгоор гарах маргаангүй хэргийн тухайд, зарчмийн хувьд, 1 удаагийн шүүх хурлаар шүүхийн шйидвэрийг хүртэл гаргаж болох, амархан журам юм. Өөрөөр хэлбэл, шүүх хурал нь ганцхан өдрийн дотор зохион байгуулагдаж бүгдийг шийдвэрлэдэг гэсэн үг. Хорих ангид ял эдлүүлэх гэх мэт шүүхийн шийдвэр гарсан бол түүнийг заавал ял тэнсэх гэсэн байдлаар шийдвэрлэдэг онцлогтой. Гадаадын иргэн хэрэгтэн байх тохиолдолд, өөрөөр хэлбэл, тус улсад байх хугацаа нь хэтэрсэн гэмт хэргийн үед, ихэвчлэн дор нь шийдвэрлэх шүүх хурал болдог. "Шүүх хурлын өдөр", "Ял тэнсэх" зэргийг нэмж үзнэ үү.

132 逮捕状　Баривчлах ордер
Цагдаа сэжигтнийг баривчлахын тулд, шүүгчээс зөвшөөрөл авсан баримт бичгийг хэлнэ. "Захирамж"-ыг нэмж үзнэ үү.

133 大麻取締法違反　Марихуаны тухай хууль зөрчих
Хууль бусаар марихуан тарих, зарах, худалдан авах, хэрэглэх, хадгалах зэргийг хэлнэ. "Эмийн бүтээгдэхүүнтэй холбоотой 4 хууль"-ийг нэмж үзнэ үү.

134 代用刑事施設　Хорих газрыг орлох байр
Сэжигтэн болон яллагдагчийг цагдан хорих тохиолдолд, албадан саатуулах байранд хорих боловч, ялангуяа, сэжигтэнийг ихэнх тохиолдолд, цагдаагийн газар дотор байрлах хорих газрыг орлох байранд саатуулна. "Албадан саатуулах байр", "Цагдан хорих" зэргийг нэмж үзнэ үү.

135 弾劾証拠　Шүүхэд татах баримт нотолгоо
Уг нотлох баримт нь нотлох чадвар муутай байна гэдгийг харуулах нотлох баримтыг хэлнэ. "Батлах чадвар", "Баталгаажсан нотолгоо" зэргийг нэмж үзнэ үү.

136 中止未遂　Завдах үйлдлээ таслан зогсоох
Завдах гэдгээр ял шийтгэгдэх тохиолдол байдаг ч, өөрийн ухамсараар үйлдэлээ таслан зогсоосон тохиолдолд, ял хөнгөрүүлэх юм уу, эсвэл ялаас хэлтрүүлдэг. (Эрүүгийн хуулийн 43-р зүйл). Үүнийг бас гэмт үйлдэлээ таслан зогсоох ч гэж нэрлэдэг. "Ялыг хөнгөрүүлэх", "Гадны нөхцөл байдлаас шалтгаалан, гэмт хэрэг туйлдаа хүрээгүй байдал", "Завдах" зэргийг нэмж үзнэ үү.

中止犯→136 中止未遂

調書→26 供述調書

137 通貨偽造罪　Хуурамч мөнгөн тэмдэгт хийсэн гэмт хэрэг
Өөрөө болон бусдад хэрэглүүлэх зорилгоор хуурамч мөнгөн дэвсгэрт болон мөнгөн тэмдэгт хийсэн гэмт хэргийг хэлнэ. (Эрүүгийн хуулийн 148-р зүйлийн1). Гадаадын мөнгөн тэмдэгтийг хуурамчаар хийсэн тохиолдолд ч, Японы эрүүгийн хуулийн дагуу шийтгэгдэг. (Эрүүгийн хуулийн 149-р зүйлийн 1). "Хуурамч мөнгөн тэмдэгт ашигласан гэмт хэрэг"-ийг нэмж үзнэ үү.

138 伝聞供述　Дам мэдүүлэг
Хэн нэг хүн бусдын ярьсан яриаг мэдүүлэхийг хэлнэ. Жишээлбэл, гэрч шүүх танхимд, [Хэрэг гарсны дараа өдөр, яллагдагчийн "Би энэ хэргийг үйлдсэн" гэж хэлэхийг сонссон] хэмээн мэдүүлэг өгөхийг хэлнэ. Дам нотлох баримтын нэг төрөл юм. "Дам нотлох баримт", "Дам сонссон зүйлийн хуулийн заалт" зэргийг нэмж үзнэ үү.

139 伝聞証拠　Дам нотлох баримт

Шүүхээс гадуур авсан мэдүүлгийг хэрэгтэний тэмдэглэл гэх мэтээр бичиж тэмдэглэн, шүүхээс гадуур яригдсан яриаг сонслоо гэсэн мэдүүлэг (Дам мэдүүлэг) авсан тохиолдолд, эдгээр баримт бичиг болон мэдүүлгийг дам нотолгоо гэнэ. "Хэрэгтэний тэмдэглэл", "Дам мэдүүлэг", "Дам сонссон зүйлийн хуулийн заалт" зэргийг нэмж үзнэ үү.

伝聞証拠禁止の原則→140 伝聞法則

140 伝聞法則　Дам сонссон зүйлийн хуулийн заалт

Дам мэдүүлэг гэх мэт дам нотлох баримт нь, сонссон зүйлээ дамжуулах төдий зүйл бөгөөд андуурал орсон байх өндөр эрсдэлтэй тул, зарчмийн хувьд шүүхэд ашиглах боломжгүй. Товчхон хэлбэл, нотлох чадваргүй гэсэн дүрэм юм. (Эрүүгийн байцаан шийтгэх хуулийн 320-р зүйл). Үүнийг мөн, дам нотолгоог хориглох зарчим гэж ч хэлдэг. "Нотлох чадвар", "Дам мэдүүлэг", "Дам нотлох баримт", "Дам сонссон зүйлийг ашиглах" зэргийг нэмж үзнэ үү.

141 伝聞例外　Дам сонссон зүйлийг ашиглах

Дам мэдүүлэг гэх мэт дам нотлох баримтын тухайд, дээрхээс эсрэгээрээ нотлох чадвартай хэмээн хүлээн зөвшөөрөгдсөн нөхцөлд, хуулиар зохицуулагддаг. (Эрүүгийн байцаан шийтгэх хуулий 320-р зүйл). Ингэж дам сонссон зүйлийн хуулийн заалтын эсрэг нөхцөл байдлыг дам сонссон зүйлийн ашиглах гэж хэлдэг. "Нотлох чадвар", "Дам мэдүүлэг", "Дам нотлох баримт", "Дам сонссон зүйлийн хуулийн заалт" зэргийг нэмж үзнэ үү.

142 同意部分　Санал нийлэх хэсэг

Прокурор нотлогоог авч хэлэлцэхийг шаардсан тохиолдолд, шүүгч (яллагдагчийн) өмгөөлөгчийн саналыг сонсдог. Эсрэг тохиолдолд ч адилхан. Энэхүү нотолгоо нь бичгээр байх ба, зөвхөн нэгээхэн хэсгийг нь л нөгөө тал хүлээн зөвшөөрсөн тохиолдолд, энэ хэсгийг санал нийлэх хэсэг гэнэ. Ер нь, санал нийлэх хэсгийг эхэнд нь авч хэлэлцдэг. "Санал нийлэхгүй хэсэг"-ийг нэмж үзнэ үү.

143 導尿管　Катетер

Эмийн бүтээгдэхүүнтэй холбоотой 4 хуулийг зөрчсөн хэргийн тухайд, сэжигтэнээс шээсний шинжилгээ авах шаардлагатай тохиолдолд, нэгжлэг хийх, битүүмжлэх зөвшөөрлийн бичиг авч, сэжигтэний шээсний сүвд хүчээр гуурс хийж, шээсний дээж авах катетерийг хэлнэ. "Нэгжлэг хийх, битүүмжлэх зөвшөөрлийн бичиг", "Эмийн бүтээгдэхүүнтэй холбоотой 4 хууль" зэргийг нэмж үзнэ үү.

144 特信情況　Онцгойлон үзэх нөхцөл байдал

Цагдаагийн ажилтны тэмдэглэл, эсвэл прокурорын тэмдэглэл зэрэг дам нотолгооны тухайд, нотлох чадвартай, өөрөөр хэлбэл дам сонссон зүйлийг ашиглахыг хүлээн зөвшөөрөх нөхцөл байдлын нэгд, "итгэх шаардлагатай онцгой нөхцөл байдал" хөндөгддөг. (Эрүүгийн байцаан шийтгэх хуулийн 321-р зүйл 1-р заалтын 2, 1-р заалтын 3). Үүнийг товчлон, онцгойлон үзэх нөхцөл байдал, эсвэл онцгой шинжтэй гэж хэлдэг. "Цагдаагийн ажилтны тэмдэглэл", "Прокурорын тэмдэглэл", "Дам нотолгоо", "Дам сонссон зүйлийг ашиглах" зэргийг нэмж үзнэ үү.

特信性→144 特信情況

145 内容の真正　Агуулгын үнэн зөв байдал

Баримт бичгийн агуулга нь үнэн бодитой байхыг хэлнэ. "Үнэн зөвөөр баримт бичиг боловсруулах" зэргийг нэмж үзнэ үү.

146 罰条　Ялын зүйл анги

Хүн амины хэрэг болон эрүүгийн хуулийн 199-р зүйл, бусдын бие махбодид гэмтэл учруулсан гэмт хэрэг бол эрүүгийн хуулийн 204-р зүйл гэх мэтчилэнгээр, гэмт хэргийн нэрэнд тохирох хуулийн зүйл заалтыг хэлнэ. Прокурорын яллах дүгнэлтэнд гэмт хэргийн нэртэй хамт ялын зүйл ангийг бичдэг. (Эрүүгийн байцаан шийтгэх хуулийн 256-р зүйлийн 4). "Яллах дүгнэлт", "Гэмт хэргийн нэр" зэргийг нэмж үзнэ үү.

147 反抗を著しく困難にする　Эсэргүүцэл үзүүлэх чадваргүй болгох

Бэлгийн хүчирхийлэл үйлдэгч нь хохирогчийн эсэргүүцлийг дарахын тулд хэрэглэсэн хүчирхийлэл болон айлган сүрдүүлсэн хүчний хэр хэмжээг хэлнэ. Хохирогчийн эсэргүүцэлийг дарахаас бага хүчтэй байсан ч хамаагүй боловч, нилээн их хүч хэрэглэсэн гэдэг утгаар, энэ үгийг хэрэглэдэг. "Бэлгийн хүчирхийлэл", "Эсэргүүцэлийг дарах" зэргийг нэмж үзнэ үү.

148 反抗を抑圧する　Эсэргүүцэлийг дарах

Дээрмийн гэмт хэрэг үйлдэгч нь хохирогчийн эсэргүүцлийг дарахын тулд хэрэглэсэн хүчирхийлэл болон айлган сүрдүүлсэн хүчний хэр хэмжээг хэлнэ. Хүчирхийлэл хэрэглэх болон айлган сүрдүүлэх байдлаар, хүчээр бусдын эд хөрөнгийг булаан авсан үйлдэл, тэрхүү хүчирхийлэл болон айлган сүрдүүлэлтийн хүч нь хохирогчийн эсэргүүцлийг дарахад хангалттай хэмжээнд хүрсэн бол, дээрмийн гэмт хэрэгт тооцох ба, хохирогчийн эсэргүүцэлийг дарах хэмжээнд хүрээгүй тохиолдолд, айлган сүрдүүлэх хэрэгт тооцно. "Айлган сүрдүүлэх хэрэг", "Дээрмийн гэмт хэрэг", "Эсэргүүцэл үзүүлэх чадваргүй болгох" зэргийг нэмж үзнэ үү.

149 犯情 Гэмт хэргийн нөхцөл байдал
Нөхцөл байдлын дотор, гэмт хэргийн арга барил, байдал зэргийг хэлнэ. "Нийтлэг нөхцөл байдал", "Нөхцөл байдал" зэргийг нэмж үзнэ үү.

150 反対尋問 Эсрэг асуулт
Гэрчээс асуулт асуугаагүй талын асуух асуултыг хэлнэ. Жишээбэл, прокурорын гэрчээс асуух асуултын тухайд, гэрчид тэргүүн ээлжид тавих асуултаа асууж, дараа нь яллагдагчийн өмгөөлөгч эсрэг асуулт тавьдаг. "Гэрчид тэргүүн ээлжид тавих асуулт", "Хөтлөх асуулт" зэргийг нэмж үзнэ үү.

151 被害者参加制度 Шүүх хуралд хохирогч оролцох тогтолцоо
Томоохон гэмт хэргийн хохирогч болон хохирогчийн гэр бүлийнхэн шүүгчийн шийдвэрээр, эрүүгийн байцаан шийтгэх үйл ажиллагаа явуулах өдөр шүүх хуралд оролцож, яллагдагчид асуулт тавих зэргээр шүүх хуралдаанд оролцох тогтолцоог хэлнэ. "Эрүүгийн байцаан шийтгэх үйл ажиллагаа явуулах өдөр", "Улсаас томилогдсон хохирогчийн өмгөөлөгч", "Хохирогчийн өмгөөлөгч" зэргийг нэмж үзнэ үү.

152 被害者参加弁護士 Хохирогчийн өмгөөлөгч
Шүүх хуралд хохирогч оролцох тогтолцоонд үндэслэн, шүүх хуралд оролцох хохирогч болон хохирогчийн ар гэрийнхэний сонгох өмгөөлөгчийг хэлнэ. "Улсаас томилогдсон хохирогчийн өмгөөлөгч", "Шүүх хуралд хохирогч оролцох тогтолцоо" зэргийг нэмж үзнэ үү.

153 被疑者国選弁護人 Яллагдагчид улсаас томилогдсон өмгөөлөгч
Яллагдагчийн төлөө, улсын зардлаар өмгөөлөгч томилж өгөхийг (ерөнхий нэр өмгөөлөгч) хэлнэ. Гэвч, ноцтой томоохон эрүүгийн гэмт хэргийн шинжтэй байх гэх мэт нөхцөлтэй байх шаардлагатай. (Эрүүгийн байцаан шийтгэх хуулийн 37-р зүйлийн 2). "Улсаас томилогдсон өмгөөлөгч", "Хувийн өмгөөлөгч" зэргийг нэмж үзнэ үү.

154 非現住建造物放火罪 Хүн оршин суудаггүй барилга байшинд гал тавьсан хэрэг
Орон сууцны зориулалтын бус, дотроо хүнгүй барилга байшинд гал тавьсан хэргийг хэлнэ. Оршин суугчтай барилга байшинд гал тавьсан хэргийг бодвол, арай хөнгөн ял оноодог боловч, барилга байшингаас өөр зүйлд гал тавьснаас илүү хүнд ял оноодог. "Оршин суугчтай барилга байшинд гал тавьсан хэрэг", "Гал тавьсан хэрэг" зэргийг нэмж үзнэ үү.

155 評議 Шүүгчдийн зөвлөлдөөн
Иргэдийн төлөөлөгчид оролцсон шүүх хуралд шүүх танхим дахь

хэлэлцүүлгийн үр дүнд тулгуурлан, өөр өрөөнд шүүгч болох 3 хүн, иргэдийн төлөөлөл болох иргэн шүүгч болох 6 хүн хэлэлцдэг. Үүнийг шүүгчдийн зөвлөлдөөн гэнэ. Шүүгчдийн зөвлөлдөөний нууцыг задруулахыг хориглоно. (Иргэдийн төлөөлөл болох иргэн шүүгчийн тухай хуулийн 70-р зүйл). "Иргэдийн төлөөлөл болох иргэн шүүгч", "Иргэдийн төлөөлөгч оролцсон шүүх хурал" зэргийг нэмж үзнэ үү.

156 不起訴　Эрүүгийн хэрэг үл үүсгэх
Гэмт хэрэгт сэжиглэгдэж, байцаалт өгсөн хэдий ч, гэмт хэрэг үйлдсэн гэдэг нь нотлогдоогүй, эсвэл гэмт этгээд өөр хүн байна гэдгийг мэдсэн, аргагүй хамгаалалт эсвэл яаралтай тохиолдолд авах зайлшгүй арга хэмжээ байсан гэж тогтоогдсон гэх мэт тохиолдолд, шүүгч эрүүгийн хэрэг үүсгэхгүй гэсэн шийдвэр, өөрөөр хэлбэл эрүүгийн хэрэг үл үүсгэх гэсэн шийдвэр гаргадаг. "Эрүүгийн хэрэг үүсгэх", "Яаралтай тохиолдолд авах зайлшгүй арга хэмжээ", "Аргагүй хамгаалалт" зэргийг нэмж үзнэ үү.

157 不規則発言　Зүй зохисгүй үг хэллэг
Эрүүгийн шүүх хуралд, ерөнхий шүүгчийн шүүх хуралдааныг даргалах эрх мэдэл томоохон байр суурь эзэлдэг. Иймээс, шүүх хурлын явцад нөлөө үзүүлэхүйц зохисгүй үг хэллэг хэрэглэсэн тохиолдолд, шүүх хуралдааныг даргалах эрх мэдлийнхээ хүрээнд түүнийг хязгаарлах тохиолдол байх ба, хэрэв дагаж мөрдөхгүй бол, шүүхийн танхимаас гаргах тушаал өгөх тохиолдол байдаг. Иймэрхүү үг хэллэгийг ер нь зүй зохисгүй үг хэллэг гэдэг. Гэвч, энэхүү ерөнхий шүүгчийн шийтгэлд эсэргүүцэл гаргах боломжтой. "Эсэргүүцэл гаргах", "Шүүх хуралдааныг даргалах" зэргийг нэмж үзнэ үү.

158 不同意部分　Санал нийлэхгүй хэсэг
Прокурор нотолгоог авч хэлэлцэхийг шаардсан тохиолдолд, шүүгч (яллагдагчийн) өмгөөлөгчийн саналыг сонсдог. Эсрэг тохиолдолд ч адилхан. Энэхүү нотолгоо нь бичгээр байх ба, зөвхөн нэгээхэн хэсгийг нь л нөгөө тал хүлээн зөвшөөрөөгүй тохиолдолд, энэ хэсгийг санал нийлэхгүй хэсэг гэнэ. "Санал нийлэх хэсэг", "Ашиггүй фактыг хүлээн зөвшөөрөх" зэргийг нэмж үзнэ үү.

159 不利益事実の承認　Ашиггүй фактыг хүлээн зөвшөөрөх
Хэрэгтэн гэмт үйлдэлийнхээ талаар бүгдийг, эсвэл нэг хэсгийг хүлээн зөвшөөрөхийг, мөн шууд бус байдлаар, тухайн хэрэгт гар бие оролцсон гэдгээ хүлээн зөвшөөрөхийг хэлнэ. Хэргээ өөрөө хүлээх, гэм буруутай үйлдлээ хүлээн зөвшөөрөх төдийгүй, хэрэгтэн илт өөрт ашиггүй фактыг хүлээн зөвшөөрөх мэдүүлэг өгөхийг хэлдэг. Хэрэгтэн нь хэрэгтэний тэмдэглэлд гэм буруутай үйлдлээ хүлээн зөвшөөрсөнөө бичсэн тохиолдолд, өмгөөлөгч санал нийлэхгүй хэсэг гэж саналаа хэлсэн ч гэсэн,

зарчмийн хувьд, нотлох чадвар шаардлагатай. (Эрүүгийн байцаан шийтгэх хуулийн 322-р зүйлийн 1). "Хэрэгтэний тэмдэглэл", "Хэргээ өөрөө хүлээх", "Нотлох чадвар", "Санал нийлэхгүй хэсэг", " Гэм буруутай үйлдэлээ хүлээн зөвшөөрөх" зэргийг нэмж үзнэ үү.

160 併合罪 Нийлмэл гэмт хэрэг
Хараахан шүүхийн тогтоол гараагүй байгаа хэд хэдэн гэмт хэргийг хэлнэ. (Эрүүгийн хуулийн 45-р зүйл). Зарчмийн хувьд, эдгээрийг нийлүүлж нэг ял онооно. (Эрүүгийн хуулийн 46-р зүйлээс 53-р зүйл). "Ял хүндрүүлэх"-ийг нэмж үзнэ үү.

161 弁護人 Өмгөөлөгч
Сэжигтэн эсвэл хэрэгтэнийг өмгөөлөх хүнийг хэлнэ. Ер нь өмгөөлөгч гэнэ. (Эрүүгийн байцаан шийтгэх хуулийн 31-р зүйл). "Улсаас томилогдсон хохирогчийн өмгөөлөгч", "Улсаас томилогдсон өмгөөлөгч", "Хувийн өмгөөлөгч", "Хохирогчийн өмгөөлөгч", "Яллагдагчид улсаас томилогдсон өмгөөлөгч" зэргийг нэмж үзнэ үү.

162 放火罪 Гал тавьсан хэрэг
Барилга байшин болон бусад эд зүйсийг шатаан, гал тавьсаны улмаас учирсан хохирол бүхий гэмт хэргийг хэлнэ. Шатаагдсан зүйлийн төрөл зүйлээс шалтгаалан, ялын хүнд хөнгөн хамаарна. "Оршин суугчтай барилга байшинд гал тавьсан хэрэг", "Гал тавьсаны улмаас учирсан хохирол", "Хүн оршин суудаггүй барилга байшинд гал тавьсан хэрэг" зэргийг нэмж үзнэ үү.

幇助犯→93 従犯

163 法定刑 Хуульд заасан ял шийтгэл
Хуулинд заасан ялыг хэлнэ. Хуульд заасан ял шийтгэл нь, ихэнх тохиолдолд, шүүгч олон төрлийн шийтгэлээс сонгохоор заагдсан байдаг. Мөн, хугацаатай ялын хугацааг заасан байдаг. Хуульд заасан ял шийтгэлийн төрөлд, цаазаар авах, шорон гянданд хорих, албадан ажил хийлгэх, торгууль төлүүлэх, баривчлах ял зэрэг ордог. (Эрүүгийн хуулийн 9-р зүйл). Шорон гянданд хорих болон албадан ажил хийлгэх ялыг хугацаатай ба хугацаагүй гэж хуваадаг. (Эрүүгийн хуулийн 12-р зүйлээс 14-р зүйл).

164 冒頭陳述 Шүүх ажиллагааны өмнө хэргийн тайлбар хийх
Прокурор яллах дүгнэлтийг уншиж танилцуулсны дараа, нотлох баримтыг шалгахын өмнө, юуг нотлоё гэж бодож байгаагаа эхлээд тайлбарлахыг хэлдэг. (Эрүүгийн байцаан шийтгэх хуулийн 296-р зүйл). (Яллагдагчийн) өмгөөлөгч ч бас үүнийг эсэргүүцсэн тохиолдолд, шүүгчийн зөвшөөрлийг авч, шүүх ажиллагааны өмнө хэргийн тайлбар хийх тохиолдол байдаг.

(Эрүүгийн байцаан шийтгэх хуулийн198-р зүйл). "Яллах дүгнэлт"-ийг нэмж үзнэ үү.

165 法令違反   Хууль тогтоомж зөрчих
Ерөнхийдөө хууль зөрчихтэй адил утгаар хэрэглэгдэх боловч, ялангуяа журам нь эрүүгийн байцаан шийтгэх хууль зөрчсөн, мөн эрүүгийн хууль гэх мэт хуулийн заалтанд нийцүүлэн хэрэглэхэд нь болон тайлбарт нь андуурал байсан зэргээс шалтгаалж шүүхийн тогтоолын шийдвэр илт өөр байхыг хэлнэ. Энэ тохиолдолд, давж заалдах гомдол гаргах боломжтой. (Эрүүгийн байцаан шийтгэх хуулийн 379-р зүйл, 380-р зүйл). Мөн, дээд шатны шүүхэд давж заалдах шалтгаан (Эрүүгийн байцаан шийтгэх хуулийн 406-р зүйл) -д нийцэхгүй байх тохиолдолд ч, хууль тогтоомж зөрчсөн шалтгаан болгож, дээд шүүхийн тогтоолыг хүчингүй болгож болох юм. (Эрүүгийн хуулийн 411-р зүйлийн 1-р заалт). "Хууль зөрчих", "Давж заалдах гомдол гаргах", "Дээд шатны шүүхэд давж заалдах" зэргийг нэмж үзнэ үү.

166 保護責任者遺棄罪   Асран хамгаалах үүрэг бүхий этгээд асран хамгаалалтанд байгаа этгээдийг орхих хэрэг
Бага насны хүүхэд, өндөр настан, өвчтэй хүмүүс гэх мэт асаргаа шаардлагатай хүмүүсийг хаа нэгтээ хаян одох, эсвэл зориуд харж хандахаас зайлсхийсэн тохиолдолд, асран хамгаалагчийн үүрэг хариуцлага тооцох хэргийг хэлнэ. (Эрүүгийн хуулийн 218-р зүйл).

167 保護責任者遺棄致死傷罪   Асран хамгаалах үүрэг бүхий этгээд асран хамгаалалтанд байгаа этгээдийг орхисноос үхэлд хүргэсэн гэмт хэрэг
Асран хамгаалах үүрэг бүхий этгээд асран хамгаалалтанд байгаа этгээдийг орхисноос болж, асаргаа шаардлагатай хүнийг үхэлд хүргэх, эсвэл гэмтэл учруулсан тохиолдолд, асран хамгаалагчийн үүрэг хариуцлага тооцох хэргийг хэлнэ. Ер нь, бусдын бие махбодид гэмтэл учруулсан гэмт хэрэг болон бусдын бие махбодид гэмтэл учруулан үхэлд хүргэсэн хэргээс илүү хүнд ял оноодог. (Эрүүгийн хуулийн 218-р зүйл). "Бусдын бие махбодид гэмтэл учруулсан гэмт хэрэг", "Бусдын бие махбодид гэмтэл учруулан үхэлд хүргэсэн хэрэг", "Асран хамгаалах үүрэг бүхий этгээд асран хамгаалалтанд байгаа этгээдийг орхих хэрэг" зэргийг нэмж үзнэ үү.

168 麻薬及び向精神薬取締法違反   Мансууруулах эм болон сэтгэцэд нөлөөт эмийн тухай хууль зөрчих
Хуулиар олгогдсон зөвшөөрөлгүйгээр, мансууруулах эм болон сэтгэцэд нөлөөт эм (хэройн, нэкойн, LSD гэх мэт) үйлдвэрлэж, худалдан борлуулж, худалдан авч, хэрэглэж, авч явж байсан гэмт хэрэг. "Эмийн бүтээгдэхүүнтэй холбоотой 4 хууль"-ийг нэмж үзнэ үү.

169 麻薬特例法違反　Мансууруулах эм хэрэглэх тусгай заалтын тухай хууль зөрчих

Эмийн бүтээгдэхүүнтэй холбоотой 4 хуулийн тухай, олон улсын конвенцид заасны дагуу, мансууруулах эм хэрэглэх хязгаарлалтын талаар нарийвчлан заасан хуулийг зөрчих гэмт хэргийг хэлнэ. Албан ёсны нэр нь, "Олон улсын хэлэлцээрээр баталсан хязгаарлалттай хэрэглэгдэх эмийн бүтээгдэхүүнтэй холбоотой зүй бус хэрэглээ, үйлдэлээс урьдчилан сэргийлэхийн тулд мансууруулах эм болон сэтгэц нөлөөт эмийн тухай хууль гэх мэт хуулийн тусгай заалтын тухай хууль" гэж хэлдэг. "Эмийн бүтээгдэхүүнтэй холбоотой 4 хууль"-ийг нэмж үзнэ үү.

未決勾留→61 勾留

170 未決勾留日数の算入　Түр цагдан хорьсон хугацааг ялын хугацаанд оруулж тооцох

Шүүх хурлын тогтоолыг уншиж танилцуулах үед, шүүх хурал хүртэлх хугацаанд цагдан хоригдож байсан хоногийг бүгдийг, эсвэл нэг хэсгийг нь ялын хугацаанд оруулж тооцохыг хэлнэ. (Эрүүгийн хуулийн 21-р зүйл). Жишээ нь, хэрвээ яллагдагч нэг жилийн хорих ялаар шийтгүүлж, шүүхийн тогтоолд "Түр хугацаагаар цагдан хоригдсон 60 хоногийг энэ яланд оруулж тооцох" гэж бичигдсэн тохиолдолд, 1 жилийн хорих ялны 60 хоногийн ялыг эдэлсэн гэж тооцно. "Цагдан хорих"-ыг нэмж үзнэ үү.

171 未遂　Завдах

Гэмт хэргийн үйлдэл эхэлсэн боловч, хараахан үр дүн гараагүй тохиолдлыг хэлнэ. Онцгой заалттай тохиолдолд л шийтгэгддэг. (Эрүүгийн хуулийн 44-р зүйл). Хэрвээ яллагдагч нь шийтгэгдэх тохиолдолд, хөнгөн ял оноох, эсвэл хэрэгсэхгүй болгодог. (Эрүүгийн хуулийн 43-р зүйл). Жишээ нь, хэрэгтэн хэн нэгнийг алах зорилготойгоор хутгалсан ч, амь насанд нь хүрээгүй тохиолдолд, хүн амины хэрэг гэж үзэхгүй боловч, бусдын амь насыг бүрэлгэхийг завдах гэмт хэрэг гэж үзнэ. Үр дүнгээс нь шалтгаалан, гадны нөхцөл байдлаас шалтгаалан, гэмт хэрэг туйлдаа хүрээгүй байдал, завдах үйлдлээ таслан зогсоох гэж хуваана. "Төгссөн гэмт хэрэг", "Ял хүндрүүлэх", "Гадны нөхцөл байдлаас шалтгаалан, гэмт хэрэг туйлдаа хүрээгүй байдал", "Завдах үйлдлээ таслан зогсоох" зэргийг нэмж үзнэ үү.

172 未必の故意　Далд санаатай үйлдэл

Хэдийгээр гэмт хэрэгтэн гарах үр дүнг нь урьдчилан таамаглаагүй байсан ч, сөрөг үр дагаварт хүргэсэн ч одоо яая гэх вэ гэж бодож үйлдсэнийг хэлнэ. Жишээ нь, хохирогч яг үхчих байх гэж бодоогүй боловч, үхчихсэн ч одоо яая гэх вэ гэж бодож хохирогчийг мохоо зэвсгээр цохисон гэх мэт тохиолдол. Урьдаас шийдсэн санаатай үйлдэл биш боловч, далд санаатай үйлдэл байсан учраас хохиорогч нь нас барсан тохиолдолд, хүн амины хэрэгт тооцно. "Урьдаас шийдсэн санаатай үйлдэл", "Санаатай үйлдэл" зэргийг нэмж үзнэ үү.

173 無罪推定の原則　Гэм буруугүйд тооцох зарчим
"Эргэлзээ нь яллагдагч талд ашигтай" гэсэн зарчмийг яллагдагчийн талаас харсан хэллэг юм. Өөрөөр хэлбэл, давуу тал бүхий эргэлзээг авч хэлэлцэх боломжгүй хэмжээнд хүртэл гэм буруутайг нотлож чадахгүй л бол, сэжигтэнийг яллах боломжгүй гэсэн дүрэм. Үүнийг гэм буруугүйд тооцох ч гэж бас хэлдэг. "Эргэлзээ нь яллагдагч талд ашигтай", "Давуу тал бүхий эргэлзээ, сэжиг" зэргийг нэмж үзнэ үү.

174 黙秘権　Дуугүй байх эрх
Сэжигтэн болон яллагдагчаас хүчээр мэдүүлэг авахгүй. (Японы үндсэн хуулийн 38-р зүйлийн 1-р заалт, Эрүүгийн байцаан шийтгэх хуулийн 198-р зүйлийн 2-р заалт, 311-р зүйлийн 1-р заалт). Огт дуугарахгүй байсан ч болох ба дуугай байснаара ашиггүй болно гэсэн ойлголт байдаггүй. "Ашиггүй фактыг хүлээн зөвшөөрөх"-ийг нэмж үзнэ үү.

175 薬物4法　Эмийн бүтээгдэхүүнтэй холбоотой 4 хууль
Хар тамхины тухай хууль, Сэргээшийн эм бэлдмэлийн тухай хууль, Марихуаны тухай хууль, Мансууруулах эм болон сэтгэцэд нөлөөт эмийн тухай хууль, эдгээр хуулийг нэгтгээд, ерөнхийд нь эмийн бүтээгдэхүүнтэй холбоотой 4 хууль гэж хэлдэг.

176 誘拐　Барьцаалах гэмт хэрэг
Бусдыг заль мэх хэрэглэн хуурч авч яваад, өөрийн эрхшээлд байлгахыг хэлнэ. "Хүчээр албадан авч явах", "Хүчээр авч яван барьцаалах гэмт хэрэг" зэргийг нэмж үзнэ үү.

177 有罪の自認　Гэм буруутай үйлдэлээ хүлээн зөвшөөрөх
Яллагдагч нь өөрийгөө гэмт хэрэг үйлдсэн гэдгээ хүлээн зөвшөөрөхийг хэлнэ. Нарийвчлан хэлбэл, хэргээ өөрөө хүлээхээс ялгаатай боловч, хуулиар ижил түвшинд хэрэглэгдэнэ. (Эрүүгийн байцаан шийтгэх хуулийн 319-н 3-р зүйл). "Хэргээ өөрөө хүлээх", "Ашиггүй фактыг хүлээн зөвшөөрөх" зэргийг нэмж үзнэ үү.

178 誘導尋問　Хөтлөх асуулт
Гэрчид болон яллагдагчид асуулт тавихдаа, прокурор эсвэл яллагдагчийн өмгөөлөгч өөрийн хүсэж буй хариултанд таарахуйц асуултыг тодорхой, эсвэл далд байдлаар асуухыг хэлнэ. Гэрчид тэргүүн ээлжид тавих асуултын тухайд, зарчмийн хувьд, хориглогдсон байдаг учраас, (Эрүүгийн байцаан шийтгэх хуулийн 199-р зүйлийн 3) иймэрхүү асуулт тавигдсан тохиолдолд, нөгөө тал эсэргүүцэл гаргах явдал их байдаг. "Эсэргүүцэл гаргах", "Гэрчид

тэргүүн ээлжид тавих асуулт", "Эсрэг асуулт" зэргийг нэмж үзнэ үү.

179 立証責任　Гэрчлэх, нотлох хариуцлага
Нотлох баримтыг нотлох хариуцлагыг хэлнэ. Гэрчлэх, нотлох хариуцлага үүрч байгаа талын оролцогч тал, нотлож чадахгүй бол, ашиггүйгээр тооцно. Гэмт хэргийн гэрчлэх, нотлох хариуцлагыг прокурор үүрдэг учраас, бодит эргэлжээ сэжиг төрүүлэхгүй байхуйц хэмжээнд хүртэл, прокурор нотлож чадахгүй бол, ашиггүй үр дүнд хүрнэ. Өөрөөр хэлбэл, гэм буруугүй гэсэн тогтоол гаргадаг. "Давуу тал бүхий эргэлзээ, сэжиг", "Гэм буруугүйд тооцох зарчим" зэргийг нэмж үзнэ үү.

180 略式起訴　Хялбаршуулсан эрүүгийн хэрэг үүсгэх
Прокурор сэжигтэнийг байцаасны дараа, гэмт үйлдэл мөн гэж дүгнэсэн хэдий ч, албан ёсоор шүүхэд шилжүүлж яллахгүйгээр, бичиг баримтан дээр үндэслэн, зөвхөн торгууль ногдуулахыг хэлнэ. "Эрүүгийн хэрэг үүсгэх"-ыг нэмж үзнэ үү.

181 略取　Хүчээр албадан авч явах
Хүчирхийлэл хэрэглэн, мөн айлган сүрдүүлэх замаар хүчээр бусдыг дагуулан авч явах гэмт хэргийг хэлнэ. "Барьцаалах гэмт хэрэг", "Хүчээр авч яван барьцаалах гэмт хэрэг" зэргийг нэмж үзнэ үү.

182 略取誘拐罪　Хүчээр авч яван барьцаалах гэмт хэрэг
Бусдыг хүчээр албадан авч явах, эсвэл барьцаалах гэмт хэргийг хэлнэ. Хэрвээ энэ хэргийн хохирогч нь насанд хүрээгүй хүүхэд байх юм бол үүнийг насанд хүрээгүй хүнийг барьцаалах гэмт хэрэг гэж үзнэ. (Эрүүгийн хуулийн 224-р зүйл). Хэрвээ, хохирогч нь насанд хүрсэн хүн байх тохиолдолд, ашиг хонжоо олох зорилготой, (Эрүүгийн хуулийн 225-р зүйл) хувийн өмч хөрөнгөд нь халдах зорилготой, (Эрүүгийн хуулийн 225-р зүйлийн 2) гадаадын улс орон руу авч явах зорилготой тохиолдолуудад (Эрүүгийн хуулийн 226-р зүйл) гэмт хэрэгт тооцно. "Хүн худалдаалах гэмт хэрэг", "Барьцаалах гэмт хэрэг", "Хүчээр албадан авч явах" зэргийг нэмж үзнэ үү.

留置施設→134 代用刑事施設

留置場→134 代用刑事施設

量刑→40 刑の量定

183 累犯　Удаа дараагийн давтан хэрэг
Давтан гэмт хэрэг, 3 дахь гэмт хэрэг, 4 дэхь гэмт хэрэг гэх мэтээр, өмнөх ялаа эдлэж дууссаны дараа, тодорхой хугацаанд, дахин давтан гэмт хэрэг

үйлдэхийг удаа дараагийн давтан хэрэг гэж хэлдэг. "Давтан гэмт хэрэг", "Удаа дараагийн давтан хэргийн ял хүндрүүлэх" зэргийг нэмж үзнэ үү.

184 累犯加重　Удаа дараагийн давтан хэргийн ял хүндрүүлэх
Удаа дараагийн давтан хэрэг хийсний улмаас ял хүндрүүлэхийг хэлнэ. (Эрүүгийн хуулийн 56-аас 59-р зүйл). Давтан гэмт хэргийн тухайд, давтан хэргийн ял хүндрүүлэх гэж хэлэх боловч, 3 ба түүнээс олон удаа гэмт хэрэг үйлдсэн тохиолдолд, удаа дараагийн давтан хэргийн ял хүндрүүлэх гэнэ. "Ял хүндрүүлэх", "Давтан гэмт хэрэг", "Давтан хэргийн ял хүндрүүлэх", "Удаа дараагийн давтан хэрэг" зэргийг нэмж үзнэ үү.

185 令状　Захирамж
Цагдаагийн ажилтан болон прокурор баривчлах, цагдан хорих, нэгжлэг хийх, битүүмжлэх гэх мэт хүч түрэмгийлсэн үйлдэл хийхийн тулд, шүүгчийн зөвшөөрөл бүхий албан бичгийг захирамж гэнэ. "Цагдан хорих ордер", "Нэгжлэг хийх, битүүмжлэх зөвшөөрлийн бичиг", "Баривчлах ордер" зэргийг нэмж үзнэ үү.

186 連日開廷　Дараалсан шүүх хуралдаан
Ер нь, эрүүгийн шүүх хурал, эхний шүүх хурлын өдрөөс хойш, ихэвчлэн 1-4 долоо хоногийн хугацаатайгаар үргэлжилдэг. Харин, иргэдийн төлөөлөгчид оролцсон шүүх хурлын үед иргэдийн төлөөлөл болох иргэн шүүгчийн ачаалалыг багасгахын тулд, эхний шүүх хурлын өдрөөс эхлэн хэдэн өдөр үргэлжлүүлэн шүүх үйл ажиллагаа явуулдаг. Үүнийг дараалсан шүүх хуралдаан гэж хэлдэг. "Шүүх хурлын өдөр", "Иргэдийн төлөөлөл болох иргэн шүүгч", "Иргэдийн төлөөлөгчид оролцсон шүүх хурал" зэргийг нэмж үзнэ үү.

187 論告　Прокурорын дүгнэлт
Бүх нотолгоог шалгаж дууссаны дараа, прокурор сүүлчийн саналаа хэлэхийг хэлнэ. (Эрүүгийн байцаан шийтгэх хуулийн 293-р зүйлийн 1-р заалт). "Яллагдагчийн сүүлийн мэдүүлэг", "Шүүх хуралдааны шүүмжлэл" зэргийг нэмж үзнэ үү.

モンゴル語索引

A

Агуулгын үнэн зөв байдал　内容の真正（ないようのしんせい）

Айлган сүрдүүлэх хэрэг　恐喝罪（きょうかつざい）

Албадан саатуулах байр　拘置所（こうちしょ）

Албадлагаар садар самуун үйлдэл хийлгэх гэмт хэрэг　強制わいせつ罪（きょうせいわいせつざい）

Албадлагаар садар самуун үйлдэл хийлгэх гэмт хэргийн улмаас амь насыг хохироох, гэмтээх хэрэг　強制わいせつ致死傷罪（きょうせいわいせつちししょうざい）

Албан тушаалын эрх　職権（しょっけん）

Аргагүй хамгаалалт　正当防衛（せいとうぼうえい）

Аргагүй хамгаалалтын хэр хэмжээг хэтрүүлэх　過剰防衛（かじょうぼうえい）

Асран хамгаалах үүрэг бүхий этгээд асран хамгаалалтанд байгаа этгээдийг орхих хэрэг　保護責任者遺棄罪（ほごせきにんしゃいきざい）

Асран хамгаалах үүрэг бүхий этгээд асран хамгаалалтанд байгаа этгээдийг орхисноос үхэлд хүргэсэн гэмт хэрэг　保護責任者遺棄致死傷罪（ほごせきにんしゃいきちししょうざい）

Ашиггүй фактыг хүлээн зөвшөөрөх　不利益事実の承認（ふりえきじじつのしょうにん）

Аюултай жолоодлогийн улмаас хүний амь нас хохироох　危険運転致死傷罪（きけんうんてんちししょうざい）

Б

Баривчлах ордер　逮捕状（たいほじょう）

Баривчлах ял　拘留（こうりゅう）

Баримт бичиг үйлдэгч　作成名義人（さくせいめいぎにん）

Барьцаалах гэмт хэрэг　誘拐（ゆうかい）

Баталгаажсан нотолгоо　増強証拠（ぞうきょうしょうこ）

Батлах чадвар　証明力（しょうめいりょく）

Болгоомжгүйгээс болсон гэмт хэрэг　過失犯（かしつはん）

Бусдын амь насыг бүрэлгэхийг завдах гэмт хэрэг　殺人未遂罪（さつじんみすいざい）

Бусдын бие махбодид гэмтэл учруулан үхэлд хүргэсэн хэрэг　傷害致死罪（しょうがいちしざい）

Бусдын бие махбодид гэмтэл учруулсан гэмт хэрэг　傷害罪（しょうがいざい）

Буу хутганы төрлийн зэвсэг эзэмшихийг хориглосон хууль зөрчих　銃砲刀剣類所持等取締法違反（じゅうほうとうけんるいしょじとうとりしまりほういはん）

Бүлэглэсэн бэлгийн хүчирхийлэл　集団強姦罪（しゅうだんごうかんざい）

Бэлгийн хүчирхийлэл　強姦罪（ごうかんざい）

Г

Гадны нөхцөл байдлаас шалтгаалан, гэмт хэрэг туйлдаа хүрээгүй байдал　障害未遂（しょうがいみすい）

Гал тавьсан хэрэг　放火罪（ほうかざい）

Гал тавьсаны улмаас учирсан хохирол　焼損（しょうそん）

Гэм буруугүйд тооцох зарчим　無罪推定の原則（むざいすいていのげんそく）

Гэм буруутай үйлдэлээ хүлээн зөвшөөрөх　有罪の自認（ゆうざいのじ

Гэмт хэргийн нотлох баримтыг нуун дарагдуулах　罪証隠滅(ざいしょういんめつ)

Гэмт хэргийн намтар түүх　前歴(ぜんれき)

Гэмт хэргийн нөхцөл байдал　犯情(はんじょう)

Гэмт хэргийн нэр　罪名(ざいめい)

Гэмт хэргийн хамжигч　従犯(じゅうはん)

Гэмт хэргийн хамсаатан　共同正犯(きょうどうせいはん)

Гэмт хэргийн хамсаатанууд үгсэн хуйвалдах　共謀共同正犯(きょうぼうきょうどうせいはん)

Гэмт хэргийн хамсаатан тухайн хэрэгт гар бие оролцох　実行共同正犯(じっこうきょうどうせいはん)

Гэмт хэргийн хатгагч　教唆犯(きょうさはん)

Гэрчид тэргүүн ээлжид тавих асуулт　主尋問(しゅじんもん)

Гэрчийг айлган сүрдүүлэх　証人威迫罪(しょうにんいはくざい)

Гэрчлэх, нотлох хариуцлага　立証責任(りっしょうせきにん)

Гээгдэл эд зүйлийг завших гэмт хэрэг　遺失物等横領罪(いしつぶつとうおうりょうざい)

Д

Давж заалдах гомдол　控訴(こうそ)

Давтан гэмт хэрэг　再犯(さいはん)

Давтан хэргийн ял хүндрүүлэх　再犯加重(さいはんかじゅう)

Давуу тал бүхий эргэлзээ, сэжиг　合理的な疑い(ごうりてきなうたがい)

Далд санаатай үйлдэл　未必の故意(みひつのこい)

Дам мэдүүлэг　伝聞供述(でんぶんきょうじゅつ)

Дам нотлох баримт　伝聞証拠(でんぶん

しょうこ)

Дам сонссон зүйлийг ашиглах　伝聞例外(でんぶんれいがい)

Дам сонссон зүйлийн хуулийн заалт　伝聞法則(でんぶんほうそく)

Дараалсан шүүх хуралдаан　連日開廷(れんじつかいてい)

Дор нь шийдвэрлэх шүүх хурал　即決裁判(そっけつさいばん)

Дуугүй байх эрх　黙秘権(もくひけん)

Дээд шатны шүүхэд давж заалдах　上告(じょうこく)

Дээд шатны шүүхэд давж заалдах гомдол гаргах　上訴(じょうそ)

Дээрмийн гэмт хэрэг　強盗罪(ごうとうざい)

Дээрмийн үед гарсан хүн амины хэрэг　強盗殺人罪(ごうとうさつじんざい)

Дээрмийн үед гэмтэл учруулсан гэмт хэрэг　強盗傷害罪(ごうとうしょうがいざい)

Дээрэм хийх үеийн бэлгийн хүч ирхийлэл　強盗強姦罪(ごうとうごうかんざい)

З

Завдах　未遂(みすい)

Завдах үйлдлээ таслан зогсоох　中止未遂(ちゅうしみすい)

Зайлшгүй авах арга хэмжээний хэр хэмжээг хэтрүүлэх　過剰避難(かじょうひなん)

Захирамж　令状(れいじょう)

Зохион байгуулалттайгаар үгсэн хуйвалдах　順次共謀(じゅんじきょうぼう)

Зүй зохисгүй үг хэллэг　不規則発言(ふきそくはつげん)

И

Иргэдийн төлөөлөл болох иргэн шүүгч　裁判員(さいばんいん)

Иргэдийн төлөөлөгчид оролцсон ш

223

үүх хурал　裁判員裁判（さいばんいんさいばん）

K

Катетер　導尿管（どうにょうかん）

M

Мансууруулах эм болон сэтгэцэд нөлөөт эмийн тухай хууль зөрчих　麻薬及び向精神薬取締法違反（まやくおよびこうせいしんやくとりしまりほういはん）

Мансууруулах эм хэрэглэх тусгай заалтын тухай хууль зөрчих　麻薬特例法違反（まやくとくれいほういはん）

Маргааныг зохицуулах　争点整理（そうてんせいり）

Марихуаны тухай хууль зөрчих　大麻取締法違反（たいまとりしまりほういはん）

H

Нийлмэл гэмт хэрэг　併合罪（へいごうざい）

Нийтлэг нөхцөл байдал　一般情状（いっぱんじょうじょう）

Нотлох баримтаар шүүх зарчим　証拠裁判主義（しょうこさいばんしゅぎ）

Нотлох баримтыг үзүүлэх　証拠開示（しょうこかいじ）

Нотлох чадвар　証拠能力（しょうこのうりょく）

Нотолгоо болгох фактыг бичиж тэмдэглэсэн баримт бичиг　証明予定事実記載書（しょうめいよていじじつきさいしょ）

Нөхцөл байдал　情状（じょうじょう）

Нөхцөл байдлыг нь харгалзан үзэх　情状酌量（じょうじょうしゃくりょう）

Нэгжлэг хийх, битүүмжлэх зөвшөөрлийн бичиг　捜索・差押許可状（そうさくさしおさえきょかじょう）

Нэмэлт тайлбар шаардах　求釈明（きゅうしゃくめい）

O

Онцгойлон үзэх нөхцөл байдал　特信情況（とくしんじょうきょう）

Оршин суугчтай барилга байшинд гал тавьсан хэрэг　現住建造物放火罪（げんじゅうけんぞうぶつほうかざい）

Оюуны хомсдолтой　心神耗弱（しんしんこうじゃく）

Ө

Өмгөөлөгч　弁護人（べんごにん）

Өөрийн урьд мэдүүлсэн мэдүүлэгээс зөрөх　自己矛盾供述（じこむじゅんきょうじゅつ）

П

Прокурорын дүгнэлт　論告（ろんこく）

Прокурорын тэмдэглэл　検察官調書（けんさつかんちょうしょ）

C

Сайн дураараа хэргээ хүлээх　自白の任意性（じはくのにんいせい）

Санаатай үйлдэл　故意（こい）

Санаатай худал дүгнэлт гаргах хэрэг　虚偽鑑定罪（きょぎかんていざい）

Санал нийлэх хэсэг　同意部分（どういぶぶん）

Санал нийлэхгүй хэсэг　不同意部分（ふどういぶぶん）

Санал нэгдсэн бичиг　合意書面（ごういしょめん）

Сэргээшийн эм бэлдмэлийн тухай хууль зөрчих　覚せい剤取締法違反（かくせいざいとりしまりほういはん）

Сэтгэл мэдрэлийн өвчтэй　心神喪失（しんしんそうしつ）

Сэтгэл мэдрэлийн өвчтэний эмчилгээний ажиглах арга　心神喪失者医療観察法（しんしんそうしつしゃいりょうかんさつほう）

Т

Төгссөн гэмт хэрэг　既遂（きすい）
Түр цагдан хорьсон хугацааг ялын хугацаанд оруулж тооцох　未決勾留日数の算入（みけつこうりゅうにっすうのさんにゅう）

У

Удаа дараагийн давтан хэргийн ял хүндрүүлэх　累犯加重（るいはんかじゅう）
Удаа дараагийн давтан хэрэг　累犯（るいはん）
Улсаас томилогдсон өмгөөлөгч　国選弁護人（こくせんべんごにん）
Улсаас томилогдсон хохирогчийн өмгөөлөгч　国選被害者参加弁護士（こくせんひがいしゃさんかべんごし）
Урьдаас шийдсэн санаатай үйлдэл　確定的故意（かくていてきこい）
Урьдчилан үгсэн хуйвалдах　事前共謀（じぜんきょうぼう）
Уулзалт хийхийг хориглох　接見禁止（せっけんきんし）

Ү

Үгсэн хуйвалдах　共謀（きょうぼう）
Үзлэг шалгалт хийх　検証（けんしょう）
Үнэн зөвөөр баримт бичиг боловсруулах　作成の真正（さくせいのしんせい）
Үхэл болон гэмтэлд хүргэсэн бүлэглэсэн бэлгийн хүч ирхийлэл　集団強姦致死傷罪（しゅうだんごうかんちししょうざい）
Үхэл болон гэмтэлд хүргэсэн бэлгийн хүчирхийлэл　強姦致死傷罪（ごうかんちししょうざい）
Үхэл болон гэмтэлд хүргэсэн дээрмийн хэрэг　強盗致死傷罪（ごうとうちししょうざい）

Х

Хайхрамжгүй машин жолоодлогын улмаас бусдын амь насыг хохироосон, гэмтэл учруулсан гэмт хэрэг　自動車運転過失致死傷罪（じどうしゃうんてんかしつちししょうざい）
Хам хэрэг/ Хам хэрэгтэн　共犯（きょうはん）
Хар тамхины тухай хууль　あへん法違反（あへんほういはん）
Хариуцлага хүлээх чадвар　責任能力（せきにんのうりょく）
Хариуцлагын зарчим　責任主義（せきにんしゅぎ）
Хорих газрыг орлох байр　代用刑事施設（だいようけいじしせつ）
Хохирогчийн өмгөөлөгч　被害者参加弁護士（ひがいしゃさんかべんごし）
Хөтлөх асуулт　誘導尋問（ゆうどうじんもん）
Хувийн өмгөөлөгч　私選弁護人（しせんべんごにん）
Худал гэрчлэх хэрэг　偽証罪（ぎしょうざい）
Хууль бусаар цуглуулсан нотлох баримт　違法収集証拠（いほうしゅうしゅうしょうこ）
Хууль бусаар цуглуулсан нотлох баримтыг хэрэгсэхгүй байх хуулийн заалт　違法収集証拠排除法則（いほうしゅうしゅうしょうこはいじょほうそく）
Хууль зөрчих　違法（いほう）
Хууль тогтоомж зөрчих　法令違反（ほうれいいはん）
Хуульд заасан ял шийтгэл　法定刑（ほうていけい）
Хуурамч аман орчуулга хийсэн хэрэг　虚偽通訳罪（きょぎつうやくざい）
Хуурамч бичгийн орчуулга хийсэн хэрэг　虚偽翻訳罪（きょぎほんやくざい）

Хуурамч мөнгөн тэмдэгт ашигласан гэмт хэрэг　偽造通貨行使罪（ぎぞうつうかこうしざい）

Хүн амины хэрэг　殺人罪（さつじんざい）

Хүн оршин суудаггүй барилга байшинд гал тавьсан хэрэг　非現住建造物放火罪（ひげんじゅうけんぞうぶつほうかざい）

Хүчээр авч яван барьцаалах гэмт хэрэг　略取誘拐罪（りゃくしゅゆうかいざい）

Хүчээр албадан авч явах　略取（りゃくしゅ）

Хэргийн газар дээр үгсэн хуйвалдах　現場共謀（げんばきょうぼう）

Хэргийн газрын үзлэг, шалгалт　実況見分（じっきょうけんぶん）

Хэргийн газрын үзлэг, шалгалтыг дахин хийх　再現実況見分（さいげんじっきょうけんぶん）

Хэргийн газрын үзлэгийн протокол, тэмдэглэл　実況見分調書（じっきょうけんぶんちょうしょ）

Хэргээ өөрөө хүлээх　自白（じはく）

Хэргээ өөрөө хүлээхэд итгэх нөхцөл　自白の信用性（じはくのしんようせい）

Хэрэгтэний тэмдэглэл　供述調書（きょうじゅつちょうしょ）

Хялбаршуулсан эрүүгийн хэрэг үүсгэх　略式起訴（りゃくしききそ）

Ц

Цагдаагийн ажилтны тэмдэглэл　警察官調書（けいさつかんちょうしょ）

Цагдан хорих　勾留（こうりゅう）

Цагдан хорих ордер　勾留状（こうりゅうじょう）

Ш

Шалгаж нотолсон тэмдэглэл　検証調書（けんしょうちょうしょ）

Шүүгчдийн зөвлөлдөөн　評議（ひょうぎ）

Шүүх ажиллагааны өмнө хэргийн тайлбар хийх　冒頭陳述（ぼうとうちんじゅつ）

Шүүх хуралдааны шүүмжлэл　最終弁論（さいしゅうべんろん）

Шүүх хуралдааныг даргалах　訴訟指揮（そしょうしき）

Шүүх хуралд хохирогч оролцох тогтолцоо　被害者参加制度（ひがいしゃさんかせいど）

Шүүх хурлын өдөр　公判期日（こうはんきじつ）

Шүүхэд татах баримт нотолгоо　弾劾証拠（だんがいしょうこ）

Шүүх эрх бүхий цагдаагийн тэмдэглэл　員面調書（いんめんちょうしょ）

Э

Эмийн бүтээгдэхүүнтэй холбоотой 4 хууль　薬物4法（やくぶつよんほう）

Эргүүлийн цагдаагийн тэмдэглэл　巡面調書（じゅんめんちょうしょ）

Эргэлзээ нь яллагдагч талд ашигтай　疑わしきは被告人の利益に（うたがわしきはひこくにんのりえきに）

Эрүүгийн байцаан шийтгэх үйл ажиллагаа явуулах өдөр　公判期日（こうはんきじつ）

Эрүүгийн байцаан шийтгэх үйл ажиллагааны өмнөх журам　公判前整理手続（こうはんぜんせいりてつづき）

Эрүүгийн хэрэг үл үүсгэх　不起訴（ふきそ）

Эрүүгийн хэрэг үүсгэх　起訴（きそ）

Эрүүгийн хэрэг үүсгэхийг түдгэлзэх　起訴猶予（きそゆうよ）

Эрүүгийн хэрэг үүсгэх нөхцөл байдал　公訴事実（こうそじじつ）

Эсрэг асуулт　反対尋問（はんたいじんもん）

Эсэргүүцэл гаргах　異議の申立て（いぎのもうしたて）

Эсэргүүцэлийг дарах　反抗を抑圧する（はんこうをよくあつする）

Эсэргүүцэл үзүүлэх чадваргүй болгох　反抗を著しく困難にする（はんこうをいちじるしくこんなんにする）

Я

Яаралтай тохиолдолд авах зайлшгүй арга хэмжээ　緊急避難（きんきゅうひなん）

Ял тэнсэх　執行猶予（しっこうゆうよ）

Ял хөнгөрүүлэх нөхцөл байдлыг харгалзан үзэх　酌量減軽（しゃくりょうげんけい）

Ял шийтгэгдсэн байдал　前科（ぜんか）

Ял шийтгэгдсэн байдлын тэмдэглэл　前科調書（ぜんかちょうしょ）

Ял хөнгөрүүлэх　刑の減軽（けいのげんけい）

Ял хүндрүүлэх　刑の加重（けいのかじゅう）

Яллагдагчид улсаас томилогдсон өмгөөлөгч　被疑者国選弁護人（ひぎしゃこくせんべんごにん）

Яллагдагчийн сүүлчийн мэдүүлэг　最終意見陳述（さいしゅういけんちんじゅつ）

Яллах дүгнэлт　起訴状（きそじょう）

Яллах үндэслэлийг өөрчлөх　訴因変更（そいんへんこう）

Яллахыг шаардах　求刑（きゅうけい）

Ялын зүйл анги　罰条（ばつじょう）

Ялын хэмжээ тогтоох　刑の量定（けいのりょうてい）

227

モンゴル語参考文献

最高裁判所事務総局刑事局監修(2007)『法廷通訳ハンドブック 実践編【モンゴル語】』法曹会

L. Enkhsaihan & B.Sainzaya(2008)『日本語・モンゴル語, モンゴル語・日本語 法律用語辞典』ULAANBAATAR CITY：ADMON出版

Л.Энхсайхан, Б.Сайнзаяа (2008) "Монгол-Япон, Япон-Монгол хууль зүйн нэр томъёоны толь бичиг," Улаанбаатар хот, Эдмон хэвлэлийн газар

翻訳者一覧
*は各言語のチームリーダー

【英語】
*浅野輝子 (あさの・てるこ)　名古屋外国語大学現代国際学部准教授, 法廷通訳人
川合孝祐 (かわい・こうすけ)　会社員
Jason Jose R. Jiao (ジェイソン・ホセ・ジアオ)　大阪弁護士会所属外国法事務弁護士 (フィリピン法), フィリピン弁護士
関口智子 (せきぐち・ともこ)　東海大学外国語教育センター教授
Sobczyk Malvorzata (ソブチェック・マウゴジャータ)　大阪大学大学院言語文化研究科博士後期課程
津田ヨランダ (Yolanda Alfaro Tsuda)　神戸女学院大学教授
中村弘秋 (なかむら・ひろあき)　会社員
Richard Powell (リチャード・パウエル)　日本大学経済学部教授
Miriam Rose Ivan L. Pereira (ミリアム・ローズ・アイヴァン・ロペズ・ペレイラ)　第二東京弁護士会所属外国法事務弁護士 (フィリピン法, ニューヨーク州法), フィリピン弁護士, ニューヨーク州弁護士
Jakub E. Marszalenko (ヤコブ・マルシャレンコ)　大阪大学大学院人間科学研究科博士前期課程

【中国語 [簡体字]】
*吉田慶子 (よしだ・けいこ)　立命館大学国際教育推進機構准教授, 法廷通訳人
斉暁娜 (チー・ショーナー)　フリーランス通訳翻訳者
陳美姫 (チェン・メイチ)　大阪大学大学院言語文化研究科非常勤講師, 法廷通訳人
張其松 (チャン・チーソン)　中国弁護士 (在上海)
仲井陽平 (なかい・ようへい)　フリーランス通訳翻訳者, 法廷通訳人

【中国語 [繁体字]】
*陳美姫 (チェン・メイチ)　大阪大学大学院言語文化研究科非常勤講師, 法廷通訳人
仲井陽平 (なかい・ようへい)　フリーランス通訳翻訳者, 法廷通訳人

【韓国・朝鮮語】
*佐野通夫 (さの・みちお)　こども教育宝仙大学教授, 法廷通訳人
李裕淑 (イ・ユスク)　神戸松蔭女子学院大学非常勤講師, 法廷通訳人
金静愛 (キム・ジョンエ)　国際会議通訳者
申相得 (シン・サンドゥク)　有限会社GFジャパン代表取締役
孫才喜 (ソン・ゼヒ)　関西学院大学非常勤講師, 法廷通訳人
田中志保 (たなか・しほ)　大阪大学大学院言語文化研究科 (韓国・朝鮮語司法通訳実習) 非常勤講師, 捜査通訳人

【モンゴル語】
*思沁夫 (Si Qinfu, ス・チンフ)　大阪大学グローバルコラボレーションセンター特任准教授
Tserendagva MUNKHBAYASGALAN (ツェレンダグワ・ムンフバヤスガラン)　大阪大学人間科学研究科 (国費留学生)

津田守（つだ・まもる）

1948年生まれ。大阪大学グローバルコラボレーションセンター教授。司法通訳翻訳論、多文化・多言語共生社会論、フィリピン研究。青山学院大学卒業後、フィリピン国立大学大学院修了。大阪外国語大学教授、ハーバードロースクール客員研究員、北京語言大学大学院客座教授等を経て現職。日本通訳翻訳学会評議員。各地の裁判所、検察庁、警察、弁護士会などで通訳翻訳人も務める。関連業績に「司法通訳翻訳」真田信治・庄司博史編『日本の多言語社会』岩波書店（2005年）、「スウェーデンの通訳人及び翻訳人公認制度についての研究」『通訳翻訳研究』（2007年）、『法務通訳翻訳という仕事』大阪大学出版会（2008年）、「裁判員裁判導入と法廷通訳翻訳の在り方—法廷通訳人の視座からの考察と提言」『法律時報』（2009年1月号）、「多言語共生社会に向けて」中村安秀・河森正人編『グローバル人間学の世界』大阪大学出版会（2011年）など。

15言語の裁判員裁判用語と解説　第1巻

2013年2月5日第1版第1刷発行

編　者　津田守
発行人　成澤壽信
編集人　西村吉世江
発行所　株式会社 現代人文社
　　　　東京都新宿区四谷2-10 八ッ橋ビル7階（〒160-0004）
　　　　Tel.03-5379-0307 / Fax.03-5379-5388
　　　　henshu@genjin.jp（編集部）/ hanbai@genjin.jp（販売部）
　　　　http://www.genjin.jp/
発売所　株式会社 大学図書
印刷所　株式会社 平河工業社
装　丁　加藤英一郎

検印省略　Printed in JAPAN
ISBN978-4-87798-542-4 C2087

本書の一部あるいは全部を無断で複写・転載・転訳載などをすること、または磁気媒体等に入力することは、法律で認められた場合を除き、著作者および出版者の権利の侵害となりますので、これらの行為を行う場合には、あらかじめ小社または編者宛に承諾を求めてください。